칼빈과 개혁신학

나용화 著

기독교문서선교회

헌사

하나님께서 배필로 주신 아내
김은순에게
20년 간의 뒷바라지를 감사하여
이 책을 바칩니다.

저자의 말

하나님의 은혜로 주님의 일꾼들을 양육하는 신학교에서 교수한 지가 벌써 15년이 되었다. 그 동안 조직신학분야를 담당하여 특별히 칼빈과 웨스트민스터 신앙고백과 칼빈주의자들의 신학에 깊은 관심을 갖고서 연구해 왔다. 그래서 골든클락의 『장로교인들은 무엇을 믿는가?』와 G. I. 윌리암슨의 『웨스트민스터 신앙고백서 강해』 그리고 머레이의 『칼빈의 성경관과 주권사상』, 월레스의 『칼빈의 기독교 생활원리』 및 칼빈의 『로마서』를 번역했고 『칼빈의 기독교강요 개설』을 출간하였으며 칼빈과 개혁신학에 관해 특강을 하거나 기독교계 잡지와 신문 등에 기고하였다. 이제, 그 강의안들과 졸고들을 『칼빈과 개혁신학』이란 이름으로 묶어보았다.

그 동안 필자의 신학적 연구를 위해 좋은 환경과 여건을 만들어준 광주신학교, 광주 동명교회, 광주 중앙교회 그리고 서울 청담동에 소재하는 개혁신학연구원에게 감사를 드리며 또한 글들을 기고할 수 있도록 기회를 준 월간 목회, 목회와 신학, 개혁공보 관계자들에게 감사를 드리고 본서를 출판하는데 있어서 타자를 담당한 CLC의 김선미, 이경아 자매와 교정하느라 수고한 강수아 선생 그리고 CLC의 박영호 회장님께 감사를 드린다.

본서가 하나님의 나라와 그의 영광을 위해 그리고 한국교회를 위해 쓰여질 수 있기를 소원하면서 필자가 성경과 칼빈 그리고 웨스트민스터 신앙고백을 연구하는 가운데 정립한 신앙사상을 다음과 같이 정리해본다.

1. 신구약 성경 66권은 하나님의 성령의 감동으로 된 말씀으로서 신적 절대 권위가 있으며 우리의 세계관, 역사관, 인생관 및 믿음의 삶을 위한 유일하고도 정확무오한 원리이자 규범이다. 이 성경에는 이와 같은 신적 권위가 있기 때문에 모든 이데올로기가 성경에 의하여 상대화된다(고후 10:5).
2. 세계의 창조주이시고, 주인이며 중심이자 목적이신 성부, 성자, 성령 하나님은 유일한 참 영이시며(요 4:24), 자기의 기쁘신 지혜로운 뜻과 계획을 따라 세계와 역사를 창조하시고 다스리신다(단 5:21).
3. 하나님은 언약의 사랑에 근거하여 세계를 아름답고 질서있게 창조하고 주권적 의지로 다스림에 있어서 자기의 형상으로 만드신 우리 인간에게 이 세계를 자신의 의와 질서를 따라 계발(啓發)하고 보존하는 청지기 직분을 주셨다(창 1:26~28; 2:15). 인간은 피조물이기에 의존적 존재로서 하나님의 은혜와 도우심을 덧입어 살면서도 하나님의 형상으로 창조된 까닭에 인격적 책임적 존재로서 하나님의 뜻을 따라 몸과 마음을 다해 살아야한다.
4. 우리의 시조 아담과 하와는 하나님의 말씀의 권위에 불순종하고 자기들을 내세우다가 타락함으로써(창 3:1~6) 죄, 악, 저주, 형벌, 부패 및 사망이 온 인류와 자연계에 임하게 되었다(창 3:17).
5. 인류와 자연계가 죄, 악, 저주, 형벌, 부패 및 사망으로부터 구원받는 길은 오직 예수 그리스도 뿐이다(고후 5:17; 행 4:12).
6. 예수 그리스도는 본래 참 하나님이시며(빌 2:6; 요 20:28) 인류와 세계의 구원을 위하여 성령으로 잉태되어(눅 1:35; 마 1:20) 사람의 몸을 취하여 이 땅에 태어났고 그의 전생애

를 통하여 율법을 적극적으로 순종하여 성취하였으며(롬 10:4; 히 5:8~9), 대속제물로서 피흘려 저주와 형벌의 죽음을 죽으시되(갈 3:13), 죽은 자 가운데서 영원한 대제사장으로 부활승천하셨으며(히 6:20), 그가 장차 인류와 역사를 심판하고 새하늘 새땅에서 우리와 더불어 왕노릇하기 위해 영광과 능력 가운데 재림하신다(눅 21:27; 계 20:4).

7. 그리스도께서 그의 전생애와 죽음과 부활을 통해서 성취해 놓으신 구원은 성부 하나님이 복음의 말씀으로 우리를 부르시고 믿음을 심어 의롭다 하시는 사역(롬 8:30; 엡 2:8; 롬 10:17)과 성령 하나님이 우리를 거듭나게 하시고(요 3:5) 우리의 마음을 열어 복음의 말씀을 듣고서 깨닫게 하여 회개하고 믿게 하시며(행 2:37; 11:18) 그 믿음으로 거룩하게 되고(행 15:8~9), 청지기로서의 본분을 되찾아 하나님의 뜻을 분별하며(롬 12:2) 이 땅에서 하나님 앞에서(창 17:1), 하나님과 함께(창 5:24 상반절; 6:9), 하나님을 위하여(롬 14:8) 기독교 세계관에 입각하여 살게 하시는 성령의 그 사역에 의해 우리 각자에게 때를 따라서 현실적으로 적용된다(고전 12:4; 엡 1:13; 4:30).

8. 우리들과 세상 가운데서 이루어지는 하나님의 구원사역은 개인주의적 차원이 아니라 그리스도의 몸인 교회의 차원에서 공동체적으로(롬 14:7; 엡 2:22) 그리고 우리의 삶의 모든 영역에서 다차원적으로 진전된다(빌 2:12~14).

9. 하나님의 사랑과 정의의 나라는 그리스도의 초림으로 이미 시작되었으나(마 4:17; 눅 17:21), 장차 그리스도의 재림과 더불어 최종적으로 완성될 것이며(사 65:17; 계 21:1~7), 그 하나님 나라의 확장과 진전을 위하여 복음전파를 방편으로 세상을 변혁시킬 정치적, 사회적, 경제적, 문화적 책임이 교회에게 있다(고후 10:5 하반절; 골 3:17).

10. 그리스도는 장차 재림하여 이 땅에서의 우리의 믿음의 활동 곧 그리스도를 믿는 믿음에서 나온바 우리의 모든 행위를 따

라 상급을 주시되(계 14:13; 롬 2:6) 하나님의 자녀가 아닌 자들의 불신앙적 활동에 대해서는 영원한 형벌로 심판하신다(마 25:41).

       1992년 10월 6일
       광주 두암동에서
         저자

목 차

저자의 말
1. 개혁신학이란 무엇인가? 11
2. 칼빈과 개혁신학 21
3. 종교개혁의 성경적 원리 39
4. 웨스트민스터 소요리 제1문답의 배경과 의미 53
5. 개혁신앙과 역사의식 73
6. 개혁신앙의 중심사상 89
7. 개혁신앙의 당면과제 103
8. 하나님이 요구하시는 의(義) 117
9. 한국 보수주의 교회의 신학적 문제점 127
10. 칼빈주의 문화관에 영향미친 어거스틴의 사상고찰 151
11. 칼빈의 기도론 169
12. 칼빈의 교회론의 공동체적 조명 197

13. 그리스도와 부활 ·· 213
14. 삼위일체 하나님의 종말론적 역할 ···················· 221
15. 오늘의 한국교회와 윤리의식 ······························ 247
16. 크리스천의 사회참여의 당위성과 한계 ············ 255
17. 복음주의적 입장에서 본 민중신학 ···················· 263
18. 뉴에이지 운동을 아십니까? ······························· 283
19. 하나님의 형상 노릇해야 사람이다 ···················· 299
20. 하나님이 사람을 에덴에 두신 의미 ·················· 307
21. 이 세상은 왜 악해졌는가? ································· 315
22. 영광을 구하는 삶 ·· 323
23. 왜 나라사랑을 잃어가는가? ······························· 329

제1장

개혁신학이란 무엇인가?

1. 정의

　많은 사람들의 경우, 칼빈주의와 개혁신학, 청교도적 신학, 복음주의 신학 및 보수주의 신학, 정통신학 등 이와 유사한 용어들에 대한 혼동을 하고 있어 보인다. 서로 엇비슷한 듯한데 주장하는 사람들이나 단체 또는 신학 계열을 보면 전혀 같아보이지 않기 때문이다. 대체적으로 장로교회 계통은 그 신학적 주장에 있어서 진보적 입장을 취하고 있더라도 칼빈주의, 개혁신학, 복음주의 신학 및 정통신학이라는 말을 사용하여 자기들의 신학적 입장을 내세우기도 한다. 그래서 보수적인 신학계통의 장로교회가 자기들의 신학적 성격을 주장함에 있어서 정통적인 칼빈주의적 개혁신학이라는 표현을 사용하는 것이다.
　칼빈주의라는 용어는 칼빈이라는 신학자의 이름과 관련되어 있다. 칼빈은 종교개혁운동을 신학적으로 성공시킨 불란서가 낳은 걸출한 신학자이다. 중세 카톨릭의 권위주의적이고 형식주의적인 교리체제와 신앙과 생활체제에 대하여 성경계시에 의존하여 경건의 능력을 삶 속에서 체험케 하는 신앙과 생활의 체제를 신학적으로 체계화시킨 사람이 칼빈이기에 그의 성경적인 사상 체계를 칼빈주의라고 지칭하는 것이다. 그러나 어떤 사람들은 칼빈주의를 독단적인 예정교리를 주축으로 한 신학체계로 크게 오해하고 있으며 한 개인을 추종하는 분파주의 집단으로 곡해하고 있다. 그런가 하면 이같은 오해와 곡해를 피하기 위하여 칼빈주의란 용어 대신에 개혁주의란 용어를 한국의 보수적인 신학자들이 사용한 것 같다.

 하지만 앞에서도 지적한 대로 본래의 의미의 칼빈주의는 창조주이시요 구속주이신 삼위일체 하나님을 창조, 타락, 구속과 우리의 삶의 원천이시자 주관자로 알고, 전창조와 사회의 모든 생활영역에 관하여 성경계시에 근거하여 개진한 참되고 바른 진리체계와 생활체계이다. 따라서 칼빈주의는 그 내용과 성격에 있어서 결단코 편협한 교리체계가 아니며 예정교리에 뿌리를 두고 있는 신학도 아니다. 사실상 칼빈주의 사상체계에 있어서 예정교리는 하나님의 절대주권교리와 구원의 확신문제와 관련하여 부차적으로 다루어져 있다. 로마서의 체계를 따르고 있는 칼빈의 기독교강요에도 보면 예정교리는 제3권 21장 이후에야 다루어져 있다. 즉 믿음의 주요한 행사(行使)인 기도에 의하여 우리의 믿음이 더욱 확실하여질 때 그 믿음에 의하여 확인하게 되는 것이 예정교리이고 이 예정교리는 우리로 하여금 구원을 확신하게 하는데 크게 도움이 된다는 것을 칼빈은 기술하였다.

 이 칼빈주의가 사실은 개혁신학이고, 복음주의이며, 정통신학이자 청교도적 신학이고 보수주의이다. 로마 카톨릭 교회의 사상체계를 전면적으로 칼빈이 개혁하여 새로운 사상체계를 정립한 까닭에 칼빈주의는 개혁신학이며 로마 카톨릭 사상체계를 개혁하되 교회의 전통에 근거하지 않고 성경의 복음에 철두철미 근거한 까닭에 복음주의이요(루터와 칼빈은 복음에 나타난 하나님의 의를 오직 믿음으로 살 것을 강조한 점에서 복음적이며 그래서 복음주의이다), 그 복음적 사상체계가 예수님, 바울, 어거스틴 등으로 이어져 내려온 까닭에 정통신학이고(급진주의적 신학은 바울과 어거스틴을 좋아하지 않는다) 그 삶에 있어서 자기 부인과 절제와 검소를 강조하고 있는 점에서 칼빈주의는 청교도 신앙으로 나타난 것이며 루터와 칼빈 등이 토마스 뮨쳐와 같은 급진적 혁명을 주창하는 혁명론자들과 노선을 달리했다는 점에서 칼빈주의는 보수주의인 것이다.

    그러면 칼빈주의가 구체적으로 로마 카톨릭 교회의 어떤 사상 체계를 개혁하였기에 개혁신학인가? 로마 카톨릭 교회의 사상은 한 마디로 헬라철학의 이원론에 뿌리를 박고 있다. 헬라의 이원론 사상은 플라톤의 관념론에서 출발하였다고 볼 수 있다. 주전 407년에 소크라테스의 제자가 된 바 있는 아테네 출신의 플라톤 (주전 427~347)은 정신, 영, 도덕 등을 강조하고 지식과 선을 동일시하였는데 그에 의하면 정신적이고 관념적인 것은 본질적으로 선하며 그것이 미덕인 반면에 육체적이고 물질적인 것은 본질적으로 악하며 그것이 부도덕인 것이다. 따라서 마음과 의지를 수양하는 것이 삶의 주요 과업이며 진선미의 관념적 본질을 이성적으로 통찰함으로써 도덕적 인격이 함양된다고 주장한다.

    주전 367년에 아테네로 가서 플라톤의 문하에서 철학을 공부한 아리스토텔레스(주전 384~322)는 형상과 질료가 접합할 때 실재 개체가 가능케 된다는 인과율을 주장했는데 그의 이론에 의하면 관념으로서의 형상이 실재로서의 개체에 앞서며 관념은 완전하나 개체로 나타난 것은 불완전할 수도 있게 된다. 또한 관념의 범주와 실재의 범주가 구별이 되는 것이다. 그리고 관념이 실재보다 우월하다고 주장되는 것이다.

    이같은 플라톤과 아리스토텔레스의 이원론 사상에 근거하여 중세의 로마 카톨릭 교회는 자연과 초자연, 문화와 은혜, 현실세상과 교회, 육체와 영혼 등을 대립상태에 있는 것으로 보았다. 전자, 곧 자연, 문화, 현실세상과 육체 등은 후자 곧 초자연, 은혜, 교회와 영혼 등에 비하여 본질적으로 열등하며 악하다는 것이다. 카톨릭 사상에 의하면 예컨대 교회는 거룩하고 오류가 없으며 하나님의 초자연적 은혜의 은사로 충만한데 반하여 세상은 속되고 죄악의 온상이며 사단이 더러운 영들과 더불어 지배하는 영역이다. 로마교회는 자연에 속하는 것을 마귀적인 것으로 본다. 그러기에 로마교회가 성수를 뿌리거나 십자가를 손으로 그리는 의식 등을 행하는 것은 사단의 영향으로부터 거룩한 것들을 보호하기 위함인 것이다. 로마교회는 십자가와 성수를 보면 지옥의 권세가 떨며 도망간다고 믿은 것이다.

이와 같은 세계관 때문에 로마 카톨릭 교회는 세상에 대한 우월감에 사로잡혀 세상(또는 세속정부)을 지배하려 하는가 하면 세상을 경멸하였다. 이에 대한 증거가 수도승과 수녀제도 등이다. 또한 교회는 초자연적인 제도이고 신령한 은혜의 저장소이기 때문에 세상은 로마 교회에 절대 순복해야한다고 주장한다. 가장 이상적인 체계가 되려면 교황이 그리스도의 전권 대리자로서 현세의 모든 권세를 잡아야 한다. 한편 로마교회의 경우 은혜가 자연을 능가하고 영혼과 정신이 육체와 물질을 초월하여 높은 차원에 속해 있기 때문에 자연, 육체, 물질 등을 멸시하여 고행적 금욕주의를 강조한다.

그러나 사실 은혜는 자연과 대립상태에 있지 않다. 다만 대립되는 것은 자연을 파괴하는 죄 뿐이다. 은혜와 자연은 서로 대립될 아무런 이유가 없다. 그러기에 종교개혁이 부르짖은 것은 자연을 거스려 대항하는 것이 아니고 오직 죄와 대항하여 싸우는 것이었다. 은혜(천국)가 자연(현실세계) 가운데 임하여 자연이 은혜로 충만케 되는 것, 다시 말해서 하나님의 나라가 이 땅 위에 이루어지는 것이 인류의 소망이요 개혁신학의 목표이다. 죄로 인하여 파괴된 자연은 은혜의 힘을 필요로 하고 은혜는 죄로 파괴된 자연을 바로 세워야할 뿐 자연과 은혜는 대립관계에 있지 않다. 이 세상(자연)은 사단의 것이 아니고 하나님의 것이요 또한 우리의 것이며 하나님이 임하시어 우리와 만나시고 말씀하시고 찬양과 예배를 받아 마땅한 현장이 바로 이 세상인 것이다.

결론적으로 요약하자면 개혁신학은 헬라의 이원론적 철학사상에 깊이 뿌리박고 있던 중세의 카톨릭 사상체계와 삶의 체계를 근본적으로 탈피하여 성경적으로 삶의 체계를 정립한바 개혁된 신학이다. 그런 까닭에 아담 이래 타락한 현세상과 그리스도 안에서 구속된 교회를 이원론적으로 보고서 성속을 대립시키고(성속은 구별되나 대립되지 않음) 세속 위에 교회가 군림하거나 세상을 경멸하는 중세 카톨릭의 사상과 완전히 단절된 신학이 개혁신학인 것이다. 그러기에 개혁신학은 사상의 체계일 뿐만 아니라 삶의 체계이다.

2. 원리

하나님의 뜻을 따라 생각할 뿐만 아니라 모든 사상을 사로잡아 그리스도에게 복종시키고자 하는(고후 10:5) 개혁신학의 첫째 원리는 성경을 하나님의 계시의 말씀으로 인식하여 성경의 절대 권위에 순복하고 우리의 신앙과 생활의 절대 규범으로 삼는데 있다. 개혁신학은 성경이 가르치는 대로 말하며 성경이 말하지 않는 것에 대하여 억측하지 않고 사람의 생각을 성경보다 결코 앞세우지 않는다. 그래서 개혁신학은 성경이 우리의 모든 사상과 삶의 영역에서 기본적 규범이 되게 한다.

이같이 성경의 권위를 첫째 원리로 삼고 있는 개혁신학은 성경을 해석함에 있어서 성령의 내적 조명을 원리로 또한 삼는다. 성령은 우리가 성경말씀을 들을 때 깨우침을 주어 믿음을 심고 그 믿음을 통하여 성경을 탐구하여 이해할 수 있게 한다. 이로써 개혁신학의 두 번째 원리는 성경의 내적 조명을 통한 성경계시에 의존하는 신앙인 것이다. 따라서 개혁신학은 인간의 자율주의에 입각한 합리주의를 전적으로 거부한다.

그러나 개혁신학 사상체계는 하나님을 인간의 사상과 생활의 중심에 두고 하나님의 절대적 주권이 모든 사상과 생활영역에 미치게 하는 것을 기본원리로 삼는다. 다시 말해서 하나님이 개혁신학의 기본원리이다. 좀더 자세하게 말하자면 하나님의 절대

주권교리를 제일 원리로 하고 있는 것이다. 하나님이 만유와 그 가운데 있는 모든 것들과 사람의 언행심사까지 자기의 기쁘신 뜻대로 다스리신다는 하나님의 권리를 기본원리로 삼는다. 이렇듯 개혁신학은 예정이나 칭의 교리 등을 출발점으로 삼지 않고 하나님을 우리의 모든 사상과 생활의 시작이요 과정이자 목적으로 삼고 있는 것이다(롬 11:36).

선택 또는 예정교리는 하나님의 주권사상의 논리적 결론으로서 구원의 확신을 얻는데 도움을 주고 이 선택은 믿음에 의하여 확인된다. 그리고 하나님의 영광도 인생의 제일되는 목적이기는 하지만 개혁신학의 기본원리는 아니다.

3. 주요 내용

개혁신학은 성경에 근거한 삶의 체계이자 세계관이기 때문에 모든 인간생활의 기초적 관계들을 내용으로 삼는다. 다시 말해서 하나님에 대한 우리의 관계, 사람에 대한 우리의 관계 그리고 세상에 대한 우리의 관계를 체계적으로 진술한다.

개혁신학은 하나님을 알되 창조주 아버지, 주님, 주권자, 섭리주, 구속주로 인식하는 한편, 하나님을 인격적이고 살아계신 분으로 안다. 그래서 하나님을 이교처럼 피조물 가운데서 찾지 아니하며 그렇다고 이슬람교처럼 하나님을 피조물로부터 분리시켜 전적으로 초연해 있는 분으로 생각하지 아니하고 대신 하나님을 초월자로 보되 또한 하나님께서 피조물과 직접 교통하신다는 사실을 믿는다. 이로써 하나님을 사랑할 뿐 아니라 신뢰하고 경외하는 것이다. 우리가 숨쉬는 매순간마다 우리의 전체 삶은 하나님 자신을 신뢰하며 하나님 안에서 살며 기동한다(행 17:28). 그러기에 우리는 하나님 앞에서 우리의 삶을 살아야 하는 것이다.

개혁신학은 삼위일체 하나님 곧 성부, 성자, 성령 하나님을 믿는다. 이 삼위 하나님은 장차 일어날 모든 일들을 자신의 지혜와 능력에 근거하여 영원 전에 일어날 모든 일들을 자신의 지혜와 능력에 근거하여 영원 전에 작정하셨고 자기의 기쁘신 뜻을 따라 모든 것을 선하게 창조하였으며 자기의 영광을 위하여 섭리하신다. 그런 까닭에, 칼빈주의는 우연이나 운명을 모른다.

개혁신학은 하나님이 자기의 형상대로 인간을 창조하였음을 믿는다(창 1:26). 그러기에 모든 인간은 하나님 보시기에 존귀한 것이다. 그러나 하나님은 인간을 창조하심에 있어서 획일적으로 만들지 않으시고 다양성을 갖게 하셨다. 남자와 여자, 부자와 가난한 자, 약한 자와 강한 자, 우둔한 자와 재능있는 자 등이 다 하나님의 피조물이다. 그러나 이같은 다양성에도 불구하고 인간은 다같이 하나님의 형상인가 하면 하나님의 피조물이요, 하나님 앞에서 죄인들이기 때문에, 하나님 앞에 평등하고, 아무도 다른 사람 위에 군림할 수가 없다. 특정의 사람들에게 하나님이 은사를 주신 것은 사람 위에 군림토록 하기 위한 것이 아니고 하나님과 이웃을 섬기는데 사용토록 하기 위함인 것이다.

하나님은 인간을 자기의 형상대로 창조하시고 이 세계와 그 안에 있는 피조물을 하나님의 뜻에 따라 관리하며 다스리게 하셨다. 그리고 인간의 풍성한 삶을 위하여 에덴동산을 주시고 각종 좋은 실과 나무들도 주셨다. 우리는 이 세상을 성전삼아 하나님을 섬기며 그에게 영광돌려야 하는 것이다. 하나님은 효과적인 예배를 위하여 우리에게 노동의 사명을 주셨다. 우리는 노동을 통하여 이 세상에서 하나님의 뜻이 이루어지고 그의 영광이 나타나도록 해야하는 것이다. 이 세상은 우리의 것이요, 마귀의 것이 결코 아니다. 하나님이 우리에게 관리를 위임하여 주셨다.

그러나 이 세상에는 사탄의 미혹으로 말미암아 죄가 들어왔고 그리하여 사망이 왕노릇하였다. 죄가 세상과 우리와의 관계 뿐만 아니라 하나님과 우리와의 관계를 악화시켰다. 죄로 말미암아 이 세상 자체도 악화되고 부패하였다. 개혁신학에 의하면 죄의 본질은 하나님의 말씀의 권위를 거부하여 하나님께 불순종한 것이다. 사탄은 하나님의 형상으로 창조된 인간에게서 성령의 검인 말씀과 방패인 믿음을 제거함으로 무장해제를 노린다. 그리하여 인간이 전적으로 부패하고 하나님의 말씀에 순종하지 못하도록 전적으로 무능하게 만들어 버리는 것이다. 아담의 타락으로 말미암아 인간 뿐만 아니라 모든 세계가 전적으로 부패하고 무능력한 상태에 있다. 하나님과 거리가 멀어졌고 하나님을 아는 지식도 없어져 버렸다.

하나님은 타락한 인간과 악화된 자연이 망하는 것을 원치 않으시기에 스스로 해결책을 마련하셨으니 바로 그리스도가 죄의 해결책이다. 개혁신학은 그리스도만이 유일한 구속주이시고 그 안에만 구속이 있음을 믿는다. 그리고 그리스도는 교회의 머리이기 대문에 교회 밖에는 구원이 없다.

하나님은 그리스도 안에서 자기의 기쁘신 뜻을 따라 무조건적으로 어떤 사람들을 선택하셨고 그들에게 은혜를 베풀어 믿음으로 구원을 얻게 하실 뿐 아니라 성령의 거룩케 하심을 따라 구원을 보장해 주셨다.

그리스도는 하늘과 땅에 있는 모든 것이 그 안에서 갱신되고 하나로 통일되며 질서가 회복되고 하나님과 화목되게 하신 것이다. 그러기에 그리스도는 하늘과 땅의 모든 권세를 가지신 주권자이며 따라서 인류의 역사와 문화, 경제, 정치 등이 그리스도를 통해서 다스려야 한다고 칼빈주의는 가르친다. 이 세상 그 어느 것도 그리스도를 필요로 하지 않는 것이 없는 것이다. 그리스도만이 역사의 열쇠이다.

4. 현대적 의미

오늘의 시대는 사상적으로 혼란에 빠져 있어 보이며 그 배후에는 인간의 자율을 앞세우는 인본주의가 있다. 이 인본주의는 하나님과 그의 계시의 말씀인 성경의 권위 및 성령의 은사인 신앙을 거부하여 예수 그리스도를 하나님으로 아는 대신 모범적 인간으로만 생각한다. 이같은 까닭에 인간은 진리를 알지 못하며 따라서 참된 자유를 누리지 못한다. 빛과 생명 대신 어두움과 죽음만을 맛보게 되는 것이다. 성경이 그 권위를 상실한 세대는 사상적 혼란에 빠지며 자기소견에 좋을 대로 행하여 무정부상태를 초래한다.

  인간의 자율을 앞세우는 인본주의를 물리칠 수 있는 사상은 하나님의 주권과 그의 말씀의 권위를 높이는 개혁신학 뿐이다. 개혁신학의 세계관만이 유물론적 막스주의 세계관을 극복할 수가 있으며 이 땅에 하나님의 의와 나라를 계속적으로 확장시킬 수 있고 인생으로 하여금 참된 자유와 평화를 누릴 수 있게 해준다. 하나님께 대한 경배와 감사, 이웃에 대한 진정한 사랑, 자연에 대한 바른 인식과 온전한 관리를 개혁신학만이 가능케 하는 것이다.

제 2 장

칼빈과 개혁신학

지금의 한국사회와 교계는 사회적 불안심리를 틈타 극성을 부리고 있는 시한부 종말론의 다미선교회와 김기동의 귀신론 그리고 각종의 불건전한 은사운동으로 인하여 혼란을 겪고 있다. 그래서 진정으로 성경적인 가르침의 핵심은 무엇이며 전통적으로 우리 교회 가운데서 가르쳐져 내려온바 확실한 교리체계는 무엇인가를 확인하고 싶어한다. 이같은 필요를 충족시켜 줄 수 있는 길은 칼빈과 개혁신학의 체계를 요점적으로 살펴보는 것일 것이다.

칼빈의 대표적인 저서인 기독교강요는 그의 사상이 철저하게 성경계시에 근거하고 있음을 보여주고 있다. 그래서 그가 기독교 강요를 쓴 목적도 기독교의 교리들을 단순하면서도 체계적으로 설명하여 성도들이 성경에 쉽게, 그러면서도 걸려넘어짐이 없이 접근할 수 있게 하려는데 있었다.

칼빈의 중요한 관심은 하나님 곧 우리의 사랑많으신 아버지 하나님에 대한 지식과 그 하나님의 면전에서 우리 자신을 살펴 아는 지식에 있다. 그가 말하는 하나님에 대한 지식은 하나님을 모든 좋은 것의 원천이신 아버지로 알 뿐만 아니라 절대주권적 소유주이시요 통치자인 주님으로 아는 지식이다. 이 지식은 그리스도 안에서 계시되었고 성령께서 성경으로 교회를 통해서 증거하셨다.

그런데 하나님을 아는 이 지식은 경건을 낳는다. 그러기에 경건한 자는 하나님을 모든 좋은 것의 원천되시는 아버지로 알고 그를 사랑하며 신뢰할 뿐만 아니라 주님이신 하나님을 절대 주권자로 알고 경외하며 순종하는 것이다. 그리고 이 경건은 능력 있는 믿음의 기초이다. 이 믿음은 우리의 끊임없는 기도에 의하여 강화되는바 기도는 믿음의 으뜸가는 행사(行使)이다.

칼빈의 이와 같은 중요한 관심은 그의 요리문답들에 나타나 있는데 그가 1538년에 만들어낸 요리문답에서는 "하나님 밖에는 어디에서도 영원하고 불멸한 생명을 아무도 찾아 얻을 수가 없다. 그러기에 우리의 생활의 으뜸되는 관심사는 우리의 온 마음을 기울여 하나님을 찾으며 그를 사모하고 하나님 외에는 아무 것도 의지하지 않는 것이다." "모든 좋은 것이 예외없이 하나님에게로부터 흘러나오기 때문에 모든 찬양이 그에게로 돌려져야 마땅하다"고 가르치는가 하면 1542년 제네바 요리문답에서는 "인생의 제일되는 목적이 하나님을 아는 것이다"고 가르쳤다. 그의 이러한 요리문답에 기초하고 있는 웨스트민스터 소요리문답에는 "인생의 제일되는 목적이 하나님을 영화롭게 하고 그를 영원토록 즐거워하는 것이다"라고 진술되어 있다.

이로 보건대 칼빈과 그의 개혁신학은 우리를 향한 하나님의 은총을 확신하는데서 오는 신앙의 지식과 그 지식에 기초하여 하나님을 우리의 생명의 근원으로 알고 그를 사모하며 찬양하고 하나님으로 만족해 하는 바로 그 경건을 인생의 으뜸가는 목적으로 생각하고 있는 것이다.

그런데 이 경건은 지혜를 통해서 얻는다. 그리고 지혜는 지식을 통해서 가능한바 이 지식은 하나님에 대한 것과 인간에 대한 것으로 구성되어 있다. 그래서 칼빈은 참되고 건전한 지혜는 하나님과 사람에 관한 이중의 지식으로 구성되어 있다고 말한다.

이 지식은 우리가 하나님께 예배할 마음을 갖게 되는 것, 우리로 내세의 소망을 갖도록 이끌어주는 것 그리고 우리를 참되고 온전한 행복에로 초대하는 것 등을 목적으로 한다. 이로 보건대, 칼빈이 말하는 지식은 머리로만 아는 관념적이고 사변적인 것이 아니고 하나님의 은혜와 사랑을 몸과 마음으로 체험하는 것으로 참된 예배, 내세 소망 그리고 인간의 행복을 위한 것이다. 다시 말해서 영원하신 하나님을 사모하고 예배하는 가운데 하나님과 영원히 함께하고 싶은 내세의 소망을 가지고 이 땅에서 아버지 하나님이 베풀어 주시는 은총을 감사하고 찬미하며 질서있고 규모있는 삶을 살므로 행복을 누리는 것이 바로 하나님을 아는 지식의 목적이요 인생의 제일되는 목적이다.

그러면 하나님을 아는 이 지식은 어디서 어떻게 얻을 수 있는가? 이 지식의 원천으로 칼빈은 세 가지를 거론하는데 첫째는 인간에게 본래적으로 심기워져 있는 신의식 또는 종교의 씨 곧 주관적 내적 계시이고 둘째는 하나님의 영광과 지혜와 권능을 선포하고 있는 우주의 정교한 질서 곧 객관적 외적 계시이다. 그러나 이 두 종류의 계시는 인간의 죄로 말미암아 충분하게 그 효능을 발휘하지 못하고 사실상 소멸되었다. 그래서 셋째로 칼빈이 강조하는바 신지식의 원천은 성경계시이다. 이 성경계시는 신적 권위가 있고 스스로 구원의 지식을 증거하지만 성령의 증거를 통하여 우리의 심령 속에서 확증되는 것이다. 따라서 성령이 성경계시를 통하여 하나님을 증거해 줄 때 우리의 신의식이 온전하게 회복되고 창조에 나타난 계시를 터득하여 창조주 하나님을 더욱 풍부하게 알게 된다.

칼빈에 의하면 하나님을 아는 지식의 특별한 원천인 성경은 그것의 저자가 하나님이시기에 신적 권위가 있으며 모든 사람이 구원을 받기에 합당한 진리를 담고 있기에 모든 사람에게 절대로 필요하고 성령의 감동으로 기록된 까닭에 완전무오하며 자명하고 또한 하나님을 알고 섬기며 우리가 구원을 얻을 때 충분하여 이제 우리에게는 성경 이외의 다른 새로운 계시가 전혀 더 이상 필요하지 않다. 이처럼 칼빈은 성경의 신적 권위, 완전 무오성, 필요성과 자명성 및 충분성을 강조하고 있다. 성경은 살아있고 운동력이 있어서 우리의 죽은 영혼을 거듭나게 하고 믿음을 심어주며 하나님의 법을 따라 살 수 있게 삶의 규범을 제시하는 등 지금도 활동적이다. 성경은 사변적인 교리서이거나 죽어있는 문자가 아니다. 그러므로 하나님의 살아있고 활동적인 말씀인 성경 이외에 다른 계시나 환상 또는 새로운 예언의 은사를 구하는 것은 성경을 사랑하지 않는 증거요 하나님이 친히 주신 성경의 가치를 알지 못하는 데서 오는 무지와 미성숙한 신앙 때문인 것이다.

개혁신학은 하나님을 아는 지식의 유일한 원천으로 성경만을 안다. 즉 성경을 안경으로 삼을 때 주관적 내적 계시인 신의식 또는 종교의 씨와 객관적 외적 계시인 창조사역 또는 자연계가 계시로서 즉 신지식의 보조적 원천으로서 그 가치를 발휘하는 것으로 믿고 아는 것이다. 그러므로 개혁신학은 신의식과 자연계를 신학의 자료가 되는 계시로 인정하지만 어디까지나 성경계시가 창조사역에 나타난 계시를 읽을 수 있도록 해주기 때문이다.

그러면 성경이 계시하여 가르쳐주고 있는 하나님은 어떤 분이신가? 하나님을 참되고 풍부하게 알 때 우리가 하나님을 온전히 예배하고 찬미하며 그를 즐거워할 수 있고 이로써 우리의 삶이 행복해질 수 있으므로 성경은 하나님에 대하여 충분하게 가르쳐 주고 있는 것이다.

성경이 가르쳐 주고 있는 하나님은 영원자존하시는 인격적 존재요, 작정하고 창조하며 섭리하시는 활동적 존재이시며, 사탄의 미혹으로 타락하여 악해진 인류와 자연을 구원하시는 은혜로운 분이시다. 다시 말해서 그는 피조물과 구별되는 창조주이시요, 그 피조물을 사랑하여 함께 하시고 돌보시는 구속주이시다. 이 점에서 기독교는 하나님과 피조물을 구별하지 않는 범신론과도 다르며 또한 창조주와 피조물과의 사랑의 관계를 알지 못하는 이슬람교와도 다르고, 하나님과 자연을 대립관계에 있는 것으로 보는 로마 카톨릭 교회와도 다르다.

창조주이시요, 구속주이신 성경의 하나님은 삼위일체 하나님이시다. 이 삼위일체 하나님은 성경 이외의 다른 곳에서는 결코 찾아볼 수가 없다. 기독교의 독특한 신관이다. 성경이 계시하고 있는 삼위 하나님은 한 분의 단일한 하나님이시다. 이 삼위 간에는 정연한 차서가 있으며 고유한 특질에 의한 구별은 있으나 세 위격으로 나뉘어진 분할은 없다. 즉 삼위 하나님은 각기 자신에 대하여 한 동일한 하나님으로서 자존하신다. 예컨대, 성자는 그가 하나님이시기 때문에 독자적으로 존재하시나 그가 성자이시기 때문에 성부 하나님으로부터 기원하여 존재하시는 것이다.

성부와 성자와 성령은 한 하나님이시지만 성자는 성부가 아니고, 성령은 성자가 아니며, 그들은 고유한 특질에 의하여 구별되어 있다. 성부는 활동의 시작이 되시고, 만물의 기초와 원천이 되시며 성자는 지혜와 모사이시고 만물을 질서있게 배열하는 분이시나, 성령은 그 활동을 가능케 하는 권세를 가지신 분이시다.

삼위 하나님은 영원부터 스스로 자존하시는 까닭에 영원이라는 개념 속에는 시간상의 선후가 있을 수 없다. 성부와 성자와 성령 가운데 시간적으로 아무도 앞서거나 뒤서지 않는다. 그러나 위격간에 구별상 차서가 있다. 이러한 이유로 성자가 성부에게서 낳으시고 성령은 성부와 성자로부터 오신 것이다. 성자는 성부에게 전적으로 순복하시고 성령은 성부와 성자의 뜻을 따라서 행하신다.

그러므로 삼위 하나님간에는 사귐이 있고 협의하여 약속하거나 자원하는 일이 있다. 서로 간에 질서있게 관계를 맺고 있는 것이다. 이를 통해서 오히려 신적 본질의 단일성이 보전되고 적절한 차서가 유지되며 성자나 성령의 신격에는 조금도 손상이 없다.

우리가 삼위 하나님을 알 때 하나님께서 우리를 영원전에 작정하시고 그의 형상으로 창조하시며 항상 성령으로 함께 하시고 우리를 그의 성전삼아 교제를 나누시는 하나님의 깊은 언약적 사랑을 몸으로 체험하여 삼위 하나님을 찬양하며 감사하고 즐거워할 수가 있는 것이다. 또한 삼위 하나님은 각자 자존하시는 분이시면서도 차서를 따라 순복하는 사실을 알 때 우리 인간들은 하나님 앞에서 만인이 평등하나 서로 간에 존중하며 권위와 질서를 따라 순종하는 것이 화평과 행복에의 길임을 확신하게 된다.

그런데 칼빈은 성경에서 삼위일체교리를 가르침에 있어서 초대교회에서 나타났던 양태론적 단일신론이나 역동적 단일신론을 이단으로 거듭 규정하여 거부하였다. 즉 하나님은 한 분이시나 새시대를 따라 성부와 성자와 성령으로 각각 분장하여 역사의 무대에 나타났다고 보는 양태론적 단일신론을 거부했으며 한편 성부 하나님만이 유일하고 완전한 신이고 성자는 성령으로 신적 능력이 충만하지만 성부보다는 열등한 피조된 신적 존재이며 성령은 권세있는 힘이라고 보는 역동적 단일신론을 거부한 것이다. 특히 이러한 단일신론을 칼빈이 거부하는 것은 이같은 하나님을 통해서는 구원을 얻을 수도 없고 또한 하나님에 대한 참되고 풍부한 지식을 얻을 수 없기 때문이며 성경의 가르침과 크게 벗어나 있기 때문이다.

특별히 칼빈은 삼위일체 하나님의 존재방식이 독특하고 신비하여 자연계에서는 그 비유를 사실상 찾을 수 없다고 보고 결코 예화를 드는 일을 하지 않으며 또한 어떠한 예화도 전혀 도움이 되지 않으므로 삼가할 것을 강력하게 권한다. 사실상 우리가 알고 있는바 삼위일체에 대한 예화들은 대부분 양태론적 단일신론을 뒷받침하는 것들이다. 우리는 성경이 가르쳐 주는 대로만 하나님을 알아야 하는 것이다.

사람이 사람의 으뜸가는 목적대로 살기 위해서는 참되고 건전한 지혜와 경건과 믿음이 필요하며, 이 지혜는 하나님을 아는 지식과 사람을 아는 지식으로 구성되어 있고 이 이중적 지식의 유일한 원천은 다름아닌 성경임을 칼빈은 강조한다. 그는 기독교

강요에서 먼저 성경계시에 기초하여 하나님을 아는 지식에 대하여 삼위일체를 중심으로 다루었다. 그리고나서 사람을 아는 지식에 대하여 우주창조(I권 14장)와 인간창조(I권 15장)를 다루며 하나님과 사람에 대한 이중적 지식을 체감할 수 있는 계기를 마련해 주는 섭리에 대하여 다룬다(I권 16~18장).

우리가 하나님을 제대로 알고 그를 영원토록 즐거워하며 감사할 수 있으려면 그가 우리를 위해서 얼마나 세심하게 마음을 쓰시며 우리를 본래 어떤 존재로 만드셨는가를 알아야 하는 것이다. 칼빈은 하나님의 우주창조에서 우리가 인류를 향한 하나님의 부성애를 깊이 인지해야 한다고 말한다. 왜냐하면 하나님께서는 아담을 위하여 우주 가운데 모든 종류의 좋은 것들을 아낌없이 만들어 준비해 놓으신 후에야 아담을 창조하셨기 때문이다. 그러기에 우리는 모든 좋은 것들을 오직 하나님에게서만 기대하고 그를 온전히 신뢰하며 우리의 희망을 오직 그분에게만 걸어야한다. 따라서 우리는 우리가 원하는 것은 무엇이나 하나님께 간구하고 우리의 몫으로 주어진 모든 은택은 그에게로부터 온 축복으로 알고 감사하게 받으며 우리의 마음을 다하여 그를 사랑하고 섬기기를 힘써야 하는 것이다.

우리는 여기에서 칼빈이 자연계를 하나님의 부성애의 표현으로 인식하고 있음에 유의해야 한다. 아버지께서 그의 백성된 인류에게 선물로 베풀어 주신 이 자연환경은 우리가 함부로 경멸하고 착취하며 오염시키거나 무절제하게 낭비해도 되는 것이 결코 아니다. 오히려 감사함으로 잘 받아 누리고 또 잘 관리할 때 하나님의 크신 사랑을 더욱 깊이 체험할 수 있게 되는 것이다.

하나님은 우주를 창조하신 다음에 인간을 자기의 형상대로 육체와 영혼을 가진 존재로 만드셨다. 칼빈은 인간의 구성요소 가운데 영혼이 불멸적이고 더 고상하다고 보며 육체는 감옥소나 흙집과도 같다(욥 4:19)고 말하면서도 육체 자체에도 하나님의 형상의 광채가 빛나고 있음을 강조함으로써 육체의 귀중함을 균형있게 다루려 하고 있다.

칼빈은 하나님이 또한 인간을 자기의 형상으로 만드신 까닭에 본래 우리의 지식은 밝고 마음이 올바르며 우리가 건강하고 거룩한 존재라고 말한다. 그래서 타락하기 이전의 인간은 그의 몸의 모든 유기적 부분들이 하나님을 잘 순종할 수 있도록 구성되어 있었다.

그런데 우주와 인간을 창조하신 하나님은 그것들이 저절로 움직여 나가도록 방임하거나 초연해 있지 않고 오히려 보존자요 통치자로서 천체를 움직이실 뿐 아니라 모든 만물을 보존하시고 양육하시며 돌보시는 것이다. 그러므로 하나님이 그의 지식과 의지로 작정하신 것이 아니면 아무것도 일어나지 않는다. 우리의 눈에 우발적으로 보이는 것까지도 신앙의 눈으로 보면 하나님의 은밀한 의지에 의하여 계기가 마련되어 있다.

칼빈의 섭리론에서 한 가지 유의할 점은 하나님이 섭리하신다 하여 인간의 책임이 면제되거나 신중한 사려분별이 불필요한 것으로 생각되어서는 안된다는 사실이다. 섭리의 하나님은 우리의 삶을 보전하는 방편과 수단을 제공해 주고 예방조처와 구제책도 마련해 주셨으므로 우리의 의무는 하나님이 제공하신 모든 방편과 수단과 구제방법을 최대한으로 활용하여 생명을 보호하는 것이다. 즉 병들었을 때는 병원과 약품을 활용하고, 고속버스를 탈 때는 안전벨트를 착용하며 건강한 체력을 위해서는 각종의 음식을 골고루 섭취해야 하는 것이다. 그래서 칼빈은 말하기를 섭리에 대한 무지는 최고의 불행이요, 최고의 행복은 하나님의 섭리를 아는 지식에 있다고 했다.

창조와 섭리에 대한 칼빈의 가르침을 종합해 보면 하나님의 창조와 섭리는 모든 만물과 인간의 모든 것을 포함하고 있다. 이 우주 가운데 어느 것 하나 하나님의 창조에 속하지 않은 것이없고 우리의 역사 가운데서 일어나는 사건들 중 어느 것 하나 하나님의 섭리가 아닌 것이 없다. 그래서 이 세상의 그 어느 것 하나라도 하나님의 부성적 사랑과 무관한 것이 없다. 우리는 하나님의 창조와 섭리 사역에서 그의 부성적 사랑을 맛보아 알아야 하는 것이다. 이로써 하나님을 신뢰하며 사랑하며 즐거워하고 그를 기쁜 마음으로 순종할 수 있게 되기 때문이다.

그러기에 칼빈의 사상과 가르침에 의하면 우리는 우리의 일상생활 속에서 하나님의 사랑의 섬세한 손길을 순간마다 민감하게 느끼고 깊은 감사를 드리는 것이 마땅하며 그것이 바로 건전한 경건이요 믿음이다. 하나님의 창조와 섭리사역 가운데서 하나님의 크신 사랑을 알고서 그를 찬양하고 즐거워하는 것이 하나님의 피조물인 인간의 최고의 행복인 것이다 물론 이러한 경건과 믿음은 앞으로 언급하게 될 그리스도의 구속사역을 통해서 가능하게 되지만 칼빈의 사상에는 하나님의 창조와 섭리사역이 아주 중요한 위치를 차지하고 있다.

그러나 칼빈의 가르침과는 달리 우리 교회와 많은 성도들은 신약성경에 나오는 위선적인 바리새인들과 서기관들처럼(마 16:1) 그리고 칼빈 당시의 카톨릭 교회처럼(기독교 강요 '머리말' 참조할 것) 항상 새로운 표적과 능력을 구한다. 칼빈은 희한한 이적들을 통하여 오히려 사탄이 미혹하고 우상숭배가 조장되어 왔다고 카톨릭 교회의 불건전성을 반박하였으나 우리 교회 안에서는 성령의 이름을 빙자하여 교회를 미혹하는 일이 일어나고 있다. 그래서 성령의 권능이 임할 때 입신하여 넘어지는 현상이 신구약성경과 교회사에서 있어왔다고 주장하며 집회시에 넘어지게 만드는 일을 행한다.

성경에 보면 하나님의 거룩한 임재와 말씀의 압도하는 권위 앞에서 우리의 허물과 죄악을 발견하고 우리가 하나님 앞에 엎드리며(창 17:1; 삼상 10:10; 눅 5:8) 간절하게 울며 기도하여 죄를 자복할 때(스 10:1) 그리고 많은 눈물과 통곡으로 기도할 때 엎드릴 수 있으나(눅 22:41), 별다른 의미도 없이 집단으로 그리고 상습적으로 넘어지게 하는 현상은 성령의 권능의 임재라기보다는 요즈음 유행하고 있는 뉴에이지 운동 그룹에서 불안정한 심리를 치료하는 방법으로 사용되는 최면술(mesmerism, 독일의 심리학자인 Mesmer가 발견해냄)과도 유사하다.

우리가 복음의 권세를 온전히 체험하지 못하거나 그 복음 권세 자체를 제대로 인정하지 아니하며 또 칼빈이 강조하는 대로 하나님의 창조사역과 섭리사역에서 하나님을 만나고 그의 깊은 사랑을 느끼며 감사하지를 아니하기 때문에 예수와 그의 복음을 알지못한 신약시대 바리새인들이나 중세시대의 로마 카톨릭 교회처럼 희한한 이적들을 추구하는 것이다.

그러면 하나님이 본래 우주와 인간을 아름답고 선하게 창조하셨고 자기의 기쁘신 뜻대로 인간의 행복을 위하여 섭리하시는데도 불구하고 인간이 인간의 으뜸가는 목적대로 살지 못하고 불행과 비참을 맛보는 까닭은 무엇인가? 그리고 우리는 우리의 본래의 모습을 아는 것도 중요하지만 왜 우리의 일그러지고 추해진 모습도 제대로 보고 알아야 하는가? 칼빈에 의하면 그것은 죄때문이다. 그리고 우리가 우리의 추한 모습을 제대로 보고 알아야 할 필요가 있는 것은 하나님 앞에서 참으로 겸손하여져 하나님을 열심으로 사모하고 그에게서만 모든 좋은 것을 기대하며 구하도록 하기 위함이다.

칼빈이 말하는 죄는 무엇인가? 그는 창세기 3장에 근거하여 하나님의 말씀에 대한 불충과 불순종이 죄의 근원이라고 말한다. 칼빈에 의하면 일단 우리가 하나님의 말씀을 멸시하게 되면 하나님에 대한 모든 경외심을 버리게되고 또한 하나님의 말씀에 불충실하게 되면 배은망덕과 더불어 야심과 교만이 생겨난다. 그러므로 참으로 모든 정욕을 억제하는 가장 좋은 굴레는 하나님의 계명을 순종함으로서 의를 실천하는 것이라고 그는 말한다.

이 죄로 말미암아 우리의 본성은 전혀 선한 것이 없을 뿐만 아니라 각종 악을 생산해내며 우리 인간은 온통 육욕덩어리에 지나지 않게 되고 의를 추구하거나 선한 일들을 행할 수 있는 아무 능력도 없다. 즉 우리는 전적으로 부패하고 무능력한 존재가 되어 버린 까닭에 완전히 죄의 포로가 되어 있어서 우리에게는 아무런 의지의 자유도 없는 것이다. 여기서 칼빈은 사람이 성령으로 거듭나야 할 필요성을 간파하고 또한 하나님의 은혜가 인간의 부패한 본성을 바로 잡으며 치료하기 때문에 은혜가 모든 선행에 앞선다는 점을 강조한다. 인간의 의지는 자유를 통해서 하나님의 은혜를 얻는 것이 아니고 은혜로 말미암아 자유를 얻게 된다는 것이 칼빈의 주장이다.

하나님의 말씀의 권위와 하나님의 성령의 은혜가 죄와 관련하여 칼빈에게는 중요한 개념들이다. 말씀의 권위가 멸시되는 곳에 죄가 있고 하나님의 은혜가 있는 곳에 자유가 있다. 그래서 죄를 치료함에 있어서 말씀과 성령이 함께 역사하게 되어 있는 것이다.

그러나 오늘날 우리교회는 말씀의 권세와 성령의 은혜를 강조하는 것 같으면서도 인간의 권위가 성경의 권위에 앞서고 인간의 감정적 충동이 성령의 은혜에 앞서는 경향이 있다. 그래서 교회마다 기독교적 역사관과 세계관이 투철한 일꾼들을 양성하고 말씀이 삶의 모든 영역에 구체적으로 적용되게 설교하며 가르치기보다는 그저 교회에게 맹종하는 사람들을 길러내는데 관심이 많고 은혜체험을 빙자하여 감정과 충동에 호소하여 북치고 박수치며 나이트클럽이나 록음악에서나 사용되어져야 할 드럼과 전자기타가 예배시에 연주되고 있다. 하나님을 예배할 때 뜨거운 감정이 요구되고 박수치는 일도 있을 수 있으나 하나님의 은혜가 앞서지 않는 한 그것은 의미가 없는 것이다.

하나님의 말씀의 권위와 성령의 은혜가 선행되지 않을 때 교회는 윤리적으로 성숙될 수가 없으며 우리의 죄가 근본적으로 치료될 수도 없다. 복음은 감정적 일시적 치료제가 아니고 우리의 삶의 체계를 개혁하는 것이며 우리의 세계관, 역사관, 인생관을 바꾸는 것이기에 우리의 신앙은 감정적이기보다는 하나님의 말씀의 권위에 우리의 의지를 순복시키는 것이어야 한다. 우리 교회 안에서 말씀의 권위가 우선되지 않고 또한 그 말씀을 통하여 성령이 은혜로 우리를 주장하지않는 한 우리는 교만과 정욕을 억제하거나 치료할 수 없게 된다는 것이 칼빈의 가르침이다.

그러기에, 하나님의 백성들 안에서 하나님이 일하시는 두 가지 방법을 칼빈은 다음과 같이 말한다. 내면적으로 하나님은 자기의 성령을 통해서 선택된 자들의 지성을 깨우치고 마음을 개조하여 의를 사랑하고 함양하게하여 새로운 피조물을 만드시고 외부적으로 하나님은 자기의 말씀을 통해서 그들을 고무시켜 바로 그같은 갱신을 소원하고 추구하여 이루게 하신다. 하나님의 은혜는 사람의 의지를 파괴하지 않고 오히려 회복시켜 주며 그 것을 교정하고 개혁하고 갱신함으로써 지도하고 규제하는 성령의 통치이다.

성령과 말씀을 통해서 자기 백성들 가운데서 죄를 제거하기를 기뻐하시는 하나님께서는 자기백성을 위한 중보자로 예수 그리스도를 세우셨다. 하나님의 웅대한 극장인 하늘과 땅을 통해서는 우리가 하나님에 대한 지식을 거의 얻지 못했기 때문에 하나님은 우리를 부르셔서 그리스도를 믿으라 하신다. 이는 아담의 타락 이후로는 중보자 없이는 어떠한 지식도 구원에 이르는 능력이 전혀 없기 때문이다. 그래서 구약시대에 하나님이 율법을 주신 목적에 대하여 그것은 옛언약의 백성들을 속박하려는 것이 아니고 그리스도가 오시기까지 그분 안에 있는 속죄와 구원에 대하여 소망을 키워주고 자기백성을 그리스도에게로 인도하는 것이라고 칼빈은 말한다. 요컨대, 오직 중보자이신 예수 그리스도만이 타락하여 범죄한 인간을 진정으로 도울 수가 있고 중보자 없이는 은혜로운 하나님에 대한 믿음이 결코 있을 수 없으므로 타락한 인간은 마땅히 그리스도 안에서 구원을 구해야 한다.

우리의 중보자이신 예수 그리스도는 참 하나님이자 참 사람이시다. 그는 하늘에서 내려오셨지만 실은 하늘을 떠나심이 없이 자의로 처녀의 몸에서 태어나시며 지상에서 다니시고 십자가에 달리셨으면서도 여전히 그는 태초부터 그가 하셨던 대로 세상에 계속적으로 충만하셨다. 중보자이신 예수 그리스도는 사람으로서는 죽음을 당하실 수 있는 분이시되 하나님으로서는 죽음을 이기실 수 있는 분이시다.

태초부터 아버지와 함께 계셨던 영원하시고 살아계신 말씀이신 그리스도께서는 성령으로 충만하게 부으심을 받으셨기에 하나님이 인류의 구원을 위하여 세우셨던 선지자, 제사장, 왕 등 삼중의 직분을 그는 한 몸에 지니셨다. 그리스도 안에는 지식과 지혜의 모든 보화가 감추어져 있어서 아버지의 은혜의 복음을 선포하며 가르치실 뿐 아니라 그는 왕적 권능을 가지고 교회를 보전하고 보호하고 돌보시며 자기의 피와 살을 가지고 우리를 하나님과 화목케 하시고 우리를 위하여 중보기도를 하심으로서 우리의 구원을 이루신다. 그는 구속주로서의 삼중의 직분을 성취하심에 있어서 마리아의 몸에서 낮고 비천한 사람으로 태어나 일평생 아버지 하나님의 뜻에 철저하게 순종하여 빌라도 앞에서 죄인으로 정죄받을 뿐 아니라 십자가에 달려 친히 저주를 받아 죽으셨다. 그가 흘리신 피는 속상(贖償, satisfaction)이 되었을 뿐만 아니라 우리의 부패를 씻어내는 물대야가 되었다.

그리스도께서는 죽음의 권세에 자신을 내어줌으로써 우리를 사망에서 구출하셨다. 그리고 그가 땅에 묻히심으로 우리의 육이 죽게 되었다. 그가 십자가에서 지옥의 고통을 당하심으로 그는 마귀의 권세와 사망의 공포와 지옥의 고통에 대하여 승리하셨으며 이로써 우리가 그러한 것들을 두려워하지 않을 수 있게 하셨다.

또한 그가 죽은 자 가운데서 부활함으로써 우리의 의와 칭의가 회복되고 사망에 대해 우리의 믿음이 승리하고 새로운 생명과 우리의 부활에 대해 확신하게 되었다. 그는 지금 부활승천하신 까닭에 우리를 위해 천국에 가는 길을 열어놓으셨고 아버지 하나님 앞에 상임 대언자로 나타나셨으며 날마다 신령한 축복들을 그리스도의 사람들에게 쏟아부어 부요케 하신다. 중보자이신 그리스도는 복음을 통하여 영원한 복을 지금 약속하실 뿐만 아니라 마지막날 심판 때에는 그의 약속을 성취하실 것이다.

칼빈은 그리스도에 대한 교리를 요약하여 모든 종류의 좋은 것들이 그리스도 안에 넉넉하게 저장되어 있는 까닭에 우리는 다른 곳에서 말고, 바로 이 원천에서 마음껏 마셔야 한다고 말한다. 또한 그리스도는 자기의 순종 곧 공로로 말미암아 우리를 위해 아버지 하나님의 은혜를 사실상 확보하여 우리에게 값없이 주셨다.

칼빈에 의하면 우리의 구원의 유일한 원인은 하나님의 의지(또는 작정), 그의 긍휼(또는 은혜), 그리스도의 공로(순종) 그리고 우리의 신앙이다. 이는 하나님 자신의 선하시고 기뻐하신 뜻에서 나온 그의 작정이 우리의 구원의 첫째가는 궁극적 원인이고 하나님과 그리스도를 믿는 우리의 신앙이 구원의 둘째가는 방편적 근인이기 때문이다.

칼빈의 기독론의 특징은 예수 그리스도가 참하나님이시자 참 사람이시기 때문에 그의 신성과 인성이 신비하게 한 몸을 이루고 있으며(그래서 속성교통이 가능하다) 이로 말미암아 그는 구속주이시자 영원하고 완전한 속죄제물이시라는데 있다. 그런 까닭에 그의 신성이나 인성 가운데 어느 하나라도 우리가 부인하면 우리의 구원이 사실상 불가능하게 되는 것이다. 또한 예수 그리스도는 하나님과 사람 사이에 유일한 중보자이자 우리의 모범이시다. 그가 유일한 중보자이시기에 우리는 그를 믿음으로서만 구원을 얻는다. 그러나 그가 자기를 부인하며 십자가 지는 삶을 통하여 구원을 성취하여 우리에게 구원의 근원이 되었을 뿐만 아니라 모범이 되신 까닭에 우리는 그를 본받아 살아야 하는 것이다. 그러므로 우리는 예수 그리스도를 믿을 뿐만 아니라 그를 본받아 살아야 한다. 그런데 이러한 신앙생활은 성령과 믿음을 통해서 우리가 그리스도와 연합됨으로 가능하며 성령은 하나님의 방편으로 하여 우리 안에 믿음을 심어주고 배양하는 것이다. 그러므로 사실상 그리스도 안에 성취된 구원이 하나님의 택한 백성에게 개인적으로 베풀어지기 위해서는 성령께서 성경을 방편으로 삼아 믿음을 심어주셔야 한다.

그런 까닭에 칼빈은 그의 구원론을 전개함에 있어서 성령의 주관적 사역과 더불어 성령의 외적 방편(교회)을 강조한다. 성령의 주관적 사역이란 우리 안에서 믿음을 일으키는 일이다. 성령은 우리를 그리스도에게 연합시켜 그리스도가 우리 안에 거하고 우리의 것이 될 수 있도록 하는 띠이며 이 성령께서 우리 안에 복음의 말씀을 통하여 심어주시는바 그리스도를 믿는 믿음으로만 우리가 거듭나고 회개하며 우리자신을 부인하고 십자가를 지며 의롭다 함을 받고 그리스도인의 자유를 누릴 수 있게 된다. 그리고 그 믿음은 기도에 의하여 강화될 수 있고 우리는 날마다 우리의 기도를 통해서 하나님의 은택들을 받는다.

  칼빈의 경우 신앙의 유일한 근원은 오직 성경 뿐이고 신앙의 유일한 기초는 하나님의 복음의 말씀 뿐이며 신앙의 내용은 우리를 향한 하나님의 자비에 대한 지식이다. 참된 신앙은 하나님의 선하심과 참되심을 그의 말씀에서 발견한다. 그러므로 하나님의 말씀 없는 신앙은 뿌리없는 나무나 태양없는 빛과도 같다. 만일 하나님의 말씀이 머리에서 겉돌기만 하면 그 말씀은 믿음으로 받아들여진 것이 아니며 성령께서 우리의 우둔함을 제거하고 우리의 가슴 깊은 곳에 그 말씀을 깨우쳐 주실 때 믿음이 분명하게 나타나는 것이다. 즉 성령은 하나님의 말씀을 통해서 우리에게 신앙을 심어주실 뿐만 아니라 점진적으로 그 신앙을 장성하게 하여 마침내는 그 신앙으로 우리가 천국에 이르도록 우리를 인도하신다.

  이와 같이 칼빈의 구원론에 있어서 성령과 하나님의 말씀과 믿음은 불가분한 관계에 있다. 그런데 이 구원을 풍성하고도 확실하게 누리는데 있어서 믿음의 주요한 행사인 기도가 결정적인 역할을 하고 믿음의 열매인 거룩한 순결과 이웃사랑을 통해서 더욱 확신을 갖게 되는 것이다. 우리가 성령 안에서 항상 기도에 힘써야 하는 것은 비록 죄와 사탄이 우리 위에 군림하여 지배하지는 않지만 중생한 사람 안에도 하나님의 의를 거스리는 정욕의 부패성이 거하고 있어서 죄에 대하여 우리가 일평생 투쟁하고 회개하는 일에 전심전력하며 죄용서의 은혜를 항상 계속적으로 구해야 하기 때문이다.

기도와 관련하여 칼빈이 주의시키는 바에 의하면 기도가 신앙의 순수한 표현이 되기 위해서는 즉 기도가 믿음충만한 것이 되기 위해서는 하나님과 그의 뜻을 계시하고 있는 말씀에 기초되어야 한다. 기도를 불러 일으키는 신앙은 말씀에 의하여 생겨나고 말씀의 약속들을 경청함으로서 더욱 활성화되는 것이다. 다시 말해서 기도는 하나님의 말씀에 의하여 문이 열리고 틀이 형성되며 방향이 정해지고 뜨겁게 달구어진다. 그러므로 기도할 때 하나님의 말씀에 기초하지 않고 또 그 말씀에 계시된 하나님의 뜻에 따르지 않고 우리 자신의 마음의 생각, 특별히 순간적인 감정적 충동을 따르거나 우리의 헛된 생각을 따라서 우리의 소원을 지어내서는 안된다. 칼빈의 기도에 대한 가르침에 비추어 볼 때 우리의 기도는 너무나도 감정적이고 충동적이며 하나님의 말씀에 기초하지 못하고 있어 보인다.

성령 안에서 말씀에 기초하여 믿음으로 기도하는 자는 하나님의 예정대로 우리의 구원이 하나님의 값없는 긍휼의 원천으로부터 연유한다는 것을 확신하게 된다. 뿐만 아니라, 마지막 날에 있을 육체의 부활을 날마다 간절하게 소망하게 된다. 그래서 칼빈은 그의 기독교강요에서 구원론을 다룸에 있어서 성령의 주요한 사역인 믿음과 회개를 먼저 강조하고 그 믿음이 말씀에 기초하고 있음을 유의하며 그 믿음은 참되고 살아있는 까닭에 자기를 부인하는 것과 십자가를 짊어지는 생활에서 결실하되 우리의 참된 자기부인이 사랑과 긍휼과 자비의 진실한 감정에서 사랑을 실천할 때 가능케 된다는 점을 지적하고 십자가의 환난은 우리로 하여금 내세를 묵상하게 할 뿐 아니라 현실의 삶을 하나님의 선물로 알고 잘 사용하게 한다는 것을 말하며 그 믿음으로 말미암아 우리가 의롭다 함을 받아 하나님과 화목되고 그리스도와 연합된다는 점을 강조하며 이 믿음은 기도로 표현되고 말씀에 기초한 기도를 통하여 믿음이 강화되며 믿음의 기도는 하나님의 선택의 사랑을 확신할 뿐 아니라 최후의 부활을 소망하게 한다는 것을 가르치고 있다. 그러므로 오직 믿음만이 구원의 유일한 방편이요 오직 성령의 역사로 그리고 오직 하나님의 말씀에 기초하여 하나님의 은혜로 우리의 구원이 그리스도 안에서 가능한 것이다.

그런데 성령 하나님께서는 일하실 때 하나님의 말씀을 방편으로 하시되 우리가 무지하고 나태하며 연약한 것을 아시고 교회를 외적 방편으로 사용하신다. 이 교회에서는 인간적 방편인 목사와 교사 및 장로와 집사 등을 세워 복음을 선포하며 성례를 집행하여 우리로 하여금 하나님의 구원의 은혜를 더욱 잘 감당할 수 있게 한다. 칼빈은 교회를 그리스도의 공동체 곧 그리스도를 머리로 하여 지체된 성도들이 성령과 말씀으로 유기적으로 교통하는 몸(공동체)이라고 정의한다. 그러기에 교회는 성도들의 어머니이자 학교이며 교회없이는 구원이 불가능하다.

그리고 성도들의 교통은 두 개의 띠 곧 건전한 교리상의 일치와 형제사랑에 의해 유지되며 여기서 교리상의 불일치가 있게 되면 그것은 이단자들이요 형제사랑이 약하면 분파주의자들이다. 그래서 칼빈은 교회가 그리스도의 공동체로서 그 기능을 제대로 하려면 교리상의 일치와 형제사랑이 있어야 한다고 강조한다. 교회는 말씀선포(케리그마), 성령 안에서의 성도의 교제(코이노니아) 그리고 사랑과 성령의 은사를 통한 섬김(디아코니아)이 있어야 참된 교회이다. 이 교회를 통하여 우리는 구원의 은혜를 더욱 풍성하게 누리며 하나님을 즐거워하고 감사하게 됨으로 우리의 삶이 복스러워지는 것이다.

그런데 우리의 복된 삶과 최종적 구원은 마지막날 그리스도의 재림과 함께 우리의 몸이 부활하므로 이루어진다. 그래서 칼빈은 그의 기독교강요에서 종말론을 구원과 관련하여 다루었다. 즉 믿음의 으뜸가는 행사인 기도를 다루고 나서 예정론과 육체의 부활을 다룬 것이다. 칼빈에 의하면 그리스도인의 참된 삶과 구원과 소망은 그리스도 안에서 오직 찾아야 한다. 그러기에 우리가 하나님께 선택받은 것도 창세 전에 그리스도 안에서였고 우리가 이 땅에서 죄용서를 받아 의롭게 된 것도 그리스도 안에서이며 장차 우리의 몸이 부활되는 것도 부활의 첫열매이신 그리스도 안에서 되어지는 것이다. 그런데 그리스도께서 지금 계시는 곳이 하늘이므로 그리스도인들이 참된 삶과 소망을 찾아야 할 곳은 하늘과 내세이지 이 땅과 현세가 아니다.

　이로 보건대 그리스도인의 삶에 대한 칼빈의 관점은 철저하게 예수 그리스도를 중심으로 한다. 칼빈에게 있어서 예수 그리스도는 역사의 종말론적 전환점이다. 첫째 아담을 통해 죄와 사망이 이 땅의 역사 가운데서 인류 위에 왕노릇하였지만 둘째 아담이신 예수 그리스도의 강림과 십자가의 죽음 및 부활을 통해서는 의와 생명이 왕노릇하게 되고 무질서 대신 질서가 회복되었다. 즉 하늘과 땅이 그리스도 안에서 통일되며 질서를 회복하기 시작한 것이다.

　그러나 이같은 개혁이 이미 그리스도 안에서 시작은 되었지만 아직껏 죄와 사탄의 세력이 남아있어서 완성되지 못하고 있으며 죄와 사탄이 심판받게 될 그 마지막 날에 최후의 완성이 있게 된다. 칼빈에게 있어서 중요한 것은 이미 그리스도 안에서 시작된 개혁(즉 세상에 대한 변화)이 장차 그 날에 완성된 모습으로 나타날 것을 대망하면서 그 개혁운동을 이 땅에서 죄와 사탄과 대적하여 성령과 하나님의 말씀으로 지속시켜가는 것이다. 그러기에 칼빈은 시작된 종말과 미래의 종말 뿐만 아니라 복음선포를 통한 이 땅에서의 개혁운동을 균형있게 강조한다.

제 3 장

종교개혁의 성경적 원리

서 론

　마틴 루터가 1517년 10월 31일에 비텐베르그대학의 게시판에 95개조항을 내어걸므로써 사실상 시작된 종교개혁을 되돌아본 것도 벌써 475년이 되었다. 475회 종교개혁 기념일을 맞이하여 그같은 개혁을 근본적으로 가능케 했던 그것의 성경적 원리를 다시 한 번 확인하고자 한다.
　종교개혁 당시의 역사적 상황과 문제점을 근원적으로 파악함에 있어서 아리스토텔레스의 윤리의 대명제를 먼저 언급하지 않을 수 없다. 그의 윤리관에의하면 "선행이 의에 앞선다." 즉 선행이 먼저 있어야 그 선행에 근거하여 의로운 것으로 인정될 수가 있다. 그래서 중세 로마 카톨릭 교회의 관행에는 임종시에 "당신은 생전에 무슨 선행을 얼마나 하였습니까?"를 묻는 일이 있었다. 죽어서 하나님 앞에 부끄러움이 없이 설 수 있으려면 살아있는 동안에 선행의 공로를 쌓았어야 된다는 의미로 묻는 것이었다. 이처럼 선행의 공로를 쌓아야만 의로울 수 있고 죽어서 천당에 들어갈 수 있다고 하는 윤리관 때문에 결과적으로 생겪난 사건들이 11세기 말엽부터 200여년 간 계속된 십자군 운동과 면죄부 판매 등이었다. 예루살렘 성지를 이교도인 모슬렘인들로부터 회복하여 자유롭게 그 성지를 유럽인들이 순례할 수 있게 하기 위해 일으킨 십자군 운동에 헌신하여 종군하든지 아니면 헌금을 내면·그것으로 선행의 공로를 쌓는 것이 되어 죄용서를 받아 의롭게 된다고 하였던 것이다. 이로 인하여 교회의 권위주의가 강화되고 상대적으로 성경의 권위는 약화되었으며 교회의 성도들이 형식주의 경향을 띠게 되었다. 뿐만 아니라 권력이 부패하고 사회전반이 타락하여 그 시대가 크게 어두워졌다. 이같은 역사적 상황 속에서 루터가 태어났던 것이다.

1. 루터의 문제와 해결

(1) 루터의 문제

1483년 11월 10일에 독일의 아이슬레벤에서 한스와 마가레트의 큰 아들로 태어난 루터는 21세 때인 1505년 7월 2일 휴가를 마치고 학교로 친구와 함께 돌아가는 도중에 우뢰를 만났다. 그 때 심하게 내리치는 천둥번개를 피하러 친구가 먼저 큰 나무 밑으로 달려갔는데 때마침 그 나무에 벼락이 떨어져 나뭇가지가 찢어져 내려 친구가 맞아 즉사하였다. 그 친구의 죽음으로 인하여 크게 충격을 받은 루터는 2주일 후인 7월 17일에 어거스틴 수도원에 입문하여 수사가 되었다.

그 당시의 관행으로는 수사가 되어 금식과 고행을 통해 공로를 쌓으면 구원을 얻는 것으로 생각되었던 것이다. 죽음 앞에서의 두려움 때문에 수도생활에 루터는 온 힘을 다 기울였으나 노력하면 할수록 더욱더 절망(Anfechtung)에 빠졌다.

그래서 그는 다음과 같은 고백들을 하였다. "불안한 양심을 치유하려고 노력하면 할수록 순간마다 더욱더 불안과 두려움에 사로잡혔다." "내가 발견한 그리스도는 마귀였다. 그래서 그리스도의 이름을 듣는 순간마다 얼굴이 창백해졌다." "그리스도가 나에게는 중보자가 아니라 준엄한 심판자였다.""하나님의 의는 그의 준엄한 심판을 의미했을 뿐이다.""나는 죄인들을 심판하시는 의로운 하나님을 사랑하지 않고 증오하였다."

그는 1508년에 비텐베르그 대학에서 한학기 아리스토텔레스의 윤리학을 가르친 일이 있었다. "선행이 의에 앞선다"는 명제를 전제하는 그의 윤리학은 루터로 하여금 더욱 공로사상(功勞思想)에 사로잡히게 할 뿐이었다. 그래서 그는 27세 되던 1510년에 2개월에 걸쳐 로마여행을 하던 중 빌라드의 돌계단을 무릎으로 기어오르면서 '우리 아버지'를 속으로 부르짖으며 계단마다 돌에 입을 맞추었다. 그의 무릎과 입술에서 피가 흘러도 그의 양심은 아직도 시원하지 못했다.

(2) 루터의 변화와 문제해결

로마여행에서 돌아온 루터는 비텐베르그 대학에서 성경을 교수할 수 있는 자리를 얻게 되어 1513년부터 시편 강해를 시작했다. 그는 1514년 가을에 에르풀트시의 어거스틴 수도원의 흑탑(黑塔)에서 그 이듬해에 강의할 로마서를 묵상하다가 1:17에서 벽에 부딪혔다. 즉 "복음에는 하나님의 의가 나타나 있다"는 말씀과 "의인은 오직 믿음으로 말미암아 살리라"는 말씀을 연결지어 이해할 수가 없었다. 아리스토텔레스의 윤리적 대명제로 사고의 틀이 형성된 루터에게는 도무지 이해될 수가 없었다.

그는 수도원의 흑탑에서 여러 날을 고민하며 이 말씀을 계속 묵상하던 끝에 복음적 칭의교리(福音的 稱義敎理)를 깨달았다. 아리스토텔레스의 윤리의 대명제처럼 선행이 의에 앞서는 것이 아니라 성경의 교리에 의하면 의가 선행에 앞선다는 것을 발견한 것이다. 그래서 루터에게 있어서 이제는 선행 대신 하나님의 의를 믿는 믿음이 신학의 실질적 원리가 되고 교황 대신에 하나님의 말씀인 성경이 형식적 원리가 되었다. 이로써 그의 신학사상은 "오직 믿음으로", "오직 은혜로", "오직 성경으로"라는 3대 원리에 기초하게 된 것이다. 그리하여 루터는 율법적 행위의 종에서 복음적 신앙의 종으로 로마교황의 종에서 성경의 종으로 변신하게 되었고, 불안과 좌절 대신 평안과 승리를 맛보게 되었다.
　로마서 1:17에서 복음에 나타난 의를 믿는 믿음으로 말미암아 의롭다 함을 받아 구원을 얻게 된다는 이 진리를 루터가 깨닫고 나자 "선행이 의에 앞선다"는 아리스토텔레스의 대명제 때문에 교회와 사회가 사실상 부패하고 타락케 되었음을 인식하게 되었다. 그래서 칭의교리의 발견과 더불어 예수를 통해 신앙양심의 참된 자유와 능력과 용기를 얻은 루터는 우선 자기의 삶이 변하였고 나아가서 로마교회와 사회를 변화시키는 일을 시도하게 되었던 것이다.

2. 루터가 발견한 '하나님의 의'와 신앙

(1) '하나님의 의'
① 인간의 의
　하나님의 의와 반대되는 개념이 '인간의 의'인바 이것은 인간의 행위의 결과로 주어지는 의 곧 율법으로 말미암는 자기 의(self-righteousness)이다. 성경에서 실례를 들자면 누가복음 18:11, 12에 나오는 바리새인의 의이다. 자기가 율법을 따라 금식도 하고 십일조도 드리고 토색이나 간음 등을 행하지 아니한 까닭에 그같은 율법적 선행에 근거하여 자기가 스스로 의롭다고 여기는 것이다.
　로마 카톨릭 교회의 관행에 따르면 "이것 저것을 하며 경건하여라. 그리하면 그 공로로 죄가 용서되리라"고 가르친다. 그래서 로마교회는 시편읽기, 신앙고백하기, 수사가 되는 것, 미사경본 읽기, 철야기도 등을 강조하였다. 그러나 그렇게 해서 죄용서를 받거나 의로워질 수가 없었다. 이는 73년 간이나 수도원 생활을 모범적으로 하고서 임종을 맞이한 대수도원장 힐라리온이 죽음 앞에서 두려움에 떨었던 사건이 단적으로 인간의 의가 얼마나 무력한가를 보여주었기 때문이다. 사도 바울이 말씀한 대로 "율법의 행위로 그(하나님)의 앞에 의롭다 하심을 얻을 육체가 없다"(롬 3:20).

② 복음은 하나님의 능력임

하나님이 세상을 사랑하시는 까닭에 그의 아들을 보내셨다고 한 요한복음 3:16의 말씀과 관련지어 루터는 하나님의 아들이 죄와 죽음에 대한 유일한 치료책이라고 하였다. 이는 예수가 죄와 죽음과 악마보다 강하여 그것들을 패배시키고 이기시기 때문이다.

루터는 이를 증명하기 위하여 세 가지 예화를 들었다. 하나는 어떤 수녀가 "악마야, 나를 떠나가라. 나는 기독교인이다"고 외쳤을 때 그가 그리스도를 마음으로 믿고 있었던 까닭에 악마가 그에게서 떠났으나 다른 사람은 믿음없이 그 수녀를 흉내내다가 악마에게 혼이 났다는 이야기이다. 둘은 불경건한 한 의사가 자기 방에 들어서자 벽에 두 뿔이 나타났는데 알고 보니 악마였다. 그래서 그 의사는 "나는 기독교인이다. 그러기에 악마를 두려워하지 않는다"고 큰 소리로 고백하고서 벽에 나타난 그 뿔을 꺾어 격파했다는 이야기이다. 셋은 너무나 열심으로 금식한 까닭에 숨쉴 때마다 악취가 나서 사람들이 곁에 갈 수가 없었던 수도사 베르나르의 구원신앙이다. 그는 이렇게 고백했다. "아! 나는 저주스런 일생을 살았도다. 그러나 하나님 아버지여, 당신께서 내게 당신의 아들을 주셨나이다. 그가 내게 하늘나라를 선물로 주실 수 있나이다." 이렇듯 복음에 나타난 그리스도가 하나님의 의요 능력이다.

③ 복음에 하나님의 의가 나타나 있음

복음이 하나님의 능력인 것은 복음에 하나님의 의가 나타나 있기 때문이다. 루터는 요한복음 16:8~11을 강해하면서 복음에 하나님의 의가 나타나 있음을 잘 설명하고 있다. 성령이 오셔서 죄와 의와 심판에 대하여 세상을 책망하시리라는 말씀을 설명함에 있어서 그리스도에 대한 불신앙이 죄이고 우리의죄를 떠맡아 죽으신 예수께서 부활승천하여 아버지 하나님께로 가는 것이 의라고 루터는 말한다. 예수 그리스도만이 하나님 앞에서 우리를 의롭게 하고 화목케 하는 의이신 것이다. 신자들의 선행은 하나님을 기쁘게 하고 장차 있을 상급을 위한 근거는 되지만 그것이 우리를 의롭게 하지는 못한다.

(2) 하나님의 두 종류의 의

루터의 견해에 의하면 하나님의 의에는 두 종류가 있다. 첫째 종류는 하나님께로부터 오는 의, 곧 밖으로부터 오는 의(the alien righteousness from God)이다. 이 의는 두 번째 것과 비교하여 순서상 먼저이고 또한 피동적인(primary and passive) 성격을 가진 의이기도 하다. 두 번째 의는 하나님 앞에서 우리가 실천하여 맺는 의(the proper practical righteousness before God)이다. 첫째 종류의 의가 원인이라면 두 번째 것이 그것의 실제적 열매인 것이다.

① 하나님께로부터 오는 의

로마서 1:17을 주해하면서 루터는 "의인은 오직 믿음으로 말미암아 살리라"고 기록된 대로 자비로운 하나님이 복음에 나타난 하나님의 의를 근거로 하여 믿음으로 말미암아 우리를 의롭다 하신다고 하였다. 즉 하나님께서 그리스도를 믿는 믿음을 보시고 우리를 의롭다 하시고 받아주시는 까닭에 우리에게 구원과 생명이 있는 것이다. 우리의 선행 때문이 아니라 그리스도 때문에 그를 믿는 믿음을 보시고 우리를 의롭다고 하신다(롬 3:20~28). 그러기에 그리스도가 우리의 의이시다(고전 1:30). 이는 마치 신부의 것이 모두 신랑의 것이 되고, 신랑의 것이 모두 신부의 것이 되듯이, 그리스도의 삶과 순종과 고난과 죽음이 모두 우리 성도들의 것이 되었기 때문이다. 그러므로 하나님의 수동동적 의는 천국으로 가는 참된 대문이다. 우리는 그리스도 안에서 참된 자유와 생명을 체험한다.

② 하나님 앞에서의 의

하나님께로부터 오는 의가 원인이 되어 우리에게 실제적 의가 이루어진다. 그리스도를 믿는 믿음과 그를 아는 지식이 성장해 감에 따라 그리스도께서 우리 안에 있는 옛사람을 매일 점진적으로 몰아내고 대신 의를 이루어 가신다. 이로써 우리가 점점 더 거룩해지는 것이다. 그러므로 루터가 말하는바 '하나님 앞에서의 의'는 칼빈이 말하는바 성화에 해당한다.

그러기에 루터가 말하는바 이 의는 우리 자신에 대하여는 육체를 죽이고 정과 욕심을 십자가에 못박는 것으로 우리의 이웃에 대하여는 사랑을 베푸는 것으로 그리고 하나님께 대하여는 경외하며 두려워하는 것으로 나타나는(딛 2:12) 성령의 열매이다. 즉 자기의 실존의 기초를 그리스도를 믿는 믿음 위에 둔 신령한 사람이 맺는바 사랑, 희락, 화평, 인내, 자비, 양선, 충성, 온유, 절제가 곧 실제적 의에 해당한다. 이 의가 첫번째 의(primary righteousness)를 완성시키며 우리의 각 생활영역에서 자신에 대하여는 근신하여 살고 이웃에 대하여는 의롭게 그리고 하나님께 대하여는 경건하게 살므로 하나님의 뜻을 행한다.

그리스도께서 자기 자신의 유익을 구하는 대신에 오직 우리들만을 위하여 모든 것을 행하여 본을 보이신 것처럼 우리도 우리의 이웃에게 그같은 모본을 보일 것을 그는 원하신다.

그런데 하나님께로부터 오는 의가 원죄와 반대되듯이 하나님 앞에서의 의는 우리의 자범죄와 반대가 되는 것이다.

③ '오직 믿음으로'

복음에 나타난 하나님의 의는 오직 믿음으로 우리의 것이 되며 이로써 우리가 의롭다 함을 받는다. 우리는 우리의 선행에 의해서가 아니라 우리의 신앙에 의해서만 하나님과 화목될 수 있을 뿐 아니라 의롭다 함을 받을 수도 있다. 즉 어떠한 선행보다도 하나님의 의가 앞서야 하는 것이다. 신앙이 먼저 있어야 한다. 신앙으로 그리스도를 영접하고 그리하여 그리스도를 소유함으로써 그가 우리 안에 사시고 그의 지혜, 권능, 거룩, 생명을 우리의 것으로 삼은 다음에 선행을 열매맺으며 장차 하나님이 우리에게 상급을 주신다. 선행을 할 수 있기 이전에 먼저 그리스도를 믿음으로 성령과 영생을 소유해야 하고 하나님의 자녀가 되어야 한다. 그리고 하나님의 자녀가 된 우리는 믿음으로 의롭게 된 까닭에 하나님 앞에 담대하고 자유롭게 설 수 있으며 그래서 우리는 그 믿음으로 말미암아 우리의 삶 속에서 그리스도의 본을 따라 살아야 한다.

그리스도를 믿는 신앙은 사랑을 통하여 일한다(Faith in Christ works in love). 사랑없이 신앙은 홀로 있을 수 없다(Without love faith does not remain alone). 신앙은 우리를 그리스도인이 되게 하나 사랑은 우리가 그리스도인임을 증거한다. 사랑은 신앙의 진실성을 증거하며 신앙은 사랑으로 활성화된다. 신앙은 하나님께로부터 받은 은사이나 사랑은 우리가 이웃에게 베푸는 선물이다. 그러기에 사랑이 없는 곳에는 사실상 신앙이 있다고 볼 수가 없다.

루터의 경우, 이처럼 그리스도를 믿는 믿음으로 말미암아 하나님 앞에서 의인됨을 확신하고 복음이 주는 자유와 생명 그리고 하나님의 은사와 사랑을 확신하게 된 것이 동기가 되어 그 안에 사시는 그리스도의 능력과 사랑에 감화를 받아 그는 자기민족과 교회를 사랑하지 않을 수 없게 되었고 성경의 진리와 그 진리에 기초한 삶을 가르치지 않을 수 없었다. 그리고 로마 카톨릭 교회의 허구와 인본주의적인 윤리관을 폭로해야했다. 그같은 윤리관이 가져다준 죽음의 공포를 제거하는 일을 위해서 개혁의 깃발을 들었다. 그러기에 믿음과 의가 선행에 앞선다고 하는 이신칭의(以信稱義) 교리가 종교개혁의 성경적 원리가 된 것이다.

여기서 거듭 유의할 것은 루터가 말하는 믿음은 입술에만 붙어있는 믿음이 아니고 가슴에서 우러나되 살아있고 성장하는 믿음이다. 그래서 루터는 로마서 1:17의 "믿음으로 믿음에"(from faith to faith)를 주해함에 있어서 하나님의 의가 철두철미 믿음에서만 온다고 했다. 즉 이 믿음은 입술로 그리스도를 고백하는 단계에서 행동으로 그리스도에게 순종하는 단계로 성장발전되어야 한다. 우리를 위하여 죽고 부활하신 그리스도에 대한 고백적 신앙은 우리의 삶을 통하여 그리스도를 나타내 보이는 실천적 신앙으로 성장해야 한다. 이 믿음은 사랑의 실천으로 그 참됨과 생동력을 증거해야 한다. 따라서 "의인은 오직 믿음으로 말미암아 살리라"는 말씀은 그리스도를 믿는 믿음으로 우리가 의롭다 함을 받아 영생의 구원을 얻게 된다고 하는 것과 의인은 철두철미 오직 참되고 살아있고 성장하는 믿음으로 그리스도의 본을 좇아 진실과 공의와 사랑을 실천해야 한다는 것을 의미한다.

루터가 철저하게 성경의 말씀의 권위에 입각하여 하나님의 은혜와 의 그리고 믿음을 강조하고 있는 점에서 그 당시의 재세례파였던 토마스 뮌쳐와 크게 다르다. 뮌쳐는 성경의 권위보다 자기가 생각해낸 사상을 더 앞세웠다. 즉 그가 이상적인 세상으로 생각한 '계급이 없고 사유재산을 인정하지 않는 사회'를 성경보다 권위가 있는 절대적인 직접 계시로 여기고 이를 위하여 대지주와 성직자들을 가차없이 살해할 것을 촉구하였다. 그래서 그는 농민전쟁을 진두지휘하였던 것이다. 뮌쳐는 루터와는 달리 성경 대신에 자기의 이상주의적 사상을, 하나님의 의와 믿음 및 성령의 열매 대신에 폭력적 혁명을 내세웠던 것이다.

3. 칼빈과 웨스트민스터 신앙고백에 나타난 개혁원리

루터의 종교개혁 사상은 여러 가지 면에서 칼빈에게 영향을 미친 것으로 알려져 있다. 그러므로 칼빈과 그의 사상에 근거하여 작성된 웨스트민스터 신앙고백에 나타나 있는 개혁원리를 살펴봄으로서 종교개혁의 성경적 원리를 재확인할 수 있다.

(1) 칼빈의 개혁원리

칼빈의 개혁원리는 로마서 주해에 잘 나타나 있다. 로마서 10:6에 대한 주해에서 "우리의 구원이 보장되는 것은 그리스도께서 죽으심으로해서 사망을 삼키셨고 부활하심으로 생명을 얻으셨다는 사실을 믿는 믿음을 통해서이다. 이 믿음을 통하여 우리가 하나님의 의를 선물로 얻어 의인이 되고 그래서 구원이 보장된다." "이 믿음에서 나는 의가 근거가 되어 우리는 선행을 하고 율법을 지키게 되는 것이다"라고 칼빈은 말했다. 또한 로마서 1:17을 주해하면서도 믿음만이 우리에게 의와 영생을 선물로 주며 우리를 하나님께로 인도한다고 했다.

이로 보건대 칼빈은 루터처럼 오직 믿음으로 우리가 구원을 얻으며 하나님 앞에서 자유를 누리게 되고 이로 말미암아 선을 행하게 된다고 가르친 것이다. 즉 칼빈의 경우도 의가 선행에 앞선다.

(2) 웨스트민스터 신앙고백에 나타난 의

웨스트민스터 신앙고백은 구원의 순서를 다룸에 있어서 하나님이 주도적으로 하시는 일들(부르심, 칭의, 양자삼음, 성화)을 먼저 10~13장에서 다루고 그 다음에 사람의 적극적 반응(신앙, 회개, 선행, 성도의 견인, 구원의 확신, 하나님의 율법)을 14~19장에서 다룬다. 이 순서에서 발견할 수 있는 특징은 하나님이 복음의 말씀으로 부르신 자들을 의롭다 하시고 하나님의 아들로 삼으셔서 거룩하게 하신다는 것과 그 복음의 말씀의 부르심에 대하여 믿고 회개하는 자는 선한 행실을 열매맺으며 그 열매로 인하여 오래참고 구원의 확신도 가지며 율법을 삶의 규범으로 삼아서 하나님의 뜻을 좇아 산다는 것이다. 즉 믿음으로 의롭다 함을 받을 뿐만 아니라 그 믿음은 곧바로 선행을 결실한다는 점이 밝히 드러나 있다. 이 신앙고백의 주요 부분은 다음과 같다.

같다.

"그리스도와 그의 의를 믿음으로 받아들이고 의존할 때 의롭다 함을 받는다"(11장 1항) ; "믿음은 칭의의 유일한 방편이다. 그렇지만 믿음은 가만히 있는 죽은 믿음이 아니라 사랑으로 역사하는 믿음이다"(11장 2항) ; "하나님의 계명에 순종함으로써 이루어지는 선행은 참되고 살아있는 믿음의 열매들이요 증거이다"(16장 2항) ; "신자들이 선을 행할 수 있으려면 성령의 실제적인 감화가 필요하다. 그렇다고 해서 나태에 빠져서는 안되며 그들 안에 있는 하나님의 은혜를 힘써 불일듯하게 해야 한다"(16장 3항).

이로 보건대 의인된 성도는 참되고 살아있는 믿음으로 철두철미하게 하나님의 뜻을 이 땅 위에서 이루며 진실하고 열심으로 그리스도를 드러내며 살아야 하는 것이다. 자기의 육체를 십자가에 못박고 이웃을 먼저 사랑하고 하나님을 두려워하며 신뢰하고 살아야 한다. 사도 바울이 디도에게 보낸 편지에 보면(2:12) 자기 육체를 죽이고 부인한 다음에 이웃사랑이 가능하고, 이웃을 사랑할 때 하나님께 대한 참된 경건이 증거된다. 그리고 이 세 가지는 불가분한 관계에 있어서 하나님을 참으로 알고 경외하는 자라야 이웃을 사랑하고 또한 자기를 부인할 수가 있는 것이다.

결 론

종교개혁의 성경적 원리에 의하면 하나님의 의가 선행에 앞선다. 그런 까닭에 선을 행함에 있어서 나태에 빠지는 경향이 나타남으로 인하여 루터는 세월이 흐른 후에 이렇게 경고했다. 1531년 8월에 행한 요한복음 7:37에 대한 강해에서 "독일에 복음이 15년 전 처음 선포되었을 때 사람들은 열심으로 말씀에 청종하였다.… 그러나 지금 많은 사람들은 복음을 육적인 방종과 쾌락을 위해 악용하고 있다. 더 이상 금식하거나 기도하지 않고 복음에 대한 열망도 없다." 그는 또한 1532년 2월에 행한 요한복음 8:38에 대한 강해에서 "우리는 육적인 욕망 가운데 살고 있고 방종에 빠져있다. 그래서 우리는 이제 복음과 자유를 다시 상실하게 될지도 모른다. 교황보다 더 악한 악마의 수중에 빠지지 않으리라는 보장이라도 있는가?"고 경고했던 것이다.

오늘 우리의 모습은 어떤가? 어떻게 보면 복음에 대한 열정이 여전히 남아있어서 해외로 많은 선교사들을 파송하고 있고 교회마다 그룹성경공부와 제자화 훈련 또는 전도폭발 훈련 등이 활발하게 전개되고 있다. 또한 보수주의 교회에서도 사회적 책임을 깨닫고 적극적으로 참여하는 움직임들이 있다. 예컨대 기독교 윤리실천 운동과 바르게 살기운동, 기독교 학문연구회 등이 있다. 기독교적 세계관과 문화관에 대한 연구도 일부 젊은 기독청년층에서는 활발하고 기독교 공동체성 회복에 대한 연구도 보수적인 신학교 학생들 사이에서 일어나고 있다.

그러나 아쉬운 것은 주일을 온전하고 거룩하게 지키는 일이 어른들이나 청년층 신자들 뿐만 아니라 어린아이들 가운데서도 현저하게 해이해져 있다는 사실이다. 이것은 우리교회가 경건의 모양만 있고 사실상 경건의 능력을 결여하고 있으며 믿음이 식어 있어서 하나님 앞에서 제대로 의를 행하지 못하고 있는 증거이다. 이는 또한 하나님 대신 육신적 쾌락과 물질적 소유에 대한 탐욕에 우리들이 사로잡혀 있다는 증거이기도 하다. 아니, 바알의우상숭배를 사실상 하고 있는 것이다. 물질적인 소유를 늘리고 세상적인 출세와 명예를 위하여 하나님을 형식적으로 섬기거나 이용하고 있는 것이다. 믿는 가정에서도 주일에 자녀들 특히 고등학생들의 경우 학교에 보내어 공부를 하게 하는데 신앙적으로 전혀 주저함이 없어 보인다. 우리는 우리의 자녀들에게 참된 신앙의 유산을 물려주려고 노력하기는 커녕 우리의 자녀들을 우리의 세속적인 탐욕의 희생제물로 전락시키고 있다.

종교개혁의 성경적 원리인 "의가 선행에 앞선다"는 이 대명제에서 우리가오직 믿음으로 의롭다 함을 받는다는 것과 이 믿음은 참되고 살아있어서 선행을 수반하며 열매맺는다는 것을 우리는 명심할 필요가 있다. 루터의 종교개혁 원리 뿐만 아니라 그의 경고도 유념하여 우리는 주일을 온전하고 경건하게 지킴으로 파괴되고 황폐되어가는 이 땅을 다시 수축하고 우리의 청소년들에게 참된 안식과 자유를 누릴 수 있게 해 주어야 한다. 즉 믿음으로 말미암아 하나님께로부터 오는 의를 덧입어 하나님 앞에서 의를 행하며 참 자유를 누림으로 그들의 믿음과 지혜가 자라날 수 있도록 인도해야 한다. 이로써 이 땅에서 지난날의 종교개혁의 불길이 더욱 힘있게 타오를 것이다.

제 4 장

웨스트민스터 소요리 제1문답의 배경과 의미

　웨스트민스터 신앙고백의 소요리문답 제1문의 "사람의 제일되는 목적이 무엇인가?"에 대한 답은 "사람의 제일되는 목적은 하나님께 영광을 돌리며 그를 영원토록 즐거워하는 것이다"(What is the chief end of man? Man's chief end is to glorify God, and to enjoy him forever)이다. 이 제1문답을 암송하는데는 1분도 채 안걸리겠지만 그것의 참된 의미를 이해하는데는 상당한 믿음과 많은 세월을 필요로 하며 더욱이나 사람의 제일되는 목적을 온전히 실현하며 살기란 여간 어려운 일이 아니다. 사실상 많은 그리스도인들은 이 소요리문답 제1문답의 참된 의미 뿐만 아니라 그것이 역사적으로 어떻게 해서 제1문답이 되었는지에 대해서도 잘 알지 못하고 있으며 하나님께 영광을 돌리는 일과 그를 즐거워하는 방법에 대해서도 구체적으로 파악하고 있지 못하다. 그래서 그리스도인들의 신앙생활이 추상적이거나 피상적이고 구체적이거나 실제적이지 못하는 수가 많다. 또한 제1문답의 본문 자체를 그릇되게 번역하거나 해석하기가 쉬워[1] 많은 그리스도인들이 이 문답의 핵심을 놓치고 있다.

　1) 영어 "to glorify God"가 우리말로는 대개 "하나님을 영화롭게 하

인간의 제일되는 목적이 무엇을 의미하는가를 제대로 이해하기 위해서는 소요리문답의 역사적 배경과 그 다음 '영광' 또는 '영광돌리다'의 개념을 밝히알 필요가 있다. 그리고 예수님의 경우를 실례로 들고 그리스도와의 성례전적 연합과 하나님에 대한 지식을 근거로 하여 하나님께 영광돌리는 방법을 살피되 경제적으로 가난한 자의 입장을 고려하여 생각해 보는 것도 중요하다. 물론 이 제1문답을 고려함에 있어서 그리스도의 구속사역과 사람의 전 생활영역을 빼놓을 수 없을 것이다. 또한 '하나님께 영광돌리는 것'과 '하나님을 즐거워하는 것' 사이에 있는 연관성에 대하여도 우리는 이해하는 것이 중요하다.

1. 소요리 제1문답의 역사적 배경

알렉산더 미첼(Alexander F. Mitchell)에 따르면 제1문답은 구영역판 칼빈 요리문답 "인간생활의 주요하고 으뜸되는 목적이 무엇이냐?"에서 왔는데 본래 이 제1문답은 웨스트민스터 신앙고백 작성위원회의 첫번째 초안에는 없었던 것으로 생각된다. 이 제1문의 대답은 칼빈과 에임즈(William Ames)의 요리문답 가운데 '그의 영광을 우리에게서 드러나게 하는 것'(to have his glory showed forth in us)과 '하나님을 즐거워하는데 있어서'(in the enjoying of God)라는 구절을 엮어서 만

다"로 번역되고 있으나 영어 "to make God glorious"의 개념으로 오해하기가 쉽다. "to glorify"는 "to justify"(의롭다 하다, 의롭다고 간주하다)와 번역상 상통한다. "to justify"가 "의롭게 되게 하다"는 뜻이 아니고 "의롭다 하다"는 것처럼 "to glorify"도 하나님을 영화로운 존재로 만들어 드리는 것이 아니라 하나님이 영화로우시다고 선포하거나 그의 영광을 드러내는 것을 의미한다.

영어 "to enjoy God"은 "하나님을 즐거워하다, 하나님을 즐기다"로 번역될 수 있는데 "하나님을 기쁘시게 하다"로 흔히 오해하고 있다. "기쁘게 하다"는 영어로 "to please God"이며 "to enjoy God"과는 크게 차이가 있다.

든 것으로 보인다."²⁾ 워필드(B. B. Warfield)도 이 점에 있어서 미첼과 의견을 같이 한다. "이 제1문답의 근원은 요한 칼빈에게서 발견될 수 있음에 틀림없다. 칼빈은 그의 기독교강요와 요리문답에서 다같이 이같은 생각을 그의 가르침의 제일 전면에 소개해 놓았다."³⁾

그런데 요한 칼빈은 그의 요리문답에서 다음과 같이 말하고 있다.

> 하나님 밖에는 어디에서도 영원하고 불멸한 생명을 아무도 찾을 수가 없다. 그러기에 우리의 생활의 으뜸되는 관심사는 우리의 온 마음을 기울여 하나님을 찾으며 그를 사모하고 하나님 외에는 아무것도 의지하지 않는 것이다.⁴⁾

칼빈은 또한 말하기를 "모든 좋은 것이 예외없이 하나님으로부터 흘러나오기 때문에 모든 찬양이 그에게로 돌려져야 마땅하다"⁵⁾고 하였다.

칼빈의 요리문답은 1545년에 프랑스어와 라틴어로 출판되어 곧 바로 전 세계에 널리 소개되었다. 이탈리아어, 스페인어, 영어, 독일어 심지어는 헬라어와 히브리어로까지 번역되어 개혁교회가 있는 모든 곳에 급속하게 퍼져나갔다. 웨스트민스터 회의가 소집되기 전까지 적어도 13판이나 영어로 출판되었다.

그런데 미첼은 제1문답의 근원이 칼빈 이전으로까지 거슬러

---

2) Alexander F. Mitchell, *The Westminster Assembly* (London: James Nisbet & Co., 1882), p. 421.
3) B. B. Warfield, *The Works of B. B. Warfield*, vol. VI: *The Westminster Assembly And Its Work*(Grand Rapids: Baker Book House, 1981), p. 380.
4) John Calvin: Catechism(1538) trans. by F. L. Battles (Pittsburgh: The Pittsburgh Theological Seminary, 1972), p. 1.
5) Ibid., p. 3.

올라갈 수 있을지도 모른다고 말했다. "제1문답의 첫부분은 로저스(Rogers), 볼(Ball) 또는 팔머(Palmer)에게서 그리고 뒷부분은 스위스 개혁교회의 최초의 요리문답 중의 하나인 1530년 이전에 쥬리히에서 출판된 레오 쥬다(Leo Judae)의 요리문답에서 왔는지도 모른다."[6] 그러나 미첼의 연대는 잘못된 것이다. 사실은 레오 쥬다가 그의 라틴어 요리문답을 작성할 때 칼빈의 초기의 요리문답을 자유롭게 이용하였던 것이다.[7] 워필드에 따르면 "미첼이 레오 쥬다에게서 인용한 그 문장을 레오 쥬다가 칼빈의 초기의 요리문답에서 취하였다는 것은 의심할 여지가 없다. 칼빈은 그의 최초의 요리문답을 나중에 체계적으로 정리한 것이다."[8]

칼빈의 요리문답은 아주 많이 널리 사용되었는데 스코틀랜드에서는 교회의 검인정 신조의 한 부분을 이루었고, 영국에서는 많은 교리서들이 칼빈의 요리문답의 형식을 따라 인간의 존재에 대한 목적으로부터 시작하여 하나님께 영광돌리는 것을 특히 강조한다. 워필드는 몇 가지의 실례를 들어 칼빈의 요리문답의 영향을 다음과 같이 보여주고 있다.[9]

1584년의 도슨(Dawson)의 소요리문답의 제1문답에는 "무슨 목적으로 하나님이 당신을 창조하시고 거룩하게하시며 보존하셨는가? 하나님의 영광을 구하는 것이다(롬 11:30)"라고 되어 있었다. 1584년에 런던에서 출판된 다른 신조에는 다음과 같이 쓰여져 있다. "이 세상에서 그리스도인의 으뜸되는 의무는 무엇인가? 인간의 으뜸되는 의무는 하나님의 영광을 드러내는 것이다." 토마스 스파크(Thomas Spark)의 간략한 소요리문답의 경우 "무슨 목적을 위해 하나님이 인간을 만드셨는가? 그 자신의 영광을

---

6) Mitchell, p. 417.
7) Warfield, p. 384.
8) Ibid., p. 384.
9) Ibid., pp. 393ff.

드러내기 위해 그리고 인간이 그를 섬기도록"이라고 하였다. 그리고 볼의 소요리문답 제1문답에는 "이세상에서 모든 사람의 으뜸되고 계속적인 관심사는 무엇이어야 하는가? 하나님께 영광을 돌리며 자기 영혼을 구원하는 것이다"라고 되어 있고 끝으로 1624년 런던에서 출판된 가정용 소요리문답에는 "이 세상에서 모든 그리스도인이 제일 먼저 바라며 힘써야 될 일은 무엇인가? 하나님의 영광을 구하며 그 자신의 영혼의 행복과 구원을 얻는 것이다"라고 되어 있다.

워필드는 에임즈(Ames)와 볼(Ball)을 칼빈과 웨스트민스터회의 사이에 가장 두드러지게 활약한 신학자들로 본다. 볼의 '짤막한 논문'이 웨스트민스터회의에 참여한 모든 성직자들의 수중에 있었으며 그들에게 '하나님께 영광돌리는 것'과 '하늘에 계시는 하나님을 즐거워하기를 한없이 바라는 것' 등과 같은 사상을 풍부하게 제공해 주었던 것이다.[10]

여기서 하나 언급해 두어야 할 것은 이와같은 사상들이 칼빈에 의해서 처음 창안된 것이 결코 아니라는 점이다. 워필드에 따르면 "이 사상들은 모든 그리스도인의 가슴 속에 간직되어 있는 바요, 특별히는 어거스틴 학파에서 배운 자들의 것이다."[11] 어거스틴은 그의 참회록에서 자신의 사상의 전체를 다음과 같이 요약하였다. "오 주여, 주님은 주님 자신을 위하여 우리를 만드셨습니다. 우리의 심령은 주님 안에서 쉼을 얻을 때 비로소 평안함을 맛봅니다." "너에게서 하나님은 무엇보다도 존귀히 여김을 받으셔야 한다. 이는 그분께 네가 바라는 모든 좋은 것들이 있기 때문이다."[12] 워필드의 주장에 의하면 어거스틴이 하나님을 두고 반복해서 자주 쓰는 말은 "이 땅에서 하나님을 기뻐하고 영원토록 하나님을 즐거워하는 것"[13]이다.

---

10) Ibid., p. 396.
11) Ibid., p. 386.
12) Augustine, *Confessions*, cited by Warfield, p. 398.
13) Ibid., p. 399.

결론적으로 웨스트민스터 소요리 제1문답의 직접적인 근원은 칼빈이다. 칼빈은 어거스틴을 통해서 성경에서 그 사상을 배웠던 것이다.

2. 인간의 제일되는 목적의 개념

인간의 제일되는 목적 곧 '하나님께 영광돌리는 것'의 개념을 잘 이해하려면 히브리어 '카보드'(כבוד)와 헬라어 '독사'(δόξα)의 용법과 의미를 알 필요가 있다.

구약의 '카보드'의 어원적인 뜻은 '무겁다, 풍부하다, 고귀하다, 영광스럽다'이나 성경에 200여회나 나오는 이 명사형은 '무겁다'는 개념으로는 전혀 쓰이지 않고 '영광, 명예, 존귀'의 뜻으로만 사용되어 있다.[14] 사람에 대하여 쓰인 경우에 '카보드'는 부유한 사람에 대한 전체적인 인상을 의미하고(시 24:7~10; 49:16), 하나님에 대하여 쓰일 경우에는 하나님을 인상깊게 해주는 것(that which makes God impressive) 곧 하나님의 강력한 자기계시를 함의한다(시 19:1 이하).[15]

하나님의 자기계시의 형식인 이 영광은 출애굽 사건의 불기둥과 구름기둥으로(출 13:20~22) 그리고 그의 창조사역과 여타의 모든 섭리적 행위들 가운데 나타나 있다. 하나님이 하시는 일마다 그의 권능과 위엄과 영광의 표현인 것이다. 창조사역은 하나님의 활동의 표현이므로 그의 영광의 표현이다. 그리고 하나님은 무슨 일을 하시든 그는 그의 존재의 완전하심으로부터 즉 완전하심 중에서 행하신다. 하나님의 구원사역과 심판사역 또한 그의 영광을 드러낸다(시 145:10~13).[16] 그러기에 하나님의 영

---

14) *Theological Word Book of the Old Testament*, ed. by Laird Harris(Chicago: Moody Press, 1980), s.v. 'כבוד'

15) *Theological Dictionary of the NT*, s.v. 'δόξα'

16) Bernard Ramm, *Them He Glorified*(Grand Rapids: Eerdmans, 1963), p. 17.

광은 하나님의 전체본질을 나타내는 속성(an attribute of the total nature of God)이다. 다시 말해서 그의 신적 능력을 구성하고 있는 특질들의 총화(a kind of totality of qualities)인 것이다.[17] 하나님은 그의 전존재에 있어서 영광스러우신 것이다(출 28:22; 시 6:3; 욥 40:10; 시 8:1; 사 35:1; 시 63:2; 사 60:1~3).

헬라어 '독사'의 본래의 뜻은 '의견'이었으나 신약시대에는 그 뜻이 완전히 사라져버렸고 대신에 '평판, 명예, 광채, 영광, 반영'의 뜻으로 쓰였으며 '신의 또는 하늘의 광채' 하나님의 '높으심과 위엄'을 의미하며 심지어는 하나님의 존재와 그의 세계를 가리키기도 한다. 영광은 주 그리스도의 나타나심의 한 형태요(롬 9:4; 행 7:2) 그 자신이 하나님의 영광이시다(요 1:14, 18; 히 1:3). 그리고 피조물이 자연스럽게 그리고 기쁘게 하나님께 영광돌리는 데 이것은 하나님의 은혜로우시고 전능하신 사역들을 인지함으로 인해서 가능케 된 것이다(계 4:9, 11; 19:2, 7).[18] 한편 신자의 영광은 하나님의 부르심의 성취요, 목표인 것이다(롬 8:29 이하; 고전 2:7)[19].

구약의 경우 '카보드'가 '쉠'(이름)과 함께 자주 쓰이는데 이것은 하나님의 이름의 영예 또는 훌륭함을 높이려는 뜻에서이다(시 60:2; 79:9).[20] 이 '카보드'는 동사 '주다'와 함께 쓰이기도 하는데 '카보드'를 하나님께 드린다는 말은 "하나님의 신격의 중요성을 알아보다." 즉 "하나님을 하나님으로 알아 모시다"라는 뜻을 갖는다(렘 13:16; 시 29:1 이하; 96:7 이하; 115:1).[21]

신약의 경우 '독사'의 동사인 '독사조'(δοξάζω)는 '찬양하

---

17) Ibid., p. 18.
18) Ibid., p. 24.
19) *TDNT*, vol. II, p. 250.
20) *TDNT*, vol. II, p. 240.
21) *TDNT*, vol. II, p. 241.

다, 존귀히 여기다'를 의미한다(마 5:16; 6:2).[22]

　이상을 종합해 볼 때 "하나님께 영광을 돌리다"(to glorify God)는 "하나님을 영화롭게 되게 하다"(to make God glorious) 또는 "하나님에게 영광스런 어떤 것을 보태드리다"(to add something glorious to God)가 아니라[23] "하나님을 찬미하다, 높이다"(to praise, magnify, honor) 또는 "하나님이 그의 모든 속성과 행위에 있어서 영광스러우시기에 하나님을 하나님으로 알아 모시는 점에서 그에게 그 자신의 영광을 드리다"라는 뜻이다.[24] 요한 칼빈은 정의하기를 "우리 안에서 하나님의 영광이 드러나게 하다" 또는 "하나님께 그가 받으시기에 합당한 존귀와 찬미를 드리다"[25]라고 하였다.

　첨가해서 "하나님을 즐거워하다"(to enjoy God)는 하나님이 모든 좋은 것의 살아있는 근원이심을 마음과 입으로 시인함으로써 "하나님으로 만족해하다"를 뜻한다.[26] 존 볼에 의하면 그것은 하나님에게서 신자가 자신의 영원한 행복과 구원을 얻는 것을 의미한다.[27]

3. 하나님께 영광돌리는 방법

(1) 예수님의 본보기

　예수님이 그의 제자들에게 기도하는 방법을 가르치실 때 "당

---

22) *TDNT*, vol. II, p. 253.
23) G. I. Williamson, *The Shorter Catechism*, vol. I(New Jersey: Presbyterian and Reformed Publishing Co., 1980), p. 2.
24) David C. Jones, "A Christian Theory of Value", *Christian Ethics Lecture Note*(St. Louis: Covenant Theological Seminary, 1981).
25) John Calvin, *Catechism*(1538), p. 3.
26) Warfield, p. 382.
27) cf. Ibid., p. 395.

신의 이름이 거룩히 여김을 받으시오며"로 시작했는데 이는 "우리가 당신의 이름을 높이나이다"를 뜻한다. 칼빈의 해석에 따르면 "당신의 이름이 참으로 인정을 받고 높임을 받으소서. 하나님이 무슨 일을 하시든, 그의 모든 일들이 본래 그대로 영광스럽게 나타나게 하소서"[28] 기도에 대한 예수님의 가르침은 그의 생애와 가르침에 있어서 관심이 '하나님께 영광을 돌리는 것'이었음을 보여주고 있는 것이다. 이 사실은 그 자신의 기도에 의하여 뒷받침되고 있다. 예수님의 기도 "아버지여, 아버지의 이름을 영광스럽게 하옵소서"(요 12:28)는 직접적으로 그의 십자가의 죽음을 가리킨 것이다. 이는 십자가에서 하나님의 영광이 절정을 이루어 계시됨을 보여주고 있다.[29] 또한 요한복음 13:31~32; 17:1, 4, 5에서도 십자가에서의 죽음이 하나님의 영광의 최고의 계시요, 그리스도가 영화롭게 되는 것을 의미하고 있다. 버스웰(J. Oliver Buswell)에 의하면 대속사랑의 영광이 십자가에서 드러났다.[30] 그는 다음과 같이 계속해서 말한다:

만일 예수님의 지상생활의 최고의 영광이 십자가였고 그의 죽으심으로 말미암아 그가 하나님께 최고로 영광을 돌렸다고 하면 그리고 그가 우리 안에서 영광을 받으시고자 하면 그리고 만일 아버지께서 그에게 주신 영광을 그가 우리에게 주셨다고 하면 결과적으로 우리는 십자가를 지는 생활(the crucified life)을 살아야 하는 것이다.[31]

십자가를 지는 생활 곧 이타적이고 희생적인 생활을 통해서 그리고 절제와 검소, 자기를 부인하는 생활을 통해서 우리가 하

---

28) John Calvin, *Catechism*(1538), p. 38.
29) J. Oliver Buswell, *A Systematic Theology of the Christian Religion*, vol. II(Grand Rapids: Zondervan, 1980), p. 125.
30) Ibid., p. 127.
31) Ibid., p. 128.

나님께 영광을 돌려야한다는 사실을 예수님의 십자가의 죽음이 우리에게 가르쳐주고 있다.

(2) 그리스도와의 성례전적 연합을 통해서

한 사람으로 말미암아 모든 사람이 죄를 범하게 되었고(롬 5:12) 한 범죄 때문에 모든 사람이 정죄함을 받게 되었다(롬 5:18). 다시 말해서 모든 사람이 아담 안에서 범죄하여 하나님의 영광에 이르지 못하게 된 것이다(롬 3:23). 이는 곧 인간이 아담 안에서 범죄한 때문에 스스로는 결코 하나님께 영광을 돌릴 수 없음을 뜻한다.

그러나 하나님은 "그 기쁘신 뜻대로 우리를 예정하사 예수 그리스도로 말미암아 자기의 아들들이 되게 하셨으니 이는 그의 사랑하시는 자 안에서 우리에게 거저 주시는바 그의 은혜의 영광을 찬미하게 하려는"것이다(엡 1:5~6). "우리가 다 수건을 벗은 얼굴로 거울을 보는 것같이 주의 영광을 보매 저와 같은 형상으로 화하여 영광으로 영광에 이르니 곧 주의 영으로 말미암음이니라"(고후 3:18). 이 구절들의 말씀을 보면 알렌(S. Allen)이 말한대로 변화시키는 능력을 가진 신적 영광이 지금도 여전히 신자들 가운데서 그리스도와의 교제 또는 연합을 통하여 역사하고 있음을 알 수 있다.[32]

하나님이 그리스도에게 주셨던 이 영광을 그리스도가 그의 제자들 곧 그리스도인들에게 주셨다(요 17:22). 그리스도께서는 하나님이 그에게 하라고 맡기신 일을 성취하시어 이 땅에서 하나님께 영광을 돌리셨다(요 17:4). 그러므로 그리스도가 성취하신 구속사역에 근거하여 그리스도와의 연합을 통해 하나님이 우리에게서 영광을 받으시는 것이다(요 15:7~8).

---

32) *Dictionary of New Testament Theology*, vol. II, s.v. 'Glory' by S. Aalen.

(3) 하나님을 아는 지식을 통해서

칼빈은 그의 『기독교강요』 첫 권 첫 장에서 인간이 하나님을 아는 지식을 가질 때 하나님께 그가 받으시기에 합당한 찬미와 영광을 드릴 수 있게 된다는 사실을 강하게 주장하고 있다.

> 경건한 사람은 … 유일하고 참되신 한 분 하나님만을 생각한다. 그리고 하나님이 자기를 계시한 대로 그를 아는 것으로 그 사람은 만족해 한다.… 그래서 경건한 사람은 하나님이 모든 것을 다스리신다는 것을 알고, 하나님이 인생의 안내자요, 보호자 이심을 믿고서 자신을 전폭적으로 하나님께 같겨 그만을 신뢰하기 때문에 범사에 그를 인정한다.… 경건한 사람은 하나님을 주와 아버지로 인정하는 까닭에 범사에 그의 권위를 높이는 것을 당연하게 여기며 그의 위엄을 경외하고, 그의 영광을 드러내기를 힘쓰며 그의 명령들을 순종하는 것을 합당하게 생각한다.[33]

칼빈의 요리문답도 이 점을 분명하게 하고 있다.[34] 버스웰이 말하는 대로 하나님의 자녀인 우리가 주 예수 그리스도를 믿는 믿음과 그를 아는 지식에서 자라갈 때 하나님은 그의 피조물인 우리들 가운데서 영광을 받으시는 것이다.[35] 요약하자면 하나님의 창조사역과 구원과 심판 사이에 나타난 그의 능력과 지혜를 깊이 생각함으로써 하나님에 대한 지식을 통하여 그를 예배하며 그와 교제할 때 우리가 그에게 합당한 영광과 존귀를 드릴 수가 있다.[36]

---

33) John Calvin, *Institutes of the Christian Religion*, tr. by F. L. Battles (Philadelphia: The Westminster Press, 1973), p. 42.

34) cf. Warfield, P. 382; *Calvin: Catechism*, pp. 1, 4. 참조, 『칼빈의 제네바 요리문답』(1545년) 제1문답에는 인생의 제일되는 목적이 "우리의 창조주 하나님을 아는 것이다"로 되어 있다.

35) Oliver Buswell, p. 165.

36) Bernard Ramm, pp. 16~17.

(4) 일상생활을 통해서

칼빈과 웨스트민스터 회의의 성직자들 그리고 후기의 청교도 교사들에게 있어서 영광을 돌린다는 사상의 중심적 의미는 인간이 자기의 생활을 세심하게 조직화하여 특별히 자기의 일터에서 하는 일을 통하여 하나님께 영광돌리기를 힘써야한다는 것이다.[37] 구영역판 칼빈 요리문답에는 다음과 같이 가르쳐져 있다. "하나님이 우리의 삶의 시작이요 원천임을 알고서 우리의 전생활을 통해 그의 영광을 드러내려는 것은 당연하다. 하나님을 올바로 존귀케 하는 길은 무엇인가? 우리가 그를 온전하게 신뢰하는 것이요 그의 뜻을 순종하여 그를 열심히 섬기는 것이다…."[38]

윌리암슨(G. I. Williamson)도 같은 취지로 말하기를 "우리는 우리의 전체 삶이 하나님을 존귀케 하고 그의 이름을 높이는 데 기여하도록 살아야 한다. 다시 말해서 우리가 하나님께 영광을 돌리고자 하는 경우 어느 때에나 무슨 일을 하든지 간에 하나님 보시기에 기뻐할 것을 하도록 힘써야 한다.[39] 바울은 이 원리를 고린도교회에 보낸 편지에서 이스라엘 백성의 광야생활의 경우와 관련지어 먹고 마시는 것과 같은 아주 일상적인 일에 적용하고 있다(고전 10:31; 참조, 골 3:17). 사실상 이스라엘 백성들은 홍해를 건너는 이적을 통해서 물로 세례를 받았고, 그래서 죄에 대하여 죽고 하나님께 대하여 산 자들이 되어 범사에 하나님께 영광돌리고 그를 감사했어야 옳았으나 광야에서 먹는 것과 마시는 것으로 하나님을 많이 시험하고 불평하다가 멸망한 것이 오늘의 교회에게 교훈이 되고 있음을 바울은 상기시키고 있는데(고전 10:1~5), 이로 보아, 먹고 마시는것과 같은 일상적인 일도 참 믿음을 가늠하는 중요한 척도인 것이다.

---

37) William Ames, *The Marrow of Theology* with an 'Introducion' by John D. Eusden(Boston: Pilgrim Press, 1968), pp. 31f.
38) Warfield, p. 382.
39) Williamson, pp. 3f.

하나님은 그리스도께서 성취하신 구속사역에서 영광을 받으신 것처럼(요 13:31 이하) 하나님을 사랑하는 자들의 일상적인 생활을 통해서도 영광을 받으신다(요 15:8). 결론적으로 말해서 "우리가 그리스도의 형상을 이루어 하나님의 도덕적 성품을 반영하고(벧전 2:9; 엡 1:6, 12, 14; 빌 1:11; 마 5:16), 이 세상에서 하나님의 목적들과 활동, 곧 하나님의 나라가 임하는데에 헌신할 때 하나님이 영광을 받으신다(엡 2:10; 요 15:8)."[40]

(5) 영광돌리는 것과 하나님을 즐거워하는 것 간의 관계

워필드는 구영역판 칼빈 요리문답의 제1문답을 다음과 같이 분석하였다.

> 사람이 창조된 것은 먼저 하나님을 알고 그리고 하나님을 앎으로 그에게 영광을 돌리며 그리고 그에게 영광을 돌리므로 그에게서 인간의 행복을 발견케 할 바로 그 목적을 의해서였다.[41]

칼빈의 사상에 의하면 인간의 존재목적은 그에게서 하나님이 영광을 받으시는 것 뿐만 아니라 그가 이 영광스런 하나님을 즐거워하는데 있다. 다시 말해서, 하나님이 자기의 영광을 나타내시는 객체(object)일 뿐 아니라 하나님의 영광스러움을 맛보고 즐거워하는 주체로 칼빈은 인간을 파악하고 있는 것이다.[42] 이로 미루어 볼 때 하나님께 영광을 돌림에 있어서 인간은 하나님의 영광의 객관적 도구(objective instrument)이나 하나님을 즐거워함에 있어서 인간은 영광의 하나님, 모든 좋은 것들의 근원이신 하나님을 즐기는 주관적 실체(subjective entity)라고 결론 지을 수가 있다.

하나님께 영광을 돌리지 않고 그를 즐기는 것은 불가능하다.

---

40) David Jones, Ibid.
41) Warfield, p. 382.
42) Ibid., p. 397.

왜냐하면 영광은 본래 하나님께 속해있기 때문이다. 다시 말해서 영광이 하나님의 고유하고 본래적인 속성이기 때문에 그에게 영광을 돌리지 않고서는 그를 즐거워할 수가 도저히 없는 것이다. 그러나 그를 즐거워함이 없이는 또한 그에게 영광을 돌릴 수가 없다. 왜냐하면 그의 영광은 그의 속성 전체 곧 그의 전존재이기 때문이다.[43] 인간의 제일되는 목적은 '하나님을 아는 것' (to know God)으로부터 출발하여 이 하나님의 지식이 '하나님께 영광을 돌리는 것' (to glorify God)으로 그리고 하나님께 영광돌리는 이것이 '하나님을 즐거워하는 것' (to enjoy God)으로 연결되는 것이다.

4. 하나님께 영광돌려야 할 이유

인간이 하나님께 영광돌려야 하는 이유를 다음 몇 가지로 나누어 생각될 수 있다.

첫째 인간의 이상이 그의 전체 생활양식을 결정하기 때문이다. 인간적인 어떤 것에서 최고선을 찾는 세속적인 윤리체계의 경우 '최고의 가치는 인간이 자신을 위해 존재하는데' 있다. 즉 자기이익, 자존심, 자기중심적인 어떤 것들이 도덕의 기본 구성요소들인 것이다. 결국 이러한 윤리체계는 이 세상에서의 인간의 행복만을 강조한다. 그래서 모든 것이 자기숭배 또는 방종으로 끝장나 버린다."[44] 그러나 기독교 윤리의 경우 "그리스도인의 가치관은 그가 그의 구주와 창조주에게 영광돌리는 데 마음을 쓰는 까닭에 변화되어 세상적인 불순물이 제거되고 그의 의무관념이 또한 고상해지고 행위의 동기들이 거룩해지며 그의 전체 생활이 신성해진다."[45]

---

43) Ibid., p. 400.

44) B.B. Warfield, *Selected Shorter Writings*, vol. I, ed. by John E. Meeter(New Jersey: Presbyterian and Reformed Publishing Company, 1980), p. 132.

45) Ibid., p. 133.

둘째 하나님이 그의 영광의 부요함을 나타내려고 인간을 창조하셨기 때문이다(롬 9:21~23). 하나님이 자기의 영광을 위하여 인간을 창조하셨기에(사 43:7), 그의 영원하신 능력과 신성을 그가 만드신 만물 가운데서 나타내시었다(롬 1:20). 그러기에 지혜로운 자는 하나님께 영광을 돌리며 그를 감사하게 되어 있는 것이다(참조 롬 1:21).

셋째 하나님이 그의 은혜의 영광을 찬미케 하려고 우리를 예정하시고 부르시고, 의롭다 하시며, 영화롭게 하셨기 때문이다(롬 8:30; 엡 1:5~7). 특별히 하나님이 우리를 그리스도의 피값으로 사셨기에 우리는 우리의 예배, 언행 그리고 매일의 생활에서 하나님께 영광을 돌려야 하는 것이다(행 20:28; 고전 6:20).

넷째 하나님 밖에는 아무데서도 영원불멸한 생명을 발견할 수 없기 때문이다(시 16:2, 11; 121:1~8). "우리에게 있어서 하나님은 모든 생명의 유일하고 영원한 원천이요 지혜, 의, 능력, 선과 긍휼이시다. 모든 좋은 것이 예외없이 그에게서 흘러나오는 까닭에, 모든 찬양이 그에게 돌려져야 마땅하다."[46]

5. 인간의 제일되는 목적과 가난한 자

제3세계 신학 곧 남미의 해방신학과 한국의 민중신학은 가난한 계층에 관심을 집중시키고 있다. 이 신학은 가난이 경제적 구조악 특히 다국적 기업의 횡포와 소수 독점재벌들의 착취에 기인하는 것으로 보며 민중의 가슴 속에는 응어리진 한이 맺혀있으며 그들의 인생은 비인간화 상태에 놓여있어서 말할 수 없는 정신적 심적 고통이 있는 것으로 본다. 그런 까닭에 제3세계 신학의 가난한 자에 대한 개념을 성경의 개념과 비교하고 가난한 자는 하나님께 영광을 돌리거나 그를 도저히 즐거워할 수가 없는가 하는 문제를 생각해 보는 것이 중요하다.

---

46) Calvin: *Catechism*, p. 4.

예수님께서는 가난한 자가 복이 있다고 말씀하셨고(눅 6:20 이하) 병든자, 죄있는 자, 귀신들린 자들을 고쳐줌으로 해서 하나님께 영광을 돌린 사건들로 미루어 보면 가난하고 병든 자도 하나님께 영광을 돌려 드릴 수가 있고 그를 즐거워할 수 있는 것은 사실이다. 그러나 여기서 고려되어야 할 점은 가난한 자의 가난문제 또는 병든 자의 질병문제 등이 해결되지 않은 상태에서도 그같은 자가 과연 하나님께 영광을 돌릴 수 있고 그를 즐거워할 수 있느냐 하는 것이다.

(1) 제3세계 신학의 가난한 자 개념

남미의 대표적 신학자인 구티에레츠(Gustavo Gutierrez)에 의하면 "오늘의 가난한 자는 눌린 자, 사회로부터 소외당한 자, 자신의 기본권을 위해 투쟁하는 프롤레타리아이다. 그들은 착취당한 사회계층이다."[47] 한국의 민중신학도 거의 같은 의미로 이해하고 있는데 가난한 자는 정치적으로 눌리고 경제적으로 착취당하고, 문화적으로 소외당한 생산노동자들이다.[48] 요약하자면 가난한 자란 사회 정치 경제 문화 등 각 방면에서 비인간화되고 착취당한 '갖지 못한 자' 즉 '가진 것이 없는 자'이다.

(2) 성경의 가난한 자

가난한 자들에 대하여 성경적으로 균형잡힌 견해는 리델보스(Herman Ridderbos)에게서 찾을 수 있는데 그에 의하면 가난한 자란 "사회적으로 눌린 자요, 불의의 세력에 의해 고통당하고 자신의 이익과 세력만을 생각하는 자들에 의해 괴롭힘을 당하는 자들이다. 하지만 동시에 하나님께 충실하며 오직 하나님의 왕국으로부터 구원을 기대하는 자이다.[49]

---

47) Gustavo Gutierrez, *A Theology of Liberation*(New York: Orbis Books, 1973), p. 301.
48) 서남동, 『민중신학의 탐구』(한길사, 1983), pp. 177, 186, 207.
49) Herman Ridderbos, *The Coming of the Kingdom*

욥기 24:4; 시편 10:12, 17; 82:3~4; 아모스 2:7과 같은 구절들은 가난한 자를 사회경제적으로 억눌린 계층으로 보나, 이사야서 66:2; 민수기 12:3과 시편 37편은 영적인 면에서 가난한 자를 말하고 있다. 그러므로 성경이 말하는 가난한 자는 사회, 경제적 의미를 가지고 있을 뿐만 아니라 종교적인 의미도 가지고 있는 것으로 보아야 하는 것이다.[50] 종고적으로 가난하다는 의미는 유대주의 율법이 요구하는 것들을 못지킨 점에서 말하는 것이 아니고 영적으로 하나님 앞에서 죄인임을 자각하고 겸허하며, 자기의 의가 헌 누더기 옷과 다를 바 없음을 알고서 하나님의 온전한 의를 구하는 자를 가리킨다(눅 18:13~14; 사 64:6; 61:10; 마 5:6).

(3) 가난한 자가 하나님께 영광돌리며 그를 즐거워할 수 있는가?

제3세계 신학의 주장에 의하면 가난은 모세의 종교의 바로 그 의미와 모순된다. 이는 땅을 소유하지 못한 자는 종교활동도, 하나님을 섬길 수도 없기 때문이다. 가난은 땅을 정복하라는 창세기 1:28과 2:15의 명령에도 어긋난다. 가난은 인간이 일을 함으로써 누리는 생산의 자유를 박탈한다.[51] 그러므로 가난은 비인간화의 근원이다. 그런 까닭에 가난한 자들은 하나님께 영광을 돌릴 수도, 그를 즐거워할 수도 없다고 제3세계 신학은 주장하는 것이다. 이는 그들이 하나님께 영광을 돌리며 그를 즐거워할 수 있는 수단과 근거를 박탈당했기 때문이다. 제3세계 신학이 가난으로부터의 사회경제적 해방을 성취하려고 하는 이유가 바로 여기에 있는 것이다.

그러면 가난한 자들은 하나님으로부터 흘러나오는 좋은 것을

(Philadelphia: Presbyterian and Reformed Publishing Company, 1962), p. 188.

50) F. W. Danker, *Jesus and the New Age*, p. 81, cited by David C. Jones, "Who are the Poor?" *Presbyterian*(Fall, 1977): 71.

51) Gutierrez, ibid., pp. 294~296.

전혀 가지고 있지 않는가? 하나님으로부터 흘러나오는 좋은 것들에 대하여 물질적인 면에서만 고려할 경우에는 가난한 자들이 하나님을 즐거워할 수 없고, 그에게 영광을 돌리거나 감사할 수 없는 것은 당연할지도 모른다. 그러나 바울의 경우를 보면 특히 빌립보서에서 그는 비록 감옥에 갇혀있는 몸이고(빌 1:12~13), 사경을 헤매며(1:23), 가난과 배고픔 등으로 인하여 크게 고통을 당하고 있지만(4:11~12) '하나님의 영광과 찬송'(1:11)으로 글을 시작하여 '하나님 아버지께 영광'(2:11)을 계속해서 말하고 "하나님 곧 우리 아버지께 세세 무궁토록 영광을 돌릴지어다"(4:20)로 그의 서신을 끝맺고 있다. 더구나 사도 바울은 기쁨과 감사로 충만해 있음을 볼 수가 있다(빌 1:3, 18; 2:17, 18; 3:1; 4:1, 4, 7, 10).

어떻게 해서 바울은 하나님께 영광을 돌리며 그를 즐거워할 수 있었는가? 그가 그렇게 할 수 있었던 것은 성부 하나님과 성령 하나님에 대한 지식은 말할 것도 없고, 그리스도에 대한 고상한 지식(3:8)과 구원에 대한 확신(1:6; 3:20)을 통해서였다. 그러므로 하나님께 영광을 돌리는 것과 그를 즐거워하는 것은 물질적 조건에 전적으로 달려있는 것이아니고 하나님을 아는 지식과 그의 구속의 은혜에 대한 확신에 달려있다고 분명하게 말할 수 있다. 하나님을 알고 그의 구속의 은혜와 사랑을 체험한 가난한 자는 누구나, 물질적 상황에 특별하게 구애받음이 없이 하나님께 영광을 돌리며 그를 즐거워할 수 있는 것이다.

결 론

웨스트민스터 소요리 제1문답은 성도로 하여금 즉시 하나님과의 바른 관계를 정립케 해준다. 이 제1문답은 성도의 눈을 자신으로부터 심지어는 자신의 구원문제로부터 돌려 그것을 으뜸되는 관심사로 삼지 않게 하고 대신 하나님과 그의 영광에 눈을 두게 하며, 최고의 행복을 하나님에게서 찾게 한다.

가난하거나 부유하거나 간에 인간의 최고의 의무는 하나님을 아는 지식과 그의 구속사역에 근거하여 예배와 언행과 범사에서 언제나 하나님께 영광을 돌리고 그를 찬양하며 높이고 또한 즐거워하며 하나님으로 만족하는 것이다(마 5:16; 롬 1:21; 고전 6:20; 10:31). 인간은 본래 하나님의 형상이요, 그의 영광으로서(고전 11:7) 그와 교제하도록 창조되었으나 범죄하여 하나님의 영광에 이르지 못하게 되었다(롬 3:23). 그러나 둘째 아담이신 그리스도로 말미암아 우리는 그 영광에 이를 수 있게 되었다(참조, 히 2:6~9). 그리스도는 우리가 하나님께 영광을 돌리며 그를 즐거워할 수 있게 하는 중보자이신 것이다.

그래서 선지자 하박국은 하나님의 계시를 통해서 오실 그리스도를 대망하므로 말미암아(참조, 합 2:3~4) 비록 강포와 패역이 땅에 충만하고 율법과 공의가 해이해져 있어서 처음에는 심난하고 회의에 빠지기도 했었으나(합 1:2~4) 나중에는 그의 마음에 하나님께 대한 노래가 흘러 나왔다. "그 영광이 하늘을 덮었고 그 찬송이 세계에 가득하도다"(합 3:3). "비록 무화과나무가 무성치 못하며… 외양간에 소가 없을지라도 나는 여호와를 인하여 즐거워하며 나의 구원의 하나님을 인하여 기뻐하리로다. 주 여호와는 나의 힘이시라. 나의 발을 사슴과 같게 하사 나로 나의 높은 곳에 다니게 하시리로다"(합 3:17~19).

여호와의 인자하심과 성실하심을 아는 시편기자도 이렇게 노래했다. "즐거운 소리를 아는 백성은 유복한 자라. 여호와여, 저희가 주의 얼굴빛에 다니며 종일 주의 이름을 기뻐하며 주의 의로 인하여 높아지오니, 주는 저희 힘의 영광이심이라"(시 89:15~17). 그리고 바울도 우리가 주 예수 그리스도의 죽음과 부활을 통해서 죄용서함을 받고 또한 의롭다 하심을 얻은 것을 알기에 우리가 하나님으로 더불어 화평을 누리며 하나님의 영광을 바라고 즐거워한다고 가르쳤다(롬 4:25~5:2).

예수 그리스도 안에서 구원의 은총을 맛본 자마다 하나님을 감사하고 찬양하며 그에게 영광을 돌리고 그를 즐거워하는 가운데서 인생의 존재목적을 발견하고 웨스트민스터 소요리 제1문답의 역사적 의미를 이해하게 되는 것이다. 어거스틴과 칼빈에게 역사적 뿌리를 두고 있는 이 제1문답은 그리스도의 십자가와 부활을 통해서 나타난 하나님의 구속적 은총과 능력을 믿음으로 체험하는 자가 대답할 수 있는 대답이다.

제 5 장

개혁신앙과 역사의식

서 론

 이 세상에는 크게 분류하여 세 종류의 사람이 있다.
 첫째는, 배(腹)와 같이 육체적 욕구를 따라 사는 사람이 있다. 이같은 사람은 먹고 마시기를 즐기는 소비지향적 사람이요, 주변에 무엇이 일어나고 있는지 전혀 관심이 없고 놀기에 바쁜 사람이며, 때 즉 시대적 상황에 대해 전혀 관심이 없고 역사의식이 없는 사람이다.
 둘째는, 가슴(胸)과 같이 감정적 용기만을 가지고 사는 사람이 있다. 이같은 사람은 주변의 변화를 보면서 남들만 비난하고 좌충우돌하며 저항하는 사람이요, 멀리 내다보지 못하고 흥분을 잘하는 사람이며, 때에 대한 분석은 하지만 역사의식이 결여되어 있는 사람이다.
 셋째는, 머리(頭)와 같이 생각하며 행동하는 사람이 있다. 이같은 사람은 주변의 정황을 분석하고 판단하여 무엇이 필요한가를 발견하고 방향과 목표를 정하여 계획성있게 행동하는 사람 곧 역사의식이 투철한 사람이다. 개혁신앙의 사람은 바로 이 세

번째 종류의 사람이다.

　개혁신앙의 눈 곧 역사의식을 가지고 볼 때 우리나라의 최근의 역사는 어떻게 진행되어 왔는가?
　우선 6.25 사변으로 막이 열린 1950년대는 동족상잔의 비극의 시기였다. 이 사변으로 말미암아 결과적으로 대외의존감정과 외제선호사상이 심화되고 반공과 안보 이데올로기가 등장하였다. 5.16혁명으로 막이 열린 1960년대는 근대화운동을 통한 경제발전의 시기였다. 그러나 바알종교의 특징인 탐욕적이고 이기적인 자본주의 이데올로기가 사람들의 마음을 사로잡았다. 유신헌법 제정으로 막이 열린 1970년대는 유신체제의 잔인한 인권탄압에 맞서 인권운동이 전개된 시기였다. 그러나 한편으로는 교회가 왜곡된 자본주의의 영향을 받아 기복신앙으로 기울어진 시기이기도 했다. 5.18광주시민항쟁으로 시작된 1980년대는 군사독재를 종식시켜 정치민주화를 이루기 위해 투쟁한 시기였다. 그러나 한편으로는 30여년 동안이나 지속되어 온 군사정권과 경상도와 대구 중심의 정치경제 활동으로 인해 동서간의 지역불균형으로 인한 갈등과 왜곡된 자본주의가 결과시킨 빈부 및 노사 갈등이 첨예화된 시기였다. 이제 1990년대는 UN남북 동시가입으로 막이 올라 남북통일의 꿈이 실현될 것으로 기대되고 있고 군사정권의 종식과 정치민주화가 이루어질 경우 동서 간의 지역갈등이나 빈부 및 노사간의 계층적 갈등도 상당히 극복될 것으로 예상된다. 그러나 30여년 동안 이룩해온 경제와 산업의 고도성장으로 말미암은 환경오염문제로 우리나라 뿐만 아니라 지구촌이 큰 위기를 맞이할 가능성이 있다.

　그런데 각도를 좀 달리해서 가속화된 변화의 관점에서 90년대의 세계적 특징을 말하자면 다음과 같은 것들을 지적할 수 있다. 첫째 역사와 사회의 변화가 가속도가 붙어 나날이 빨라지고 있다(시간적 가속화). 예컨대 농촌의 붕괴가 심각해지고 도시집중화가 더욱 가속화되고 있으며 생활수준이 급격하게 향상되었다. 둘째 사회의 모든 분야가 총체적으로 변화하고 있다(총체적 변화). 즉 정치, 경제, 사회, 종교, 문화 등이 맞물려 한꺼번에 변화하고 있는 것이다. 셋째 지구가 전체적으로 변화하고 있다(지정학적 변화). 독일의 통일은 동구권의 변화와 관련이 있고 러시아에서의 공산당의 몰락은 남북 UN 동시 가입과도 관련이 있으며 일본의 신군국주의 부활에 일조하고 있다. 넷째 지구촌 사회가 질적으로 변화하고 있다(질적 변화). 지난날의 영웅시대가 막을 내리고 보통사람의 시대가 열리고 있다. 권력이 중앙으로 집중하는 시대에서 각 방면으로 분산되는 시대가 열린 것이다. 이와 함께 사상적으로는 불교, 유교, 기독교 시대를 거쳐 포스트모더니즘과 종교다원주의 및 뉴에이지 운동이 일어났다. 다섯째, 불확실한 변화이다. 개혁과 변화의 방향이 모든 영역에서 불투명하고 불확실하다. 정치변화의 방향이나 경제의 방향 그리고 교육의 방향 등이 사실상 불확실하다.

그렇다면 이같은 불확실성의 근본 원인은 무엇인가? 첫째는 전통적이고 보편적이며 객관적인 진리의 표준이 상실된 까닭이다. 데카르트와 계몽주의 사상의 영향으로 말미암아 인간의 이성이 가치판단의 기준이 되고 하나님의 말씀이요 진리인 성경의 신적 권위가 사람들 사이에서 상실된 까닭이다. 이와 더불어 지역간의 횡적 유동(이민과 여행)과 사회계층 간의 종적 유동(양반계층의 붕괴, 군부계층과 신흥재벌의 등장)이 극심하게 가속화됨으로써 윤리적 가치가 무너지고, 배금주의와 향락과 사치가 만연하는가 하면 상하질서와 권위가 붕괴되었다. 둘째는 성경의 신적 권위가 상실됨과 아울러 참종교인 기독교의 신적 권위와 영향력이 상실된 때문이다. 기독교 문화가 전통문화를 건전하게 개혁하는 힘을 상실함으로써 사회 전반에 걸쳐서 정신적으로 문화적으로 혼란이 야기되고 범신론과 종교다원주의가 득세하고 있다. 특별히 오늘의 교회가 말씀의 권위 및 영적 권위를 상실한 근본 원인 중의 하나는 주일성수의 신앙이 크게 퇴조한 데 있다 (참조, 출 31:12~17). 이는 하나님이 주일성수를 통해서 자기 교회를 거룩케 하고 말씀과 성령으로 권세를 입히며 교회와 동행하시기 때문이다.

이제 이와 같은 역사적 상황과 특징을 배경으로 하여 선지자들과 사도들 그리고 개혁신학자들의 역사의식을 살펴보기로 하겠다.

1. 선지자들과 사도들의 역사의식

여기서는 편의상 구약에서는 이사야와 하박국, 신약에서는 마태와 바울의 경우를 들어 그들의 역사의식을 다루고자 한다.

(1) 이사야의 역사의식

이사야 선지자는 북쪽 이스라엘 왕국이 앗수르에게 패망되던 (주전 722년) 시기에 남쪽 유다왕국에서 활동했다. 웃시야왕이 죽던 해인 주전 740년에 선지자로 소명을 받아 요담, 아하스, 히스기야왕 때 약 40년 간 활동했다. 웃시야의 조상은 그의 아버지 아마샤, 할아버지 요아스, 증조 아하시야, 고조 여호람(또는 요람)으로 이어진다. 마태복음 1:8에 보면 웃시야의 조상 3대가 누락되어 있는데 이는 출애굽기 34:8을 생각나게 한다. 즉 여호람의 죄악을 하나님께서 3대까지 징계하신 것이다. 그렇다면 여호람이 무슨 죄를 범했기에 3대가 하나님의 징계를 받았는가?

여호람은 엘리야 선지자가 활동하던 시기인 주전 850년 경 32세의 나이에 등극하여 8년을 통치했다. 열왕기하 8:18에 보면 그는 아합과 이세벨의 딸인 아달랴와 혼인함으로써 여호와의 종교를 물리치고 바알의 악한 종교를 제도화시켜 탐욕의 부동산 투기가 자행되도록 하였다. 이로써 권력있는 자들이 땅을 독점하고 구조적으로 가난한 자들이 생겨났으며 인권이 유린되었다.

그는 하나님이 중병으로 치시매 창자가 빠져나오는 병에 걸려 40세도 못되어 죽었으나 그의 죽음을 슬퍼하는 자가 아무도 없었다(대하 22:18~20).

 그의 아들 아하시야는 아합의 길로 악을 行하다가 1년도 못되어 예후에게 이세벨과 더불어 죽임을 당했고(왕하 8:26~27; 9:27) 그의 뒤를 이어 왕이 된 요아스는 어렸을 때에는 대제사장 여호야다의 교훈을 받아 선정을 베풀었고 특히 여호야다의 도움으로 아달랴의 섭정을 물리칠 수가 있었다. 그러나 여호야다가 죽자 여호와를 버리고 우상을 섬겼다. 이에 여호야다의 아들 스가랴가 비난하자 그를 돌로 쳐죽였다. 나중에 그는 신복들의 모반으로 침상에서 살해되었다(참조, 왕하 12:2; 대하 24:17~18, 22).

 요아스의 뒤를 이어서 아마샤가 왕이 되었다. 그는 처음에는 자기를 왕으로 세워준 신복들의 눈치를 살피느라 형식적으로나마 선정을 베풀었다. 그러나 자기의 왕권이 점차 안정되자 자기의 아버지를 죽이고 자기를 왕으로 세운 그 신복들을 제거하는데 성공했다. 그러나 얼마 안있어 어떤 선지자의 말을 듣지 않고 그가 여호와를 버리고 바알을 섬기며 백성을 착취하자 예루살렘의 사람들이 그를 모반하여 죽였다(대하 25:3; 14, 27). 아마샤의 뒤를 이어 왕이 된 자가 바로 웃시야이다. 그는 하나님의 복으로 솔로몬 이후 최대의 정치적 경제적 번영을 누리었다. 이로 인하여 그는 교만해져 월권하여 성전에서 분향을 하다 문둥이가 되어 홀로 별거하다가 얼마 후 죽었던 것이다(대하 26:5, 8, 16~23).

 웃시야의 뒤를 이은 요담은 웃시야가 성전에서 문둥이가 된 것을 인하여 여호와의 성전을 멀리하였다. 그의 신앙이 지극히 소극적이 됨으로 해서 백성들이 결과적으로 사악해지고 말았다(대하 27:2). 그의 아들 아하스는 아예 여호와를 버리고 바알을 택해 섬김으로 하나님은 그와 그의 백성을 아람왕과 북쪽 이스라엘 왕의 손에 붙여 많은 백성이 죽임을 당하거나 포로가 되게 하셨다(대하 28:1~8). 그의 아들 히스기야왕은 종교개혁을 시행하는 등 여호와의 종교를 부흥시키고자 노력했으나, 지난 150여년 동안 철저하게 속아왔고 착취당한 경험이 있는 백성들은 히스기야의 개혁조치를 비웃었다(대하 30장).

주전 850년에서 700년까지의 시대적 상황에 대한 이사야의 결론적 진단이 이사야서 1:2 이하에 잘 요약되어 있다.

"내가 자식을 양육하였거늘 그들이 나를 거역하였도다. 슬프다. 범죄한 나라요 허물진 백성이요 행악의 종자요 행위가 부패한 자식이로다. 그들이 여호와를 버리며 이스라엘의 거룩한 자를 만홀히 여겨 멀리하고 물러갔도다."

선지자 이사야가 눈여겨 본 당대의 문제점으로는 금은 보화가 무한하고 마필병거가 무수하며 우상이 가득한 것이었다(2:7~8). 즉 경제적으로 부가 축적되고 군사력이 막강해졌으며 종교가 이방화되었다. 이와 관련하여 가난한 백성을 권력층이 학대하고 착취했으며(3:14 이하) 교만하고 자고해졌는가 하면(2:12) 후안무치하여 양심이 마비되었다(3:9). 또한 부동산 투기로 졸부가 된 남자들은 향락에 도취되고(5:8~12) 그들의 아내된 여자들은 사치하였으며(4:16~24) 여호와께서 행하신 일들에 대하여 전혀 관심이 없었다. 여호와 하나님을 알지도 아니하고 감사하지도 아니하며 높이지 아니하였다.

그러나 이처럼 부패한 백성들과 어두운 시대 속에서 이사야에게는 예언자적인 비전이 있었다. 영광의 거룩한 하나님을 보았다(6:3). 그 하나님이 자기의 남은 자를 두신 것을 알았다(6:13). 그가 저희들의 죄를 용서하고자 하시고(1:18), 이를 위하여 메시야를 준비하셨으며(7:14; 9:6~7), 그에게 우리의 모든 죄악을 담당시키심을 보았던 것이다(53장). 하나님이 그 메시야에게 성령을 부어주시어 은혜의 해, 신원의 해를 선포하시고(61:1~3) 새하늘과 새땅을 창조해 주심도 보았다(65:17~25).

요약하자면 선지자 이사야는 하나님이 메시야를 통하여 자기의 남은 백성의 죄를 용서하시고 그들을 거룩한 백성삼아 땅을 치료한다는 사실을 통찰하였다.

(2) 하박국의 역사의식

하박국 선지자는 남쪽 유다 왕국이 바벨론에게 패망하던(주전 587) 시기에 활동했다. 그는 압제와 착취를 일삼는 왕과 정치 지도자들 및 부정과 나태에 빠진 종교 지도자들로 말미암아 강포와 겁탈이 자행되고 율법이 해이해지며 공의가 땅에 떨어진 역사적 현실에 주목하였다(합 1:2~4). 그런데 하박국의 생각에 하나님이 그같은 악을 방관하시는 것처럼 보여 안타까웠다(1:2). 그런가 하면 유다를 응징하기 위해 하나님께서 갈대아 사람들을 사용하시겠다고 하자(1:6), 그것은 사실상 하나님이 직접 통치하는 것을 포기하고 방관하는 것이라고 불평하였다(1:13). 하박국의 보기에는 하나님께서 악을 방관하고 계셨던 것이다. 그래서 그는 하나님께 불평하고 부르짖어 탄원하였다.

그러나 "종말이 속히 이를테니 비록 더딜지라도 기다리라. 지체되지 않고 오실 그이가 정녕 오시리라. 의인은 그 믿음으로 말미암아 구원을 얻으리라"(2:3~4)는 하나님의 계시를 받고서 하나님의 역사섭리와 통치에 대하여 새로운 이해를 하게 되었다. 즉 그리스도를 통해서 하나님이 통치하시고 자기의 영원한 나라를 세우실 것을 알게 된 것이다. 이로써 하박국은 구원의 하나님을 인하여 즐거워하며 "주 여호와는 나의 힘이시라"고 노래할 수 있게 된 것이다(3:18~19).

(3) 마태의 역사의식

마태는 세리로서 자기민족인 유대인들을 철저하게 착취하여 자기의 이익을 챙길 뿐 아니라 비정통적 정권집단인 헤롯 가문을 위하여 충성하고 헤롯가문의 배후세력인 로마제국의 황제를 위하여 정열을 쏟아 살았었다. 그런 까닭에 그는 누구보다도 현실의 부패와 강포를 체험하며 살고 있었고 그 당시의 구조적인 어두운 죄악상을 잘 알고 있었다. 유대민족의 역사는 한 마디로 그가 보기에 전혀 소망이 없었다. 포악한 거대 정치권력 집단들의 구조악을 인하여 절망적이었다. 그래서 자기의 이익을 챙기는데 전심전력하며 살았던 것이다.

그러나 예수 그리스도를 만나고 나서 그는 역사를 보는 눈이 전혀 달라지게 되었다. 그가 그의 복음서 첫장에서 아브라함과 다윗의 자손 예수 그리스도의 족보를 소개해 놓은 것을 보면 그는 하나님이 자기의 언약과 사랑에 기초하여 섭리하시되 믿음의 사람들 심지어 그들이 이방 여자들일지라도 그들을통해서 일하고 계셨음을 알았다. 한편 자기 백성이 하나님을 멀리하고 우상 숭배에 빠질 때 그들의 죄를 3,4대까지 갚으시고(마 1:8; 참조, 출 34:8), 하나님의 예언의 말씀을 무시하고 멸시하는 자를 응징하시는 것을 알았다(1:11; 참조, 렘 36:22~23. 예레미야에게 임한 하나님의 예언의 말씀의 두루마리를 칼로 찢어 여호야김이 불에 태운 죄를 하나님은 묵과하지 않으셨다). 특별히 조상들의 불신앙으로 인하여 자기민족이 포로가 되고 포로에서 귀환한 후에도 계속적으로 정치적 주권을 상실한 채 살아온 비극적 현실을 마태는 잘 알고 있었다.

하지만 마태는 신실하신 하나님께서 때가 차매(참조, 갈 4:4) 자기의 약속대로 메시야이신 예수를 이 땅에 보내시고(마 1:17) 그 예수를 통해 자기 백성의 죄를 용서하시며(1:21) 자기 백성을 성전삼아 그들과 함께 하실 것을 알게 되었다(1:23). 그는 특히 부활승천하신 예수님이 자기 백성과 영원히 함께 하신다는 약속을 믿었다(28:16~20).

(4) 바울의 역사의식

바울은 회심하기 이전에는 전형적인 바리새파 사람이요, 율법에 정통한 율법주의자였다. 그는 율법의 의를 통하여 구원을 얻으려 했고 모든 사람을 율법의 굴레 아래 가두었다. 그래서 그는 율법의 안경을 통하여 하나님과 세상을 보며 파악하려 했던 것이다. 그런 까닭에 그는 처음에 예수와 그의 복음을 거부할 수

밖에 없었다.

그러나 다메섹으로 가는 길에서 부활한 예수를 만나는 순간 하나님과 세계에 대한 그의 시각과 생각은 크게 바뀌고 말았다. 하나님의 저주를 받아 십자가에서 못박혀 죽은 줄로 생각했던 예수가 사실은 영광과 권능의 메시야이임을 알게 되자 예수와 그의 십자가의 죽음을 다른 각도에서 생각하지 않을 수 없게 된 것이다.

바울이 새롭게 발견한 예수는 하나님의 종말론적 사건이요 육체적 임재로서 하나님의 역사의 중심점에 있다. 그래서 '때가 차매'(갈 4:4) 하나님께서 자기의 아들 예수를 세상에 보내셨고 그를 통해서 역사 속에서 통치하심을 알게 되었다.

율법에 하나님의 의가 나타난 것이 아니고 예수의 대속적 죽음과 부활의 복음에 하나님의 의가 나타나 있다(롬 1:17 상). 그래서 예수를 믿는 믿음을 방편으로 구원을 얻는다(롬 1:17 하)는 하박국의 역사관에 바울은 찬동하였다.

바울은 이제 복음을 렌즈로 사용하여 사람들의 죄악상을 보게 되었다. 복음을 알지못하여 율법의 의를 힘써 내세우는 자들 뿐 아니라 하나님을 거부하는 사람들은 다같이 하나님의 은혜를 알지 못하여 하나님을 찬양하거나 감사하지도 아니함으로써 우상 숭배에 빠지고 성도덕이 문란해지며 각종의 불의한 죄악에 빠졌다(롬 1:18~32).

복음만이 구원을 주는 하나님의 능력이기에 복음을 결코 부끄러워하지 아니하고 그 복음을 누구에게나 전하고자 했다(롬 1:16). 특별히 그 당시 세계의 중심부였던 로마를 복음으로 정복하여 세상 끝까지 복음이 전파됨으로써 이 세상이 하나님의 진리와 은혜로 충만하게 되기를 그는 소원하였다. 즉 복음이 온 세상을 변화시키게 될 것을 소원하였던 것이다. 바울이 확신하는 바로는 복음만이 하나님께서 역사를 통치하시고 이 세상을 변화시키는 유일한 열쇠이다(롬 11:25~36).

2. 개혁신학자들의 역사의식

그리스도인들은 하나님 나라와 세상나라에 동시적으로 살고 있으면서 이세상을 구조적으로 변혁시킬 수 있는 능력의 방편인 복음을 가지고 있다. 복음의 능력을 믿는 개혁신학의 기본적인 틀은 다음과 같다. ① 하나님이 이 세상을 선하게 창조했다. 사탄을 통해서 죄와 악이 이 세상에 들어왔다. ② 인간은 사탄의 유혹으로 타락하여 본성이 부패해졌다. ③ 인간의 죄악성이 삶의 모든 영역과 자연계에 반영되어 문화와 역사가 파멸적 성격을 지니게 되었다. ④ 예수 그리스도의 죽음과 부활로 말미암아 인간과 피조세계의 타락한 상태가 역전되었다. ⑤ 마지막날 새하늘과 새땅이 도래할 때 사람과 피조세계가 다같이 죄의 굴레에서 완전히 벗어나 새로운 상태에 이르게 된다. ⑥ 요약하자면 죄로 말미암아 부패하고 악해진 인간과피조세계가 그리스도의 구속사건으로 말미암아 새롭게 변혁되고 갱신될 수 있다.

이같은 신학적 틀을 가지고 역사와 세계를 보는 신학자들 가운데 초대교회의 어거스틴, 종교개혁의 기수 칼빈 그리고 대표적인 칼빈주의 신학자 아브라함 카이퍼를 꼽을 수 있다.

(1) 어거스틴의 역사의식

어거스틴(353~430)은 기독교를 국교로 승인한 콘스탄틴 황제의 세 아들 중의 하나인 콘스탄티우스에 의해 로마가 재통일되던 해(353년)에 태어났다. 그가 힙포의 감독이 되던 때에는 테오도시우스(379~395) 황제가 죽음으로 말미암아 로마제국의 위력이 급격하게 쇠퇴하였다. 그의 활동이 만개되던 때에는 비시곹(Visigoth)족의 알라릭(Alaric)이 로마를 점령하여(410년) 비록 3일간이었지만 로마제국을 손아귀에 넣었다. 대로마제국의 신화가 깨진 것이다. 알라릭은 자신을 로마제국의 수호자요 신실한 그리스도인(아리우스파)으로 자부하였으나 그의 로마침공으로 말미암아 로마시민들 사이에는 로마권력층이 고대로마의 신들을 버리고 기독교의 하나님과 예수를 받아들인 까닭에 로마가 쇠약해지고 무너지게 되었다는 비난의 여론이 생겨나게 되었다. 이에 어거스틴이 『신의 도성』을 413년에 집필하였다. 그의 주장에 의하면 사실은 기독교인들과 교회로 말미암아 로마가 멸망되는 대신에 오히려 완전한 파멸에서 구출되었다는 것이다.

어거스틴은 그의 『신의 도성』에서 하나님의 나라와 세상나라를 비교하고 있는데 하나님 나라의 경우 그것의 구성원은 하나님의 백성들이요 그것의 생활원리는 하나님을 사랑하는 거룩한 사랑이며 그것의 목적은 하나님을 영화롭게 하는 것인데 반하여 세상나라의 경우 그것의 구성원은 거짓 신들을 섬기는 마귀의 백성들이요, 그것의 생활원리는 인간의 탐욕적이고 이기적인 자기사랑이며 그것의 목적은 인간자신을 영화롭게 하는 것이다.

하나님의 나라는 사랑으로 역사하는 믿음을 원리로 하는바 이 믿음으로 말미암아 의롭다 함을 받은 자들은 자신을 거룩케 할 뿐만 아니라 세상을 또한 변화시킨다. 인간의 탐욕적인 자기사랑으로 말미암아 세상 나라가 무질서와 투쟁으로 붕괴할 수밖에 없는데 반하여 하나님의 은혜와 믿음은 세상나라를 변혁하고 갱신시킨다. 다시 말해서 그리스도의 십자가의 구속적 사랑을 믿고 체험한 그리스도인이 근본적인 인격의 변화를 통하여 문화와 세상을 갱신시킨다는 것이다. 그래서 어거스틴은 복음을 통해서 야만스러웠던 게르만 민족을 더욱 철저하게 변화시키고 변화된 게르만 민족을 통해서 로마나라를 변혁시켜 하나님 나라가 그 땅에 심기워지기를 기대하였다.

(2) 칼빈의 역사의식

칼빈(1509~1564)의 시대는 부패한 로마카톨릭 교회를 개혁하는 운동이 활발했다. 로마 카톨릭 교회가 부패한 원인은 인본주의적 권위주의였다. 즉 교황이 법이었기(Rex Lex) 때문이다. 성경의 신적 권위를 사실상 거부함으로 인간즉 권위가 득세하게 되고 이로써 도덕이 부패하고 무질서한 세상이 되었던 것이다.

부패한 로마카톨릭 교회를 대항한 종교개혁의 원동력은 성경이다. 종교개혁자들에게 있어서는 교황이 법(Rex Lex)이 아니라 성경이 왕이다(Lex Rex). 하나님의 법인 성경의 신적 권세를 회복시키는 운동, 그 신적 권세에 순복하여 복음이 온 땅에 가득차게 하는 운동, 복음의 능력이 이 세상을 새롭게 변화시키는 것을 기대하며 확신하는 운동이 종교개혁 운동이었다. 그러기에 칼빈은 하나님의 말씀이요 신적 권위가 있는 성경을 신앙과 윤리의 절대 규범으로 제시하여 성경을 통하여 인간성을 회복하고 도덕을 회복하며 회복된 인간성과 도덕을 통하여 세상을 갱신시키는 개혁운동을 전개하였던 것이다.

칼빈의 『기독교 강요』에 나타난 그의 사상과 역사관을 살펴보면 하나님의 특별계시인 성경을 통해서 그리고 그 성경의 안경을 가지고 재조명된 일반계시와 자연계를 통해서 우리가 하나님을 온전하고 참되게 알게 될 뿐 아니라 우리 자신을 알게 됨으로 경건을 얻게 된다. 즉 하나님이 우리의 아버지로서 모든 좋은 것의 원천이심을 알고서 그를 신뢰하며 사랑하게 될 뿐 아니라 하나님이 또한 우리의 주님으로서 우리의 삶과 역사를 주관하시고 될 뿐 아니라 하나님이 또한 우리의 주님으로서 우리의 삶과 역사를 주관하시고 섭리하시며 심판하시는 분이심을 알고서 그를 두려워하며 순종하게 된다는 것이다. 이 경건의 지혜로 말미암아 우리가 믿음을 얻게 되고 이 믿음으로 말미암아 하나님 앞에서 의롭다 함을 받으며 하나님께 화목되고 화평을 누리게 된다. 이로써 참된 인간성이 회복되고 우리가 새로운 교통을 통하여 거룩성을 열매로 맺는다. 우리 안에 있는 거룩의 빛이 성도의 교통을 통하여 힘을 얻어 이 세상을 변혁시키며 하나님께 영광을 돌리게 된다. 다시 말해서 칼빈이 가르치는 바에 의하면 우리를 거룩하게 하는바 사랑으로 역사하는 믿음을 심어주는 복음의 권세가 인간성을 회복시켜 경건케 하며 이 세상을 변혁시킴으로서 이 세상 가운데 하나님의 통치를 이룬다.

(3) 아브라함 카이퍼의 역사의식

1789년의 불란서 혁명을 대전환점으로 하여 반기독교적 계몽주의 사상이 유럽사회를 압도하였다. 그 당시의 철학자들과 정치가들은 "하나님은 더 이상 필요없다"(We no more need a God) "하나님도 없고 주도 없다"(No God, No Master)고 외쳤다. 이와 더불어 개신교가 통일된 생활체계(life system)를 결여한 채 범신론 사상에게 자리를 내어줌으로써 불교가 서구의 정신사회를 지배하기 시작하였다.

그래서 아브라함 카이퍼(1837~1920)는 이교사상(불교), 이슬람교, 로마카톨릭 교회가 결코 해낼 수 없는 기독교의 독특한 생활체계에 관심을 갖게 되었으며 하나님에 대한 우리의 관계, 인간에 대한 우리의 관계, 세계에 대한 우리의 관계에 기초한 기독교 세계관을 제시하였다.

카이퍼가 강조한 기독교 세계관에 따르면 하나님에 대한 우리의 관계에 있어서 하나님은 피조물을 초월하여 존재하시지만 동시에 성령을 통해서 피조물과 직접적인 사귐을 나누신다. 그런 까닭에 인간은 하나님 앞에서(Coram Deo) 즉 하나님의 면전에서(in the presence of God) 살아야 하는 것이다. 이에 비하여 불교의 경우는 창조주와 피조물에 대한 구별이 없고 모든 피조물 안에 신이 있다. 아니 모든 피조물이 신이다(All is God). 이슬람교의 경우는 신은 피조물로부터 철저하게 격리되어 있어서 양자 사이에는 일체의 접촉이 불가능하다. 그리고 로마 카톨릭 교회의 경우는 창조주 하나님과 피조물 사이에 교회가 매개체 역할을 한다.

인간에 대한 우리의 관계에 있어서 인간은 하나님의 형상으로 창조된 까닭에 모든 인류는 하나님 앞에서 평등하며 따라서 우리는 서로 존중하며 복종하고 사랑하여야 한다. 진정한 민주사회를 이루어 살아야 하는 것이다. 이에 비하여 톨교의 경우는 지위가 높은 사람의 경우는 그들 안에 신이 더 충만하게 나타나 있는데 반하여 지위가 하찮은 사람의 경우는 그렇지 못하다 하여 사람들 간에 차별을 두는 계급제도가 발달하였다. 한쪽은 영웅과 귀족으로, 다른 한 쪽은 천민과 노예로 취급되는 것이다. 이슬람교의 경우는 미개종자들은 회교도의 노예요, 여자는 남자의 노예이다. 카톨릭 교회 안에도 종교적 계급주의가 발달해 있다.

그리고 세계에 대한 우리의 관계에 있어서 세계는 하나님이 만드신 작품이요, 그의 신성과 능력과 영광이 나타나 있는바 그의 극장이므로 우리는 자연과 피조물들을 감사함으로 대하며 존중해야 하고 이 세계 속에서 영광의 하나님을 찬양하며 섬긴다. 그리고 우리의 모든 삶의 영역과 세계에서 하나님의 은총의 잠재력을 계발하여 하나님의 영광이 선포되도록 한다. 즉 세상이 하나님의 은총과 영광으로 충만할 수 있도록 인간은 세상을 선하게 개발함으로 하나님을 섬기는 것이다. 이에 비하여 불교는 세상과 자연을 과대평가하여 두려워하며 숭배하고 이슬람교는 세상을 과소평가하여 조롱하고 짓밟는가 하면 로마 카톨릭 교회는 교회와 세계를 대립관계에 있는 것으로 보고 교회가 세상을 멸시하며 그 위에 군림하려 한다. 즉 교회와 비교하여 세상이 열등하고 또한 악령으로 지배를 받고 있다고 여겨 악령추방에 힘쓴다.

카이퍼는 기독교 세계관을 제시함에 있어서 인류의 정신과 사상의 큰 흐름에 주목한다. 범신론적인 바벨론 이집트 문화에 이어 각종 잡신들을 숭배하는 그리스 로마문화가 득세하였는가 하면 그 뒤를 이어서는 이슬람교의 사라센 문화가 그리고 그 뒤를 이어서는 로마 카톨릭 문화가 중세를 지배하였고 그 뒤를 이어 칼빈주의 문화가 일어났다. 그런데 이 칼빈주의 문화는 사도 바울과 어거스틴의 사상체계에 영향을 많이 받은 것으로서 불란서와 스위스를 기점으로 하여 영국과 스코틀랜드 및 화란에서 흥왕하였고 그 다음 청교도들과 함께 미국 대륙으로 건너갔다. 이 칼빈주의 문화가 이제 어디로 흘러갈 것인지에 대해 카이퍼 당시에는 중국과 러시아쪽이 담벽이 너무나 높아 그곳으로 흘러갈 여지가 없어 보였다. 카이퍼는 성령의 바람 곧 칼빈주의 복음이 한국쪽으로 강력하게 유입되어 가는 것을 아직 알지 못하고 있었다. 또한 복음의 흐름 앞에서 소련과 동구권 그리고 중국의 담벽이 무너져 내릴 것을 아직 예견하지 못하였던 것이다.

결 론

개혁신앙은 하나님이 누구인가를 알며(참조, 대상 29:11~15) 그가 예수 그리스도와 그의 복음을 통해서 역사 속에서 일을 행하심을 보고(참조, 렘 33:2~3) 하나님의 말씀의 권세와 성령을 힘입어 하나님을 높이며 하나님의 목전에서 살되(참조, 창 17:1; 시 73:28) 동료인간을 존중하고 자연이 하나님의 은총의 잠재력을 발휘할 수 있도록 관리하는 데 헌신함으로써 이 세상과 역사를 변화시킨다. 또한 개혁신앙은 우리의 영원한 대제사장이요 중보자이며 역사의 중심점이신 예수를 바라보고 그가 장차 이루실 신천신지를 대망하면서 그 목표를 향해 부단히 전진하고 이 땅에서 하나님이 주신 선물들(특별은총과 일반은총)을 감사하게 받아 누리되 검소하고 절제있게 그리고 근면하게 살고 역사와 사상의 흐름의 방향을 파악하여 적극적으로 칼빈주의적 대안을 따라 산다.

우리나라와 교회의 오늘의 현실을 감안할 때 우리는 구약의 이사야와 하박국 그리고 신약의 마태와 바울의 경우에서 발견하는 대로 거대한 구조악이조직화되어 있음을 본다. 남북분단, 동서지역갈등, 빈부격차, 노사대립, 교회의 세속화, 환경오염, 과소비와 향락, 모순투성이의 교육환경 등 어둡고 부정적인 요소가 너무나 많다. 그러나 하나님은 성령의 선교적 추세에 있어서 이 민족과 교회를 전략적 거점으로 사용하고 계심이 분명하다. 이를 위하여 하나님은 한국교회가 칼빈주의 문화와 사상의 흐름을 타게하시고 세계선교를 꿈꾸게 하였다. 또한 하나님은 이 땅의 교회를 복음과 그리스도의 피로 치유하여 거룩하게 하시고 우리 가운데 거처를 정하시며 우리에게 말씀의 권세를 덧입혀 복음에 합당한 삶을 살도록 큰 일을 지금 행하고 계신다. 우리를 깨끗한 그릇으로 만들어 21세기를 대비하신다.

제 6 장

개혁신앙의 중심사상

1. 한국적 사상과 기독교 사상의 주요한 차이점

한국의 사상은 대체적으로 말해서 불교, 도교, 유교 그리고 샤머니즘적인 민간종교에 뿌리를 두고 있다. 이러한 종교들은 다소간의 차이는 있지만 창조주 신앙을 결여하고 있어서 범신론적 사상을 특징으로 한다. 만물 안에 신이 있다. 아니 만물이 신이다. 그리고 인간은 자연의 일부이고 자연과 하나이다(身土不二). 그래서 자연과의 합일을 강조하는가 하면 자연을 거스리는 것은 바로 신을 거스리는 것으로 간주하여 자연을 두려워한다. 그리고 운명론에 빠져 자연의 순리에 피동적으로 적응하려 한다. 적극적으로 삶을 계획성있게 창조적으로 살려 하지 않고 사주팔자에 따라 산다. 그런가 하면 정신집중을 통해 초월명상(참선)에 잠겨 자연과의 합일에 도달하려 하며 그것을 깨달음(覺道)이라 하고 그것을 인생의 궁극적 목적으로 삼는다. 그래서 육체노동을 경시한다.

이에 반하여 기독교 사상은 창조와 구속의 하나님을 믿는 유신론(有神論)이다. 창조주 하나님을 믿으며 그 하나님이 살아계시어 지금도 변함없이 일하시고 즉 섭리(만물을 보전하며 통치하는 일)하시며 역사를 주관하고 계심을 믿는다. 뿐만 아니라 그 하나님은 타락한 인간을 구원하시는 구속주 하나님이심을 믿는다. 하나님이 은혜와 신실한 언약으로 세계와 인간을 배려하심을 믿는 것이다. 기독교는 하나님은 창조주이고 자연과 인간은 피조물임을 안다. 그래서 하나님은 자연 위에 초월해 계신다. 그러나 그 하나님은 자연 안에서 그의 성령을 통해서 임재하여 자기의 능력과 영광을 나타내시고 인간의 경우는 인격적인 사귐을 가진다. 또한 자연을 폐쇄체계가 아닌 생명을 지닌 개방체계로 만드신 까닭에 하나님은 언제나 자연에 대해 섬세한 배려를 하시며 인간으로 하여금 자연의 은총의 잠재력을 계발하게 하신다. 또한 인간도 하나님의 뜻을 연구하여 스스로 자원하여 헌신하며 적극적으로 순종하는 삶을 살도록 하나님은 배려하신다. 그래서 하나님과 동료 인간과 자연을 사랑으로 대하며 인생을 적극적으로 산다.

II. 창조주 하나님

(1) 하나님이 시간과 공간과 만물을 창조하셨다

"태초에 하나님이 천지를 창조하시니라"(창 1:1)는 하나님의 첫계시의 선포는 일체의 범신론적 사상을 거부한다. 시간도 공간도 그 안에 있는 만물도 하나님이 창조하셨다. 그러므로 "땅과 거기 충만한 것과 세계와 그 중에 거하는 자가 다 여호와의 것이로다"(시 24:1); "천지에 있는 것이 다 주의 것이로소이다"(대상 29:11); "우리는 그의 것이니"(시 100:3)라고 성경은 가르친다. 하늘과 땅과 만물과 인간을 지으신 까닭에 하나님이 주인이시다. 그래서 그는 이 세상을 지극히 사랑하시고(마 6:26, 30) 우리를 향하신 하나님의 인자하심과 진실하심은 크고 영원하다(시 117:2).

하나님이 시간과 공간과 만물의 주인이시므로 우리는 시간을 하나님이 원하시는 목표를 위해 계획성있게 효과적으로 사용하고(엡 5:16) 세월의 흐름 속에서 하나님을 더욱 가깝게 그리고 새롭게 만나며 느끼며 섬길 수 있어야 한다(행 17:26~28). 그리고 이 시간은 시작이 있었기에 또한 끝이 있음을 알고 깨어있어 그날을 준비해야 하는 것이다(마 24:14).

또한 땅(공간)과 만물의 주인은 하나님이시므로 우리는 그것에 대하여 우리의 개인적인 소유권을 주장해서는 안된다. 우리는 다만 관리인으로서 성실하게 그리고 하나님의 영광과 명예를 위하여 잘 관리해야 한다. 땅과 물질에 대하여 탐욕을 부리는 것은 바알종교의 악행에 속한다(참조, 왕상 21:18~26).

(2) 하나님은 세계를 질서와 조화있게 창조하셨다

"하나님이 그 지으신 모든 것을 보시니 보시기에 좋았더라"(창 1:31)는 말씀은 시편 19:1 이하의 말씀과 로마서 1:20의 말씀과 연관지어 보면 하나님이 만드신 창조세계는 보기에 아름답고 좋다. 뿐만 아니라 그의 진리의 말씀으로(창 1:3; 시 33:6~9; 히 11:3) 그의 지혜와 명철과 지식으로(잠 3:19~20) 또한 그의 권능으로(렘 10:12~13) 지으신 까닭에 세계는 질서와 조화를 잘 갖추고 있는 것이다.

창세기 1장의 내용을 보아도 첫째날과 넷째날이 빛과 광명체들로 서로 조화되고 둘째날과 다섯째날은 위아래 궁창과 거기에 살기에 적합한 물고기와 새들이 그리고 셋째날과 여섯째 날은 뭍과 짐승들이 서로 조화를 이루고 있다. 그리고 첫째날에 창조된 것으로부터 여섯째날에 이르기까지의 피조된 내용들을 보면 적절한 순서가 있다. 이 땅이 생명으로 충만할 수 있게 하나님이 자연 가운데 질서와 조직을 제정하신 것이다.

그러므로 하나님의 아름다운 창조세계의 질서와 조화를 파괴하는 행위는 하나님의 영광을 훼손하는 악인 것이다. 예컨대 무절제한 과소비 문화와 각종의 환경오염은 하나님의 창조세계를 파괴하는 무서운 악이다.

(3) 하나님은 세상이 생명으로 충만하도록 창조하셨다

생명의 근원되신 하나님은 그가 창조하신 세계가 생명으로 충만하기를 원하신다. 그래서 그는 셋째날의 창조사역 이래로 '각기 종류대로' 창조하실 뿐 아니라 '씨가진 열매맺는 나무'를 만들어 계속 번성할 수 있게 하시고 물고기나 새종류 그리고 짐승들의 경우도 그것들에게 복을 주어 생육하고 번성하게 하시고 물과 땅에 충만하도록 하셨다. 사람들의경우도 마찬가지로 "생육하고 번성하여 땅에 충만하라"(28절)고 말씀하시고 다른 생물들이 하나님의 은총을 따라서 생육번성할 수 있도록 잘 관리하라고 명하셨다.

그런데 하나님은 세상이 생명으로 충만할 수 있도록 특별하고 섬세하게 배려하신다. 우선 하나님의 형상으로 창조된 인간이 안식을 누리는 가운데 하나님과 사귐을 가짐으로 거룩해지도록 하셨다(참조, 출 31:13). 하나님 앞에서 거룩한 자가 선을 행하며 생명을 구원하는데 헌신할 수 있다(참조, 막 3:4).

그리고 하나님께서는 에덴에 아름답고 좋은 동산을 만들어주심으로 하나님 아버지의 선하심과 진실하심을 맛보아 알며 그를 감사하고 신뢰할 수 있게하고 노동을 통해서 땅을 경작하여 땅이 생명으로 충만할 수 있게 하셨다(창 2:15). 선악과를 따먹지 말라는 명령을 하나님이 주신 것은 청결한 마음과 선한 양심과 거짓없는 믿음에서 나오는 사랑으로 하나님을 온전하게 섬기도록 하시기 위함이었다(참조, 딤전 1:5). 하나님을 사랑함으로 순종할 때 하나님의 뜻을 받들어 이 땅에 생명을 충만케 하는 일을 효과적으로 해낼 수가 있는 것이다.

또한 하나님께서는 아담에게 돕는 배필로 여자를 만들어 주셨다. "두 사람이 한 사람보다 나음은 저희가 수고함으로 좋은 상을 얻을 것임이라. 한 사람이면 패하겠거니와 두 사람이면 능히 당하나니"(전 4:9, 12)라는 말씀에 비추어보면 남자와 여자가 짝을 이루어 한 몸을 이룰 때 서로 사랑하고 순종하는 가운데 힘을 얻어 하나님의 일을 크게 해낼 수 있다.

(4) 하나님은 사람을 자기의 형상으로 지으시되 흙으로 창조하셨다

하나님이 사람을 자기의 형상으로 만드셨다는 말은 인간이 피조된 인격체임을 의미한다. 피조물이기에 하나님의 은혜와 능력과 함께하심과 돌보심이 없으면 결코 살 수 없는 의존적 존재이지만 하나님의 뜻을 분별하여 자원하여 적극적으로 힘을 다해 하나님을 사랑하고 순종해야 하는 인격적 존재이다. 사람이 적극적으로 힘과 지혜를 다하여 경영하나 하나님께서 일을 성취하시는 것이다(잠 16:1).

한편 하나님은 인간을 영육통일체로 창조하셨다. 하나님이 흙으로 지으신 인간은 생명체 곧 영육이 유기적으로 통일된 존재이다(창 2:7). 하나님께서는 우리 인간이 그를 사랑하고 교제를 나눔에 있어서 성품과 마음과 힘을 다하여 온 몸으로 하게 하신 것이다(참조, 신 6:5). 입술로만이 아니라 삶을 통해서 온 몸으로 그의 말씀을 순종하도록(마 7:21~24) 하나님이 사람을 창조하셨다.

그리고 하나님의 형상으로 창조되었다는 것은 인간이 영적 존재, 사회적 존재, 권위적 존재로서 존귀한 존재임을 또한 의미한다. 영(요 4:24)이신 하나님을 닮은 까닭에 인간은 영적 존재이며 따라서 하나님을 가까이하고(시 73:28) 하나님 앞에서 살되(창 17:1) 하나님과 깊은 사귐이 있어서 생명과 자유를 누리게 된다(요일 1:7). 그리고 삼위 하나님 간에 사귐이 있어서 서로 의논하고(참조, 슥 6:13) 사랑하며 순종하듯이(참조, 요 17:6, 23) 우리도 서로 사랑하고 순종해야 하는(롬 12:10; 마 7:12) 사회적 존재이다. 또한 하나님께서 땅을 정복하고 다스리라는 권세를 인간에게 주신 까닭에 인간은 권위적 존재이다. 인간은 하나님의 전권 대사요 청지기로서 땅의 자원들을 개발하여 하나님의 풍성하심과 좋으심을 맛보아 하나님께 영광을 돌릴 수 있도록 잘 관리해야 하는 것이다. 즉 자연을 사랑으로 잘 관리해야 한다.

여기서 유의할 것은 실제로는 자연을 사랑으로 관리함으로 이웃을 사랑하게 되고 이웃과 자연을 사랑함으로 하나님께 대한 우리의 사랑이 증거되는 점이다.

3. 타락한 인간

하나님은 인간을 피조된 인격체, 영육의 통일체, 하나님의 형상으로 만드시어 하나님을 전적으로 의존하되 능동적으로 적극적으로 하나님의 뜻을 분별하여 온 몸으로 하나님을 사랑하고 이웃과 사귐을 가지며 자연을 사랑으로 관리하며 살게 하셨다. 그리고 하나님은 우리에게 안식일을 주시어 거룩케 하신다. 하나님과의 깊은 영교를 통하여 하나님을 감사찬송함으로 우리가 거룩하고 자유하기를 원하시며 좋은 환경과 땅을 경작하는 일과 명령을 지키는 일 그리고 남녀간의 사귐과 피차 순종하는 일을 통해서 또한 하나님의 은혜와 진실하심을 맛보아 하나님을 즐거워하게 하셨다.

그런데 하나님이 만드신 이 세상이 악하여지고 죽음의 공포와 절망이 인간에게 임하게 되었다. 하나님이 창조자요 주인이신 이 세상은 왜 악하여졌는가?

(1) 죄의 기원과 본질

창세기 3:1~6에 보면 사탄이 뱀을 도구로 이용하여 인간을 미혹하여 타락시켰다. 광명한 천사로 자기를 위장하는(고후 11:14) 사탄은 본래가 시험하는 자요(마 4:3; 고전 7:5) 거짓말쟁이이며(요 8:44) 살인자이고(요 8:44) 또한 대적자요 훼방자이다(벧전 5:8). 이 간교한 사탄이 사람에게 하나님의 말씀에 대한 의심을 심어줌으로 미혹이 시작되었다(창 3:1). 사탄이 의심을 심어주자 하와는 사탄의 말을 근거로 하여 하나님의 말씀을 판단하며 재해석한다. 인간이 자기의 이성으로 하나님의 말씀을 저울질한다. 그리고나서 결론내리기를 "만지지도 말라"고 억지 해석을 하는가 하면 "죽을까 하노라 하셨느니라"고 축소해석을 하였다. "만지지도 말라" "죽을까 하노라"는 이 말에는 하나님의 말씀의 신적 권위에 대한 불만이 나타나 있다. 이처럼 말씀의 신적 권위를 거부하는 것은 사람이 벌써 교만해지고 자기를 내세우기 때문이다. 사람이 자기 나름대로의 독자적 세계를 구축하여 선악의 판단을 자기 멋대로 하며 하나님을 인정하는 대신에 자기를 내세우는 것이다. 이같은 교만은 불순종을 낳는다. 하나님의 진리의 명령을 거짓과 바꾸어 선악과를 따먹게 된 것이다.

이로 보건대 죄는 하나님의 말씀의 신적 권위를 거부하고 자기의 생각을 내세움으로 말미암으며 그 바탕에는 교만과 불순종이 놓여있다. 하나님을 알면서도 하나님을 하나님으로 인정하지도 아니하고 감사치도 않는 것이다(롬 1:21). 하나님으로 만족하지 아니하고(롬 1:28) 자기를 사랑하며 탐욕의 노예가 되어 돈을 사랑하고 무정하며 사나워지고 쾌락을 사랑하기를 하나님 사랑하는 것보다 더한다(딤후 3:1~4).

(2) 우상숭배

여호와의 종교는 이웃을 먼저 생각하고 자기 권리를 주장하지 아니하는 등 사랑과 겸손과 온유의 종교이다. 그러나 바알종교로 대표되는 우상의 종교는 탐욕의 종교이다(골 3:5). 우상숭배가 탐욕에 기초하고 있는 것을 가장 잘 보여주고 있는 전형적인 실례는 바알종교를 제도적으로 정착시킨 오므리와 아합의 땅거래이다. 여호와의 종교인 성경에 의하면 땅은 여호와의 소유에 속한 것이기 때문에(레 25:23) 개인이 사고 팔며 거래할 수 있게 되어있지 않다. 그런데 이스라엘의 왕 오므리는 12년을 통치하면서 여호와의 진노를 격발하는 죄를 범하였는데 그 죄악은 그가 은 두 달란트로 세멜에게서 사마리아산을 구입하여 사마리아도성을 건축한 일이다(왕상 16:23~26). 그의 아들 아합은 이전의 모든 사람보다 여호와 보시기에 악을 더욱 행하여 하나님의 진노를 가장 심하게 격발하였는데 이는 그가 시돈사람의 왕 엣바알의 딸 이세벨을 아내로 취하여 바알을 위해 단을 쌓고(왕상 16:30~33), 자신의 왕권을 빙자하여 나봇의 포도원을 강탈했는가 하면 그것 때문에 나봇까지 죽였었기 때문이다(왕상 21:1~16). 오므리와 아합이 바알숭배를 정치경제적으로 제도화시킴으로 말미암아 백성들까지도 탐욕에 사로잡혀 땅과 집을 독과점하는데 혈안이 되었다. 그래서 선지자 이사야는 외치기를 "가옥에 가옥을 연하며 전토에 전토를 더하여 빈 틈이 없도록 하고 이 땅 가운데서 홀로 거하려 하는 그들은 화있을진저"(사 5:8) 하였고 미가 선지자도 "밭들을 탐하여 빼앗고 집들을 탐하여 취하니 그들이 사람과 그 집사람과 그 산업을 학대하도다"(미 2:2)고 탄식하면서 "너희가 오므리의 율례와 아합집의 모든 행위를 지키고 그들의 꾀를"(미 6:16) 쫓고 있다고 지적하였다.

이웃을 먼저 존중하고 사랑할 것을 강조하는 여호와 종교가 무너지면 그 자리에는 탐욕과 착취와 학대를 일삼는 우상숭배가 들어서게 되어 죄악이 극성을 부리는 것이다.

(3) 이 세상이 황폐해진 원인

이 세상이 황폐해진 것은 흑암의 권세(골 1:13) 곧 사탄이 이 세상을 멍에로 결박하고 압제하는 까닭이다(사 58:6). 그런 까닭에 하나님의 성령을 힘입어 귀신을 결박하고 쫓아내는 때에 하나님의 나라가 임하여(마 12:28) 의와 평강과 희락이 있게 되는 것이다(롬 14:17).

사탄이 사람을 미혹하여 타락하게 함으로 해서 죄와 사망이 이 세상에 들어와 모든 사람 위에 임하여 왕노릇하게 되었고(롬 5:12) 모든 피조물이 허무한데 굴복하고 필연적으로 부패하게 되었다(롬 8:20~21). 아담과 하와가 최초로 타락하여 범죄한 결과를 보아서도 이같은 사실은 분명하다. 창세기 3:6~24에 보면 범죄가 있는 곳에는 수치심, 하나님과의 거리감, 책임전가, 사탄과의 투쟁, 잉태와 해산할 때의 큰 고통, 부부간의 왜곡된 관계(즉 여자가 남자를 내주장하고 남자는 여자를 거칠게 대함), 땅이 악해짐, 노동이 아주 힘들어짐 그리고 죽음과 실낙원 등이 사탄의 미혹으로 말미암은 타락 때문에 결과되었다.

(4) 죄의 결과

창세기 3:6~24에 나타나 있는 죄의 결과들 분석해보면 첫째로 피조물인 인간이 전적으로 하나님을 의존하는 대신에 하나님을 떠난다. 7절의 "눈이 밝아 벗은 줄을 알고"는 인간이 수치심을 알게 된 것을 의미하고 8절의 '낯을 피하여 숨은 자'는 하나님과 인간 사이에 간격 곧 거리감이 생겨났다는 것을 뜻한다(참조, 사 59:2). 그리고 5절에서 "하나님과 같이 되어 선악을 알게 된다"는 말은 인간이 독자적인 세계와 가치관을 구축하여 자기를 내세우게 되는 것을 의미하는데 이로써 사실은 사탄의 종이 되고 결과적으로 하나님과 이웃과의 관계가 끊어져 소외되는 것이다. 요약하면 하나님 앞에서 하나님을 의존하며 살아야 하고 동료인간과 사귐을 가지고 살아야 하는 인간(참조, 인간은 영적 존재요 피조물로서 의존적 존재이며 사회적 존재이다)이 하나님없이 하나님을 떠나서 살며 이웃과의 관계도 단절하고 마는 것이다.

둘째로, 죄로 말미암아 하나님과의 관계에 문제가 생겨날 뿐만 아니라 인간과의 관계에도 문제가 생겨난다. 12절에 보면 하나님이 돕는 배필로 남자에게 주신 그 여자에게 책임을 전가시키며 그를 원망한다. 2:23에서는 "뼈 중의 뼈요 살 중의 살이라"고 극찬하던 그가 이제는 여자를 인하여 하나님을 원망하고 그 여자를 원망하다. 또한 16절에 '사모하다'는 말은 강한 성적 욕구가 발동하여 여자가 남자의 권위를 부인하고 남자를 내주장하려 하여 남녀간의 질서가 무너진 것을 뜻한다. 여자가 남자를 주관하려 하면 '다스리다'는 말이 의미하는 대로 남자는 또한 여자를 거칠게 다루게 됨으로 해서 서로 사랑하고 순종해야 하는 남자와 여자의 관계가 뒤틀리고 마는 것이다.

셋째로 15절의 말씀대로 여자의 후손과 사탄의 후손 간에 원수관계가 있게 되어 서로 싸우게 됨으로 이 세상에 고난과 질병과 재난 등이 있게 된다. 여자가 잉태하고 해산할 때 큰 고통이 있게 되며 남자가 땅을 경작하며 일할 때도 힘들어진다. 즐겁고 행복해야 할 출산과 노동이 힘들어지는 것은 죄로 인하여 하나님의 진노가 여자에게와 땅 위에 임한 까닭이다(창 3:16~17). 땅에는 가시덤불과 엉겅퀴가 난다. 땅이 황폐해진다. 그리고 우리 인간은 흙으로 돌아간다. 육체가 죽음을 당한다. 영혼과 유기적으로 통일되어 한 몸을 이루어야 하고 하나님의 거처가 되어야 할 몸이 파괴된다.

한 마디로 사탄의 미혹으로 말미암아 죄가 이 세상에 들어옴으로 해서 피조물인 인간과 창조주이신 하나님과의 관계가 뒤틀리고 서로 사랑하고 순종하며 짝을 이루어야 하는 남녀(또는 부부)관계가 뒤틀리고 자연에 대한 인간의 관계도 악화되었을 뿐만 아니라 인간과 자연 자체도 악화되었다. 그래서 하나님 대신 우상을 숭배하고 탐욕의 노예가 되는가 하면 성도덕이 파괴되어 동성연애가 자행되고 각종의 불의가 행하여져 세상은 강포와 패괴로 가득차게 된 것이다(참조, 롬 1:21~32). 이로써 이 세상에서의 우리의 삶은 "일평생에 근심하며 수고하는 것이 슬픔 뿐이다"(전 2:23).

4. 구속주 하나님

창조주 하나님은 사탄의 장난으로 말미암아 자기의 창조세계와 걸작품인 인간이 악해지고 황폐된 것을 방관하지 않고 치료하신다. 이 창조주 하나님이 이 세상과 인간을 구원하시는 것이다. 그의 구원은 예수 그리스도와 성령과 교회를 통해서 이루어지며 하나님의 언약적 사랑 곧 은혜에 기초하고 그 구원은 총체적(wholistic)이다.

(1) 죄와 사망에 대한 치료자 예수 그리스도

창세기 3:15에 보면 하나님께서는 여자와 사탄, 여자의 후손과 사탄의 후손에 대대로 원수가 되게 하되 여자의 후손이 사탄을 파하여 승리할 것을 약속하셨다. 여자의 후손이 사탄을 대적하여 싸워(벧전 5:9) 이길 수 있게 하나님은 그 여자의 후손들(갈 4:31)을 하나님의 무기로 무장시키신다(고후 10:5). 하나님이 우리로 하여금 하나님의 무기를 가지고 싸워 이기게 하신다(롬 16:20).

그런데 여기서 주의할 것은 여자의 후손 가운데 대표적 후손은 예수 그리스도이시다(갈 3:16; 4:4)는 사실이다. 그러기에 그가 먼저 사탄을 결정적으로 파하여 이기시드로(고전 15:24~26) 우리도 승리를 확신하게 되는 것이다(롬 3:37). 여자의 후손인 예수 그리스도는 우리를 위한 하나님의 치료책이실 뿐 아니라 치료자이시다. 이는 그에게 하나님이 우리의 죄악을 담당시켜 대속적 희생물이 되게 하셨을 뿐 아니라(사 53:11; 말 10:45) 그가 자원하여 그의 전생애를 통하여 고난을 당하시고 마침내 십자가상에서 죽기까지 순종하심으로(사 53:4~5; 히 5:8~9; 빌 2:8) 우리의 영원한 구원의 근원이 되셨기 때문이다. 그래서 "예수 그리스도 안에 있는 구속으로 말미암아 하나님의 은혜로 값없이" 우리가 하나님 앞에서 의롭다 하심을 얻게 되었다(롬 3:24)고 바울은 가르친다. 사탄의 미혹으로 말미암아 타락하여 하나님과의 관계가 뒤틀리고 그로부터 멀어졌던 우리가 그리스도 예수 안에서 하나님과 이제는 하나로 회복된 것이다(엡 2:13, 16; 롬 5:10).

예수 그리스도는 성령의 권능으로 충만하여 사탄의 시험을 물리치셨을 뿐 아니라(마 4:11) 사탄을 제어하고 쫓아내는 권세가 있었고(마 4:24; 8:28~34; 9:32~33; 12:28) 또한 그의 제자들에게도 귀신을 쫓아내는 권세를 주셨다(마 10:1). 그러므로 우리도 죄와 사망을 이 세상에 들어오게 한 원인자인 사탄을 대적하여 승리할 수 있는 것이다.

그런데 예수 그리스도는 자기가 교회에게 약속하신 성령을 하나님 아버지께로부터 받아서 자기의 교회에게 부어 충만케 하시고(행 2:4, 32, 33) 교회는 복음의 가르침과 교제와 기도에 전적으로 힘써 구원의 은총을 풍성하게 누린다(행 2:42). 즉 죄와 사망과 그것의 원인인 사탄을 우리가 이기고 구원의 은혜를 누릴 수 있는 것은 우리의 대속제물이요 대제사장이신 예수 그리스도 안에서 그리고 성령의 권능과 성령의 도구인 교회를 통해서 가능한 것이다.

(2) 구원의 원인

구원은 오직 하나님께로 말미암아 우리에게 주어지는 선물이다(엡 2:8). 하나님의 은혜로 얻는다(엡 2:5). 우리가 하나님의 자녀의 권세를 얻는 것은 혈통이나 육정이나 사람의 뜻으로 되지 아니하고 오직 하나님께서 거듭나게 하시며(요 1:12~13; 3:5) 우리 속에 예수 그리스도를 알고 믿는 믿음과(마 16:17) 계시를 주심으로(마 11:27) 가능케 되는 것이다. 그리고 하나님이 우리를 지극히 사랑하여 독생자 예수 그리스도를 주시고 또 죽기까지 내어주심으로(요 3:16; 롬 5:8) 우리가 하나님 앞에 설 수 있는 자녀가 되었다. 이로 보건대 우리가 구원을 얻는 것은 전적으로 하나님의 은혜요 사랑에 기인한다(롬 3:24). 오직 '하나님의 은혜로 값없이' 의롭다 함과 하나님의 자녀의 권세를 얻는 것이다. 그러므로 하나님의 은혜와 사랑이 우리의 구원을 위한 작용(efficient cause)인 것이다.

그런데 하나님의 사랑은 예수 그리스도를 보내주시고 그를 십자가에 못박혀 죽게 하신데서 확증되었다. 즉 그리스도가 우리의 죄를 위한 화목제물이 되게 하심으로 하나님의 은혜가 은혜로 나타난 것이다. 그러므로 일평생 고난을 통해서 순종을 배우고(히 5:8) 자신을 십자가의 제물로 내어주시어 우리를 위한 화목제물되신 예수 그리스도의 순종이 우리의 구원을 위한 질료인(質料因, material cause)이다. 특별히 그리스도의 피가 질료인이다(롬 3:25).

그리고 하나님이 우리를 사랑하시어 예수 그리스도를 통하여 성취해 놓으신 구원은 성령께서 우리에게 믿음을 심어주심으로 (행 13:48; 16:14; 롬 12:3 하) 우리의 것이 된다. 하나님이 예수를 그의 피로 인하여 우리를 위한 화목제물로 세우셨으며 화목제물이신 예수를 믿음으로 말미암아 우리가 죄용서와 의롭다 함을 받는다(롬 3:25~26, 28). 그러므로 믿음은 우리의 구원을 위한 방도인(方途因, instrumental cause)이다.

또한 하나님께서 우리를 오래 참으시고 우리의 죄를 용서하시어 의롭다 하시는 것은 자기의 공의와 의로우심을 나타내시는데 목적이 있다(롬 3:25~26). 하나님의 공의와 의로우심이 우리의 구원을 위한 목적인(目的因, final cause)이다.

(3) 총체적 구원

우리의 구원은 누가복음 4:18~19에 보면 주의 성령의 임하심과 그 성령에 의하여 복음이 전파되는 것을 통하여 가능하다. 즉 전파된 복음이 하나님의 사람들 가운데서 성령으로 역사하여 믿음을 심어줌으로 해서 구원이 주어지는 것이다. 그런데 구원은 영혼의 문제만이 아니고 육신적, 경제적, 정치적 회복의 개념까지 포함하고 있다(참조, 눅 7:19~22). 누가복음 4:19의 '은혜의 해'는 레위기 25:8~12의 희년제도를 배경으로 하고 있는 바 희년제도의 본래적 의미는 정치적인 인권의 회복이다. 또한 안식년제도는 땅의 회복 곧 경제적 회복을 의미했고, 안식일제도는 육체적 회복을 의미했다. 그러나 하나님의 형상개념이 하나님과 인간의 관계, 인간과 인간의 관계, 자연과 인간의 관계 등 삼중적 관계를 포함하고 있으며 그 관계는 서로 유기적으로 연관되어 있으므로 정치적 인권의 회복과 경제적 회복과 육체적 회복은 결과적으로는 하나님과의 영적 관계회복을 목표로 한다. 안식일제도는 실제적으로는 육체의 휴식을 위하는 것이지만 궁극적으로는 하나님께서 육체의 휴식을 통해 하나님과의 교제를 나누게 하고 그 사귐을 통하여 우리가 신적 거룩성을 덧입게 하는데 목적이 있다(참조, 출 31:13). 안식년제도도 땅의 회복을 통하여 하나님이 땅의 주인이심을 알고 그 하나님을 감사하며 신뢰하게 하는데 목적이 있다. 또한 희년제도도 인권의 회복을 통하여 이웃을 내 몸처럼 사랑하라고 하신 하나님의 계명을 지키고 이웃사랑을 통하여 하나님을 또한 사랑하는데 목적이 있다.

하나님이 우리 인간을 창조하실 때 인격체, 영육통일체 그리고 하나님의 형상으로 만드신 까닭에 우리의 구원도 우리의 영혼의 문제와만 관련되는 것이 아니고 우리의 전인격과 전체 삶과 관련되는 것이며 따라서 총체적이다. 그리고 로마서 8:19~23과 골로새서 1:20에 의하면 예수 그리스도와 그의 성령으로 말미암은 구원은 인간과 인간의 제도에만 관련된 것이 아니고 하늘과 땅의 모든 만물과도 관련되어 있다. 인간성회복을 통해 자연이 자유케 된다. 여기서 유의할 것은 자연의 회복을 통해 인간성이 회복되는 것이 아니고 인간이 회복될 때 정치 경제적 구조악이 제거되고 자연도 회복되는 것이다.

(4) 하나님의 백성의 사명

하나님이 예수 그리스도 안에 있는 구속으로 말미암아 오직 은혜로 그리고 믿음을 방편으로 해서 우리를 의롭다 하시고 하나님 앞에서 자녀로서 자유케 하심은 하나님의 선한 일에 열심하도록 하기 위함이다(엡 2:10). 즉 범사에(골 3:17) 특별히 가장 하찮게 보이는 일상생활에서 까지도(고전 10:31; 슥 14:20~21) 착한 행실로 하나님께 영광을 돌리며 살도록 하기 위함이다. 그러므로 하나님의 자녀된 자들의 삶은 하나님의 영광을 목표로 하여 범사에 자기를 부인하고 십자가를 지며 살고(마 16:24~28), 검소하게 이웃을 사랑하며, 하나님을 두려워하는 가운데(딛 2:12) 하나님과 겸손히 동행하는 것(미 6:8)이어야 한다. 이로써 하나님의 통치가 이 땅 위에서 온전히 행사되는 것이다.

제 7 장

개혁신앙의 당면과제

　오늘의 시대적 상황을 총체적 난국 또는 총체적 위기의 시대라고 흔히 말한다. 그 이유는 정치 경제 사회적으로 뿐만 아니라 사상적으로도 위기적 난국을 맞고 있기 대문이다. 6.25사변이 일어난 이후로 40여년 간 정치적 안정을 아직껏 이룩하지 못했고 경제는 과열된 부동산 투기의 후유증으로 향락과 과소비 풍조에 의해 사회가 병들어가고 있는가 하면 중소기업의 대량도산으로 경제위기가 크게 고조되고 있으며 사상적으로는 전통적인 불교 뿐만 아니라 급성장해온 기독교마저 사회에 대하여 정신적 지주 구실을 제대로 못하고 있어서 많은 사람들이 불안과 갈등을 심하게 겪고 있고 사탄적 대중음악이나 반신적 사상이 범람하고 있는 것 등이 오늘의 총체적 위기를 말해주고 있는 것이다.
　이와 같은 총체적 위기 상황과 관련지어 볼 때 사상적으로 기독교 교회는 모든 반신적 사상과 이데올로기를 복음으로 상대화시켜야 하고 모든 민족을 복음으로 자유케 하며 문화를 복음으로 개혁하는가 하면 복음에 합당한 삶을 통하여 윤리적 규범을 제시해야 할 입장에 놓여 있다.

1. 사상적 당면과제

(1) 성경의 기본 사상

성경의 기본 사상은 유신론이다. 하나님은 살아계신 인격적 존재로서 그가 세상과 만물을 자기의 지혜와 능력과 선으로 창조하시되 개방체계(open system)로 만드셔서 지금도 범사에 관여하며 일하신다. 하나님은 창조주요 역사의 주관자로서 세상을 초월해 계시면서 동시에 그의 성령으로 만유 가운데 임재(또는 내재)하여 계신다. 특히 인간을 자기의 형상으로 창조하여 자기의 청지기로 삼으신 하나님은 인간과 인격적 사귐을 가지시며 그가 사귐을 통하여 인간이 하나님께 감사와 영광을 돌리고 하나님을 영원토록 즐거워하는 가운데 평강과 행복과 영생을 누릴 수 있게 되기를 원하신다. 그래서 하나님은 인간과 자연을 사랑으로 돌보시며 친히 다스리시는 것이다. 그러므로 세계의 역사는 단순한 사건들의 반복이나 연속이 아니고 하나님의 계획을 성취시켜 가는 의미있는 사건들로서 하나님의 계시의 한 형태이다.

하나님은 빛도 짓고 어두움도 창조하며 평안도 짓고 환란도 창조하는 등 이 모든 일을 친히 행하시고(사 45:7), 세상나라를 다스리시며 자기의 주권과 뜻을 따라서 정권(또는 왕)을 폐하기도 하고 세우기도 하신다(단 5:21). 그는 사람들 속에서 일하시어 사람들이 하나님의 뜻을 따라 생각을 품으며 자발적으로 행할 수 있게 하신다(빌 2:13).

이 하나님께서는 인간이 사탄의 미혹을 받아 타락하자, 인류와 자연을 사랑하시고, 그는 본질상 의로우시고 신실하신 까닭에, 그의 아들 예수 그리스도를 속죄제물로 보내어 인류를 위해 모든 율법을 성취하게 하실 뿐 아니라(마 5:17~18; 요 19:30) 십자가에서 못박혀 죽게 하여 인류와 자연을 위한 구원의 근원이 되게 하셨다(히 5:8).

예수 그리스도의 오심으로 말미암아 하나님의 나라가 임하여 사실상 시작되었고(마 4:17; 12:28) 인류의 역사는 새로운 의미를 갖게 되었다(갈 4:4). 세상에서 소망도 없고 하나님도 없던 자들이 그리스도 예수 안에서 그의 피로 하나님과 화목되어 하나가 된 것이다(엡 2:13). 그리고 장차 있을 역사의 종말과 새 하늘 새땅을 우리가 소망하는 가운데 사는 것이다(계 21:1).

(2) 변질된 사상들

17세기에 데카르트(1596~1650)가 등장함과 때를 같이하여 서구의 교회가 종교개혁의 정신과 신앙을 제대로 이어받지 못하고 죽은 정통(dead orthodoxy)에 빠져들었고 계몽주의 사상이 득세하였다. 데카르트는 인간이성의 자율주의에 근거하여 성경의 진리성과 신적 권위를 거부함은 물론 하나님의 활동적 존재성마저 부인하였다.

그의 이같은 사상적 영향을 받아 로크, 베이컨, 볼테르, 스피노자 등은 초연신론(또는 이신론, deism)을 주장하게 되었다. 그들의 주장에 의하면 하나님은 살아있으나 이 세계를 폐쇄체계(closed system)로 만드신 까닭에 지금 이 세계와 무관하시며 따라서 이 세계와 역사 속에서 전혀 일할 이유도 없고 일도 하지 않으신다. 이 초연신론의 하나님은 역사의 주권자도 아니요, 주관자도 아니며, 섭리자가 아니다.

그리고 인간은 폐쇄체계인 우주와 세계라고 하는 거대한 기계장치의 한 부속품에 지나지 않는다. 따라서 우리가 하나님을 찾아 알 수 있으려면 성경계시를 통해서가 아니고 우주와 자연을 연구해야 하는 것이다. 또한 인간은 스스로 운명을 개척하며 자기 안에 있는 힘과 지혜를 사용하여 살도록 창조되어 있는 까닭에 스스로의 운명에 대해서 책임을 져야 하는 것이다.

한편 이 초연신론에 의하면 존재하는 모든 것은 본래 선하며 따라서 악은 일체 존재하지 않는다. 이는 마치 기계장치가 스스로는 악을 모르고 부품이 낡아 고장을 일으키는 일이 있을 뿐인 것과도 같다.

이 초연신론은 1789년의 불란서 혁명을 전후하여 헤겔(1770~1831)의 철학의 영향을 받아 자연주의로 발전되었다. 초연신론이 사실상 하나님의 살아계심을 부인함으로 인하여 "우리는 하나님을 더 이상 필요로 하지 않는다"(We no more need a God), "하나님도 없고 주님도 없다"(No God, No Master)는 슬로건을 내세운 불란서 혁명과 헤겔철학은 하나님의 존재 자체를 부정하기에 이르렀다. 이 자연주의에 의하면 물질만이 영원히 존재하고 인간의 이성이 진리에 대한 유일한 판단기준이며 가치의 창조자는 바로 인간 자신이다. 또한 역사는 목적이 없고 우연의 연속일 뿐이다. 그래서 헤겔의 영향을 받아 다윈(1809~1882)이 우연과 진화를 주장했고 마르크스(1818~1883)가 유물사관에 의한 계급투쟁을 이론화했다.

그러나 우연에 의해 던져진 존재가 어떻게 가치가 있을 수 있으며 가치를 창조할 수 있는가에 대한 회의와 모든 것은 사실상 우연이며 무의미하다고 하는 사상이 나타나면서 허무주의가 자연주의의 뒤를 이었다. 찰스 다윈이 자신의 진화론의 신뢰성을 확신하지 못한 것에서 엿볼 수 있듯이 니체(1844~1900)에게서 꽃을 피운 허무주의는 지식, 윤리, 실재, 미 등 모든 것에 대하여 부정적이어서 이유도, 의미도, 방향도 없는 우연을 강조하고 인간은 시간과 공간에 갑자기 내던져진 것에 불과하고 또한 하나의 기계에 지나지 않는다고 보는가 하면 인간 자신의 지식에 대하여 확신을 가질 수 없게 된다. 그래서 싸르트르(1905~1980) 같은 사람은 말하기를 존재하는 모든 것은 이유없이 태어나 연약함에 싸여 살다가 우연히 사라지는데 이 엄청나게 부조리한 존재를 보는 순간 분노로 숨이 막힌다고 했다.

이 허무주의를 극복하기 위해서 유신론의 전제들에 기초한 유신론적 실존주의와 자연주의의 전제들에 기초한 무신론적 실존주의가 나타났다. 전자는 키에르케고르에게서 시작하여 틸리히, 부버 등에 의하여 발전되고 후자는 하이데거와 싸르트르 등에 의하여 발전되었다. 이 실존주의에 의하면 세계는 단순히 존재하는 객관에 불과하나 인간은 자의식과 자기결정력을 가진 유일한 주관적 존재이다. 그러므로 우리 인간이 자신과 세계에게 가치를 부여할 수 있다고 주장한다.

　유신론적 실존주의는 성경계시의 역사적 사실성 대신에 윤리적 신앙을 강조한다. 그래서 예수 그리스도의 죽음과 부활의 역사적 사실성이 갖는 구원론적 의미보다는 그 사건이 함축하고 있는 윤리적 의미 곧 인간적 봉사와 희생정신을 내세움으로 인하여 결국은 복음의 역사적 사실이 신화로 매도되고 초자연적 기적이 부인되며 역사적 참신앙이 상실되고 만다. 이로 인하여 실존주의는 세속화신학과 정치신학을 위한 길을 예비해 주었다.

(3) 오늘의 위험한 사상들

　실존주의 사상은 성경계시의 역사적 사실성에 무관심하고 인간이 궁극적으로 관심하는 그 지점에서 인간은 종교적이 된다고 주장하는 까닭에 기독교의 초자연성이 부인되고 범신론에게 자리를 양보하는 결과를 가져왔다. 범신론은 창조주와 자연 간의 구별을 알지 못하며 모든 자연이 하나요 또 신이라고 말하며 모든 것과의 참된 만남, 자연과의 합일 그리고 이웃에 대한 겸허한 봉사를 통해 인간이 신이 된다고 가르친다. 인간이 인간으로서의 참된 존재의미를 발견하게 된다는 것이다.

　이 범신론 사상에 기초하여 모든 종교가 각각 그 특이성을 가지고 있으나 사실은 나름대로 진리를 가르치고 있는 것으로 보는 종교다원주의가 생겨났고 획일성 대신에 상이성(differences)과 특이성(particularity)을 강조하는 포스트모더니즘(post-modernism)이 활기를 띠고 있으며 힌두교 불교 도교 등에 특별히 영향을 받은 뉴에이지 운동(New Age Movement)이 크게 활동하고 있다.

(4) 요약

　성경적 유신론(theism)사상이 오늘날 범신론 사상으로 대치되고 기독교의 진리의 역사적 사실성이 사실상 부인되는 가운데 이웃섬김이 종교의 전부인 것처럼 주장하는 인본주의 윤리가 크게 득세하게 된 주요한 원인은 하나님의 말씀인 성경의 신적 권위에 순종하지 아니함으로 인하여 그 말씀의 생명력과 능력을 체험하지 못하게 되고 이로 말미암아 살아계신 하나님의 존재와 그의 구원사역에 대하여 확신을 갖지 못한데 있다. 그래서 유일하시고 참되신 하나님도 그가 보내신 유일한 중보자요 구속주이신 예수 그리스도도 또 그가 부활 승천하시어 보내신 성령님도 사실상 부인되었을 뿐 아니라 예수 그리스도의 복음도 그 유일성과 진리성이 상대화되어 버렸다. 즉 단지 이웃을 섬기는 희생정신을 나타내는 윤리적 의미만을 강조하게 된 것이다. 한 마디로 복음이 그 신적 권위를 상실하므로 인해서 유신론이 범신론으로 기독교가 종교 다원주의로 대치되기에 이르렀다.

그런 까닭에 오늘의 사상적 당면과제는 유신론의 회복 곧 하나님의 말씀인 성경과 복음의 신적 권위가 회복되어 복음으로 모든 사상을 상대화시키는 것이다(참조, 고후 10:5). 항상 있고 살아있으며 운동력이 있어 날선 예리한 검보다 강한 힘을 가지고 있는 성경(히 4:12)의 권세를 교회가 늘 깊이 체험해야 한다. 그래서 성경이 모든 진리와 윤리의 객관적이고 절대적인 규범으로 그 기능을 다할 때 오늘의 사상적 위기가 극복될 수 있다.

2. 문화적 당면과제

하나님의 살아계심과 일하심을 믿는 유신론과 하나님의 말씀의 신적 권위가 거부됨으로 해서 득세한 것은 사탄이다. 이로써, 사탄의 문화와 이기주의 및 향락과 부패가 사회를 더욱 타락시키고 있다.

(1) 사탄적 문화

성경상 인류 최초의 사탄적 노래는 라멕이 자기의 여러 아내들에게 불러준 것(창 4:23)으로 그것은 힘없는 자들을 난폭하게 죽이고서 그 쾌감을 자랑하는 내용이다. 하나님 앞을 떠난 가인의 후손들의 불신앙이 낳은 문화가 본질적으로 사탄적임을 보여주고 있는 것이다. 이 사탄적 문화는 소돔 고모라의 퇴폐문화와 이스라엘 백성이 광야에서 금송아지를 만들어 놓고 벌인 춤과 향연(출 32:6), 이방신 바알의 축제음악(참조, 왕상 18:26~28) 그리고 오늘날 폭력과 무분별한 성행위, 질서파괴를 조장하는 록음악(Rock Music)으로 이어졌다.

사탄적 메시지를 담고 있을 뿐 아니라 사탄을 찬양하며 범죄를 부추기는 록음악의 태동기는 1950년대 중반이다. 이 록음악은 사탄적 성행위와 관계가 있고 사탄을 경배 찬양하는 내용으로 되어 있다. 예컨대 퀸이 부른 "Another one bites the dust"는 "마리화나를 피우세요"라는 메시지를 전달하고 있고, 비틀즈의 "Revolution No. 9"은 시체와의 성관계를 이야기하고 있으며 블랙 오브 아칸서스 그룹은 청중들에게 'Natas'란 단어를 외치게 하는데 그 단어를 거꾸로 읽으면 'Satan'이 된다.

록음악은 주로 헤비메탈 악기를 사용하고 광란적인 춤을 동원하는데 요즘 교회 안에도 이같은 종류의 악기와 지나친 몸짓의 율동과 춤이 유행하고 있음은 우려를 금할 수 없다. 한편 최근에 갑작스럽게 유행하고 있는 '노래방'은 건전한 공간에서의 놀이문화가 없기 때문이기도 하겠지만 좁은 칸막이 속에서의 노래연습은 아무래도 건전한 놀이문화로 보기가 어렵다. 그곳에는 빛 대신에 어두움이, 진리의 메시지 대신에 사탄적 성적 메시지만이 있을 뿐이기 때문이다.

(2) 이기주의적 생활

하나님도 없고 우리의 중보자이시자 대제사장이신 예수 그리스도도 없고 성령도 없는 오늘날의 삶은 하나님께 대한 감사와 찬양이 있을 수 없기 때문에 결국 이기주의적인 것이 될 수밖에 없다. 하나님 아버지가 우리의 삶의 축복의 원천이심을 인정하지 않을 뿐만 아니라 우리의 구주 예수 그리스도를 머리로 하여 우리가 지체가 되어 한 몸을 이룸으로 서로 형제됨을 알지 못하고 그리스도의 지체된 우리가 성령으로 서로 교통하며 섬기게 되는 사실을 전적으로 부인하는 오늘의 인본주의적 사상과 삶은 진정한 섬김의 사랑을 기대할 수가 없게 되어 있다.

그런 까닭에 크게 보면 국가 이기주의와 민족 이기주의가 국제질서를 좌우하고 있고 또한 각종의 지역 이기주의가 일반적으로 받아들여지고 있으며 작게는 지연과 혈연에 근거한 각종 파벌주의가 만연되고 있는 것이다.

(3) 향락과 부패

하나님을 두려워하지도 않고 하나님을 축복의 근원으로 인정하지 않으며 하나님 앞을 떠나 사는 자들의 삶은 누가복음에 나오는 탕자의 경우와 같게 되지 않을 수 없다. 허랑방탕하게 살게 될 수밖에 없는 것이다. 더욱이나 여호와의 종교 대신 바알의 종교를 추종하고 있는 현대의 왜곡된 자본주의는 부동산 투기를 통해서 졸부된 자들과 여자들이 이사야 선지자가 지적한 대로 (참조, 사 3:16~24; 5:8~12) 사치와 향락 및 부패를 열매맺고 있다. 오늘의 지나친 과소비 풍조와 음주 및 향락서비스는 건전한 경제구조를 붕괴시키고 있을 정도이다.

(4) 요약

사탄적 문화와 이기적 파벌주의, 향락과 부패가 팽배해 있는 오늘의 왜곡된 문화를 극복하고 변혁시키려면 무엇보다도 하나님의 부성적 사랑에 대한 고백이 있어야 한다. 하나님은 우리의 아버지이시기에 모든 좋은 것의 원천이요, 우리의 삶의 원동력이시다. 그 하나님께서 타락한 인류를 구원하기 위해 죽으신 예수 그리스도는 자기를 우리의 대속제물로 바치려고 십자가 상에서 못박혀 죽는 데까지 자신을 철저하게 낮추고 부인하셨다. 그 죽음을 통하여 사랑의 섬김의 본을 보이실 뿐 아니라 우리의 약점과 허물과 형벌까지 대신하여 지셨다. 이로써 우리로 하여금 바울의 경우에서 보는 대로(참조, 빌 4:11~13) 자기를 부인하고 절제와 검소의 삶을 살도록 하셨다. 또한 십자가를 통하여 내세를 바라보면서 소망 가운데 살게 하셨다.

그러므로 문화개혁의 원동력이 되는 내세신앙과 청교도적 검소생활 곧 복음에 합당한 생활을 통하여 문화를 개혁해야 하는 것이다.

III. 현실적 당면과제

오늘날 우리가 당면하고 있는 총체적 위기상황은 부정부패했던 리승만 정권과 5.16혁명을 통하여 일어난 역대 군사정권의 정치적 권위주의 그리고 그 정권과 이해관계를 따라 결탁된 대기업체들의 부도덕한 기업윤리 또한 정권의 안정을 위하여 악용된 교육제도 등 몇 가지 주요한 요인들에 의하여 조성되었다고 볼 수 있다.

(1) 정치적 권위주의

해방과 더불어 수립된 리승만 정권은 민주정부를 정착시키기 위하여 시작되었으나 6.25사변을 겪고 공산세력의 위협이 가중되면서 독재적 권위주의에 사로잡히고 말았다. 그래서 3.15부정선거를 치루게 되었고 리정권은 4.19 학생의거에 의해 무너졌다. 과도적 성격을 띤 장면정권은 힘을 써보지도 못하고 5.16 군사혁명에 의하여 물러나고, 대신 박정희 군사정권이 들어서고 그 뒤를 이어 전두환, 노태우 정권으로 이어졌다. 이 군사정권들은 근대화운동과 경제건설을 목표로 내세워 상당하게 성공을 거두었으나 여러 가지 대내외적인 상황으로 인하여 권위주의를 벗어나지 못했다. 특히 10월 유신헌법이나 전두환 정권의 언론통폐합은 권위주의 군사정권의 전형적 표본이다.

　이같은 정치적 권위주의로 인하여 민주주의적 정치가 지연되고 인권과 정치민주화를 위한 투쟁이 지속되어 왔으며 남북분단의 고착화현상과 동서지역 갈등을 심화시키는 역작용들이 생겨났다.

(2) 경제적 분배의 불균형

　근대화운동과 경제건설을 추진하는 과정에서 기업의 국제경쟁력 강화를 구실로 하여 대기업 육성책과 수출제일주의 무역정책에 역점이 주어졌고 이로 인하여 경제구조상 하부를 이루고 있는 중소기업이나 근로자 또는 소비자들이 소외되어 왔다. 그리고 상당기간 계속되어온 저임금정책이 경제적 분배의 불균형을 심화시키고 주기적으로 일어난 부동산투기 과열현상은 이를 더욱 가속화시켰고 저소득층 사람들에게 극심한 소외감과 절망감을 안겨주었다. 특히 정부투자기관과 대기업체들이 부동산투기를 통하여 경제구조를 크게 악화시키고 경제적 분배의 불균형을 심화시킴으로 기업주와 근로자 간에 그리고 부유한 자들과 가난한 자들 간에 위화감이 고조되었다. 더욱이나 부동산 투기 바람을 타고 갑작스럽게 부를 축적하게 된 계층들의 무분별한 악덕 경제행위가 분배의 불균형을 사회전반에 확산시켰다고 볼 수 있다.

(3) 사회불안심리

　정치적 권위주의로 말미암은 인권경시경향과 경제적 분배의 불균형으로 말미암은 계층 간의 위화감 및 상대적 소외감 등으로 인하여 사회불안 심리가 조성되었다. 또한 권위주의적인 정권의 안정을 위해 자주 악용되고 왜곡되어온 교육제도는 구조적으로 청소년들의 심리를 극도로 긴장시키고 기성세대와 사회에 대한 불만을 품게 하였다. 그리고 청소년 자녀들의 심리적 긴장과 불만이 기성세대를 더욱 불안하게 만들고 있다. 그래서 사회 불안 심리와 불만이 청소년들 뿐만 아니라 어른들 사이에도 팽배해 있고 결과적으로 사회전반에 걸쳐 나타나게 된 것이다.

(4) 교회의 기복신앙

경제적 분배의 불균형으로 인하여 생겨난 상대적 빈곤감과 소외감 그리고 권위주의적 정권의 집권으로 인하여 생겨난 사회적 불안과 불만을 가슴깊이 느끼고 있는 사람들을 대상으로 하여 교회가 복음의 능력과 복음에 합당한 삶의 표본을 제시하지 아니하고 오히려 기복신앙을 심는데 역점을 두었다.

새해, 새봄이 되면 길거리에 걸려있는 '신년 축복 대성회' '신춘 축복 대성회'라는 현수막들 뿐만 아니라 각 교회마다 봄과 가을에 열리는 집회가 '심령대부흥회'라는 이름으로 개최되고 그 집회마다 강사의 입에서는 "예수의 이름으로 축원합니다"가 연발되며 이에 "아멘, 아멘, 아멘"으로 화답하는 회중들의 모습이 한국교회의 기복신앙을 단적으로 나타내 보여주고 있다.

이 기복신앙이 그 모습을 달리하며 시한부 종말론으로 나타났다. 사회적 불안심리를 극복하기 위하여 세상을 포기하고 등지는가 하면 시한부 종말론을 주장하여 세상을 도피하게 한다.

(5) 요약

오늘 우리가 당면하고 있는 현실적 과제는 정치, 경제, 사회, 교육, 종교 전반에 걸친 것이고 구조적인 악의 문제이어서 쉽게 단시일에 극복될 수가 없다. 정치는 그 속성상 권위주의적이고 자기주장이 강하며 경제는 언제나 권력과 결탁되어 있는 자들에게 유리하고, 사회는 개선되기보다는 악화되기가 쉽고 무분별한 학부모들의 지나친 교육열은 교육여건을 더욱 왜곡시키며 교회마다 기복신앙의 뿌리가 깊어져가고 있다.

그러나 하나님의 백성들은 복음으로 능력을 덧입어 하나님의 형상을 회복하여 위로는 하나님과의 관계를 바르게 하여 하나님 앞에서 하나님과 함께 겸허와 두려움을 가지고 살며 옆으로는 이웃과의 관계를 바르게 하여 이웃을 존중하고 먼저 생각해 주며 사랑으로 섬기고 아래로는 자연을 사랑으로 관리하여 절제와 검소한 삶을 살아 자원(예, 석유나 음식물 등)을 과소비하지 않도록 해야 할 것이다. 우리가 복음으로 하나님의 형상을 회복할 때 이 세상을 위한 소금과 빛의 사명을 감당할 수 있고 그렇게 함으로써 현실적 당면과제를 점진적으로 풀어나갈 수 있을 것이다.

4. 선교적 당면과제

사상적 당면과제, 문화적 당면과제 그리고 현실적 당면과제는 모두가 복음으로만이 궁극적으로 해결될 수 있기 때문에 교회의 선교는 결정적인 당면과제가 아닐 수 없다. 복음을 통해 범신론적 종교다원주의와 포스트모더니즘 대신 유신론을 재정립하고 복음으로 사탄적 문화를 저지시키며 복음에 합당한 삶을 통해서 현실의 구조적 악을 대적할 수 있기 때문이다.

그런 의미에서 아브라함 카이퍼가 성령의 선교적 흐름이 독일과 불란서 그리고 스위스에서 종교개혁의 강력한 바람을 일으켜 영국과 화란에서 더욱 힘을 얻고, 그 다음 청교도들과 함께 미국으로 건너온 것으로 본 것은 의미가 있다. 그 성령의 흐름은 미국의 칼빈주의 선교사들을 통하여 한국으로 방향을 잡았고 지난 100년 동안에 상당한 세력을 얻어 이제는 여러 교단들과 교회들 그리고 선교단체들을 통하여 동남아시아는 물론 중국과 러시아, 중앙아시아와 중동의 회교권 지역을 향하게 그 흐름이 나아가고 있음을 본다. 예를 들면 태국에서는 지구촌 선교회가 활발하게 활동하고 있고 성경번역선교회(G. B. T.)가 파푸아뉴기니, 인도네시아 그리고 중앙아시아의 나라들의 여러 부족들 가운데서 성경을 자국어로 번역하고 있으며 인터서브(Interserve Korea)가 중동의 회교권지역을 대상으로 열심히 선교의 바람을 불어가도록 노력하고 있다.

　우리는 복음으로 능력을 덧입어야만이 오늘날 우리가 당면하고 있는 사상적, 문화적, 현실적 과제들을 해결해 나갈 수 있는데 이 복음의 능력을 효과적으로 덧입는 비결은 성령의 선교적 흐름의 길을 열어가는데 있다. 즉 선교의 바람을 중국, 러시아, 중앙 아시아 그리고 중동지역으로 불어가게 해야 한다. 그렇게 할 때 우리 자신이 먼저 복음의 능력을 힘있게 덧입을 수 있고 또한 복음으로 하나님의 나라를 우리 가운데 심을 수 있다.

　그리고 교회가 복음(케리그마)에 기초하고 성령으로 하나되어(코이노니아) 서로 사랑으로 섬길(디아코니아) 때 교회로서 영성을 회복할 것이며 교회가 교회다워질 때 선교의 흐름은 더욱 가속화되고 선이 악을 이길 것이다. 그리고 하나님의 진리의 빛이 사탄의 거짓의 어두움을 물리치게 될 것이다.

제 8 장

하나님이 요구하시는 의(義)

　정부가 범죄를 대항하여 전쟁을 선포했으나, 불의하고 악한 자들은 여전히 폭력을 자행하며 피흘리는데 민첩하다. 팔순의 할머니들과 여섯 살의 귀여운 여자아이를 생매장하여 살해한 충격적인 사건을 비롯하여 십대 청소년들이 한 선배를 칼로 50여 군대를 찔러죽인 일 등은 이 사회가 너무나 살벌함을 느끼게 한다. 이같이 난폭하고 어두운 시대에 하나님은 우리 기독교인들에게 의를 행하여 빛을 발할 것을 요구하신다. 이는 마치 이스라엘 백성들이 이사야시대에 탐욕과 향락에 도취하여 포악해져 있었을 때에 하나님이 예루살렘의 사람들을 향하여 일어나 빛을 발하며 공의를 행하라고 요구하신 것과도 같다(참조, 사 56:1; 60:1). 그런데 하나님은 우리에게 공의를 행하라고 요구하심에 있어서 먼저 의를 우리에게 베풀어 주셨다. 그러므로 우리가 의를 온전하게 행하려고 하면 하나님이 베푸신 의를 이해할 뿐만 아니라 덧입어야 하는 것이다.

1. 하나님이 베푸신 의

이스라엘 민족이 바벨론에게 멸망될 때 활동한 예레미야 선지자는 하나님이 자기 백성을 위로하기 위해 약속하신 말씀을 통해 장차 오실 메시야 곧 예수 그리스도가 여호와의 의이심을 소개한바 있고(렘 23:5~6; 33:14~18) 예수믿는 자들을 핍박했던 바울도 부활하신 예수를 만난 후에 예수가 하나님께로부터 오신바 우리의 의이심을 증거했다(고전 1:30). 이로 보건대 예수 그리스도가 바로 하나님이 우리를 위하여 베푸신 의이시다. 예수님께서도 자기가 부활하여 아버지께로 간 것이 바로 의라고 말씀하셨다(요 16:10). 이 세상의 죄를 위하여 피흘려 죽으시고 부활 승천하신 중보자 예수 그리스도가 하나님의 의이시다.

하나님의 의인 이 예수 그리스도를 믿음으로 우리가 의를 덧입게 되고 이로써 의롭다 함을 받게 된다. 믿음의 조상 아브라함의 경우를 보면 그는 복음인 예수 그리스도를 전해들었을 뿐만 아니라(갈 3:8, 16) 그를 미리서 보았다(요 8:56). 그래서 하나님이 베푸신 의요 복음인 예수 그리스도에 대한 약속을 인하여 아브라함이 여호와를 믿자 그 믿음을 보시고 여호와 하나님은 그를 의롭다 하셨다(창 15:6; 롬 4:3). 그의 믿음은 하나님께 대한 신뢰와 사랑으로 일하는바 살아있는 믿음이었으며 그같이 살아서 일하는 믿음을 보시고 하나님은 아브라함을 의롭다고 하시는 것이다(창 22:12~19; 약 2:21~24). 하나님께서 성도의 믿음을 보시고 그를의롭다고 하시는 것은 하나님의 의이신 예수께서 죽으시고 부활하심으로 구속을 성취해 놓으셨고 그 성취된 구속으로 말미암아 하나님이 만족을 얻으셨기 때문이다(롬 3:20~28).

그러므로 하나님의 의에는 인자와 긍휼이 나타나 있는 것이다. '인자'(히브리어, '헤세드')라는 용어는 하나님의 백성이 잘 되길 즉 예수의 형상을 본받아 영화롭게 되기를(롬 8:29~30) 바라는 마음을 가지고 하나님께서 최선을 다하여 쏟아 부어주는

'내리사랑'을 의미한다. 이같은 인자는 하나님이 세상을 위하여 그의 독자 예수를 이 땅에 보내시고(요 3:16) 십자가에 죽도록 내어주신 사건에서 잘 나타났다(롬 5:8). '긍휼'(히브리어, '체다카')이라는 용어는 한편 하나님의 백성이 자유롭게 되기를 바라는 마음으로 그들의 허물과 약점을 대신 담당하는 '안는 사랑'을 의미한다. 이 긍휼은 예수께서 우리 성도들의 죄악을 담당하신 사건(사 53:4~6; 마 8:17)과 일만 달란트 탕감받은 종에 대한 비유(마 18:27, 33)에 잘 나타나있다. 이같이 하나님의 백성이 그의 영광에 참여할 수 있게 그가 그들을 위해 독자 예수를 십자가에서 저주와 형벌을 당하여 죽게 하신바 그의 인자(내리사랑)와 긍휼(안는 사랑)을 통해서 하나님은 자기의 의를 나타내신 것이다. 그러기에 십자가에서 죽으시고 부활하신 예수 그리스도가 하나님이 우리를 위해 베푸신 의이다.

 하나님이 우리를 위하여 베푸신바 이 의를 가르켜 '믿음으로 말미암아 하나님께로부터 밖에서 오는 처음의 피동적 의'(the alien, primary, passive righteousness from God through faith)라고 한다. 이 의가 선행에 앞서는 것이다. 로마 카톨릭 교회의 구원관의 경우처럼 선행이 의에 앞서는 것이 아니다. 로마교회의 가르침에 의하면 성도가 선행을 행하여 공로를 쌓아야 하나님 보시기에 의롭게 된다. 예컨대 수도사가 되어 폐쇄된 수도원에 들어가 금식하고 기도하며 공로를 쌓아야 의롭게 된다고 로마교회가 가르쳤다. 그러나 성경이 가르치는 바에 의하면 율법의 행위 곧 선행으로는 하나님 앞에서 의롭다 함을 얻을 육체가 없으며(롬 3:20) 그리스도께서 성도 안에 살아계셔 역사하실 때(갈 2:20) 그가 하나님의 기쁘신 뜻을 따라서 생각을 품으며 행동을 할 수 있게 된다(빌 2:13). 다시 말해서 하나님의 의이신 예수 그리스도가 우리 안에 살아계시어 활동하심으로 말미암아 우리가 선을 행할 수 있게 되는 것이다. 하나님으로부터 오는 의를 덧입는 자 곧 예수를 믿는 믿음으로 말미암아 하나님께로부터 의롭다고 인정함을 얻은 자가 의를 행할 수 있게 된다. 그래서 루터와 칼빈은 성경의 가르침 대로 '의가 선행에 앞선다'고 주장하여 로마교회를 개혁하였던 것이다.

2. 하나님이 요구하시는 의

우리를 위하여 의를 베풀어주신 하나님은 우리에게 의를 요구하신다. 그래서 하나님은 아브라함을 의롭다 하신 후에 "너는 내 앞에서 행하여 완전하라"(창 17:1)고 하셨고 이사야를 통하여 "너희는 공평을 지키며 의를 행하라"(사 56:1)고 촉구하시는가 하면 선지자 미가를 통해서는 "여호와께서 네게 구하시는 것이 오직 공의를 행하며 인자를 사랑하며 겸손히 네 하나님과 함께 행하는 것이 아니냐"(미 6:8)고 하셨으며 예수님께서도 "너희는 먼저 그의 나라와 그의 의를 구하라"(마 6:33)고 말씀하셨다.

하나님이 우리에게 요구하시는 의는 그가 베푸신 의의 개념에 잘 나타나 있지만 그 반대개념과 비교하면 또한 잘 알 수가 있다. 하나님의 의의 반대되는 개념은 우상숭배이다. 이는 하나님의 복음에 나타난 의 곧 예수 그리스도가 참 진리인데 반하여 우상은 거짓이요 불의이기 때문이다(롬 1:16~17, 23). 이사야 시대에도 이스라엘 백성이 진리이신 여호와를 업신여겨 멀리하고 물러가(사 1:4) 우상을 섬기는데 열심을 내었다(사 2:8). 이방인들의 대표적인 우상은 바알종교이다. 이 바알종교의 특색은 경제적 풍요를 최대의 축복으로 여기는 까닭에 부동산 곧 땅과 집을 많이 갖는 것이었다(사 5:8; 미 2:2; 6:16). 그래서 바알종교가 성행하게 되면 부동산 투기가 심해져 가난한 자들의 땅을 권력자와 부자들이 탐내어 착취하였다. 그 대표적인 경우가 이스라엘 왕국의 오므리 왕이 은 두 달란트로 사마리아 산을 세멜에게서 산 사건(왕상 16:24)과 그의 아들 아합이 이세벨의 도움을 받아 나봇의 포도원을 강탈한 사건이다(왕상 21장). 이 두 왕들은 바알종교와 그것의 불의한 경제제도를 끌어들여와 여호와의 노를 격발시켰다(왕상 16:26, 33).

그러기에 우상숭배는 전형적인 불의 곧 탐욕과 거짓이다(참조, 골 3:5).

이같이 불의하고 이기적인 탐욕의 우상숭배와는 달리 하나님의 요구하시는 의는 한 마디로 사랑이다. 하나님께서 우리에게 베푸신 의도 사실상 한 마디로 사랑(내리사랑과 안는 사랑)이다. 그래서 사도 요한은 말하기를 "사랑은 여기 있으니 우리가 하나님을 사랑한 것이 아니요 오직 하나님이 우리를 사랑하사 우리 죄를 위하여 화목제물로 그 아들을 보내셨음이니라. 사랑하는 자들아 하나님이 이같이 우리를 사랑하셨은즉 우리도 서로 사랑하는 것이 마땅하도다"(요일 4:10~11). 하나님께서 자기가 베푸신 의에 기초하여 우리에게 요구하시는 의를 루터는 "하나님 앞에서 사랑으로 역사하는 본래의 실천적 의"(the proper, practical righteousness active in love before God)라고 부른다. 이 의는 성령으로 말미암아 맺어지는 열매이기도 하다(갈 5:22).

그러므로 하나님이 우리에게 요구하시는 의는 하나님과 이웃을 사랑하는 것이다. 하나님께서는 우리가 우상을 섬기는 대신에 그의 법도와 규례를 지켜 행하므로 생명을 누리기를 원하시기 때문에(레 18:1~5) 마음과 성품과 힘을 다하여 참 하나님이신 여호와만을 사랑하고(신 6:5), 이웃사랑하기를 우리의 몸과 같이 하라고 명하셨다(레 19:18). 한 율법사가 예수에게 율법 중에 가장 큰 계명 곧 하나님이 우리에게 요구하시는 의에 대하여 물었을 때 위의 신명기와 레위기의 말씀을 하나로 묶어서 대답하신 것(마 22:34~40)에도 하나님이 우리에게 요구하시는 것이 무엇인지가 잘 요약되어 있다. 그래서 사도 바울은 "사랑은 율법의 완성이라"(롬 13:10)고 하고 "온 율법은 네 이웃사랑하기를 내몸같이 하라 하신 한 말씀에 이루었다"(갈 5:14)고 하며 예수의 사람들은 성령으로 행하여 사랑과 절제 등의 열매를 맺고 육체적이고 세속적인 욕심을 십자가에 못박아야 한다고 가르쳤다(갈 5:16~24). 우리의 이웃 곧 혈연, 지연, 학연 등과는 무관한 사람들까지도 하나님의 영광의 면류관을 받아 쓸 수 있도록 그들의 허물과 약점을 담당하고 마음을 다해 사랑을 베풀 것을 하나님은 우리에게 요구하신다.

하나님이 우리에게 요구하시는 의는 그 성격상 공동체적이다. 자기 아닌 이웃을 먼저 생각하는 것이 사랑과 의의 특성이기 때문이다. 자기만 하나님께로부터 의롭다 함을 받은 것으로 만족하는 사람은 사실상 믿음도 없고, 따라서 의롭다 함을 받은 것도 아니다. 왜냐하면 참된 믿음은 사랑으로 역사하여 성령의 열매를 맺기 때문이다. 우리는 적어도 그리스도 예수를 머리로 한 지체들이기에 "만일 한 지체가 고통을 받으면 모든 지체도 함께 고통을 받고 한 지체가 영광을 얻으면 모든 지체도 함께" 즐거워하도록(고전 12:26) 되어있다. 그러기에 하나님께서 우리 각 사람에게 나눠주신 믿음의 분량대로 지혜롭게 생각하여 각각의 직분을 따라 서로를 섬기되 서로 먼저 그리고 열심으로 하여야 하는 것이다(롬 12:3~13).

바울의 가르침에 따르면 성령으로 충만케 된 경우에는 그 결과로서 신령한 노래로 하나님께 대한 감사와 찬양이 있게 될 뿐만 아니라(엡 5:18~21), 아내와 남편 사이(엡 5:22~33), 자녀와 부모 사이(엡 6:1~4), 윗사람과 아랫사람 사이에(엡 6:5~9) 온전한 사랑의 질서가 있어서 아름다운 공동체를 이루게 된다. 이같은 사실은 오순절 성령강림 때 성령으로 충만한 초대교회가 서로 교제하기를 힘쓰면서 재산과 소유를 서로 함께 쓰거나 각 사람의 필요대로 나눠준 사건에서도 찾아볼 수가 있다(행 2:42~45). 이렇듯이 하나님이 우리에게 요구하시는 의는 하나님과 이웃을 적극적으로 사랑하는 것인바 이 사랑은 이웃이 잘 되기를 바라는 마음을 가지고 그의 속 사람이 날마다 새로워지고 거룩해지며 그리하여 마침내 하나님의 아들의 형상을 본받는 데까지 성장하여 영화롭게 되기까지 해산의 수고를 아끼지 않을 뿐만 아니라 이웃의 허물과 약점을 비판하지 않고 오히려 스스로 짊어지는 헌신적인 사랑이다. 이웃에 대한 이같은 사랑은 하나님께서 우리의 허물과 죄악을 위하여 그의 아들 예수 그리스도를 육신의 몸으로 보내시어 십자가에서 죽게 하신 그 크신 사랑을 우리가 믿음으로 하나님의 의를 체험하는 데서 사실상 가능한 것이다. 즉 하나님이 우리에게 베푸신 의가 원인이 되어 그 결과로 우리가 의를 행할 수 있게 되는 것이다.

3. 하나님이 오늘 우리에게 요구하시는 의

하나님이 오늘 우리에게 요구하시는 의가 어떤 것인지를 살핌에 있어서 우리의 이웃이 누구이며 이웃을 사랑하는 구체적인 방법을 생각해 보는 것이 적절할 듯하다.

하나님께서 예수 그리스도에게 특별히 성령을 부으시고 복음을 가난한 자들과 흉악한 멍에의 줄로 압제당하는 자들에게 전파하여 자유와 생명을 베풀도록 하신 점(사 58:6; 61:1~2; 눅 4:17~21)으로 미루어보아 오늘 우리의 이웃으로는 농어민, 도시의 영세민 근로자, 고등학생들과 10대 소녀들을 꼽을 수 있을 것이다. 정부당국의 농업정책의 빈곤으로 말미암아 농민들의 삶이 너무나 어려워져있다. 어민들이나 도시 저소득층도 마찬가지이다. 근대화 과정에서 '잘산다'는 개념이 물질적 풍요에 의하여 규정되고 있는 까닭에, 경제적으로 빈곤하던 사람들이 상대적으로 좌절감을 갖는 것이 문제이다.

대학입학시험을 목전에 둔 고등학생들은 대학입학을 인생의 행복의 열쇠로 착각하고 있다. 그래서 입시공부의 노예가 되어 있다. 그들의 삶의 목표가 오직 대학입학 뿐인 것으로 보일 정도이다. 그런가 하면 공부라고 하는 흉악한 멍에가 주는 압박감 때문에 탈선한 10대 소녀들이 윤락의 희생물로 전락되고 있기도 하다.

이러한 우리의 이웃들을 위하여 하나님이 오늘 우리에게 요구하는 의가 무엇인가? 우리 그리스도인들은 믿음의 사람들이요 하나님의 의의 사람들이기에 변혁의 역군(change agent)들이다. 성경에 나타나 있는 하나님의 말씀과 가르침을 따라서 하나님의 뜻을 분별하여 실천하는 일꾼들이다.

　원론적으로 말하자면 우리는 성공과 행복에 대한 성경적 개념을 사람들에게 제시하여 상대적 빈곤감이나 열등의식을 갖지 않도록 해주어야 한다. 우리의 삶은 적어도 물질의 넉넉함에 있지 않다(눅 12:15)는 사실을 가르쳐야 한다. 그러나 경제적 빈곤은 미덕이 아니므로 가난한 채로 살도록 방치해서는 안된다. 가난한 자들을 돌보지 않는 것은 불신앙이다(딤전 5:8). 그러므로 가난한 자들의 생활향상을 위한 정책수립이 무엇보다 중요하다. 이를 위해서 정부가 정책적으로 뒷받침하여 농민들이 조합원이 되어 농수산물의 생산, 가공, 판매 등을 총괄할 수 있도록 해주어야 한다. 이로써 생산자와 소비자가 다 같이 보호되고 도시의 영세민의 생활향상까지 도모되어야 하는 것이다. 또한 땅의 주인이 하나님이시므로(레 25:23) 개인들이 땅을 투기의 대상으로 삼을 수 없게 하고 땅을 경작하는 자들로 하여금 소유할 수 있게 하는 제도적 장치와 적어도 소작농들의 생산의욕을 충족시킬 수 있게 소작료가 강력하게 규제되어야 할 것이다. 도시의경우는 건물 임대료와 전세값이 규제되어 마땅하다. 청소년들의 경우 입시의 멍에로부터 완전한 자유를 보장하는 일은 사실상 불가능하더라도 저녁식사만큼은 귀가하여 가족들과 함께 먹을 수 있게 하고 공휴일 즉 주일에는 온전히 휴식을 취할 수 있도록 조치해 주어야 한다. 지금 청소년들은 기성세대의 탐욕의 희생물이 되고 말았다. 기성세대는 자기들이 생각하는 세속적인 야망을 자기의 자녀들인 청소년들을 통해서 이루고자 하며 세속적인 성공의 개념에 따라서 청소년들에게 목표를 제시함으로써 그들을 비인간화시키고 있다. 부모들은 성경말씀을 자녀들과 함께 묵상하고 그 말씀을 따라 기도하며 하나님께 우리의 삶을 의탁하는 훈련을 함께 해야 한다. 성경 속에서 인생의 의미와 가치를 찾아 행복을 추구할 수 있도록 교육해 주어야 한다. 이 교육의 책임은 특별히 아버지에게 있는 것이다(참조, 딤전 2:11~12).

이상에서 언급한 내용을 살펴보면 하나님이 요구하시는 의는 정부의 정책수립과 깊이 관련되어있다. 하나님이 오늘 우리에게 요구하시는 의는 개인적인 차원에 국한되지 않고 정책이 빈곤한 정치권력에 대하여 비판적인 성격을 갖고 있다. 그래서 칼빈도 그의 『기독교강요』에서 권세자들에 대하여 때로는 비판적으로 불순종할 것을 강력하게 주장한 바 있다(2권 8장 38항과; 4권 20장 32항).

그러나 한편 우리는 개인적인 삶의 차원에서는 자기를 부인하는 생활 곧 검소하고 절제하는 생활을 함으로 이웃에게 덕을 세워야 하고 이로써 환경오염도 예방할 수 있어야 한다.

결 론

예수님께서 제자들에게 하신 말씀을 보면 사람에게 보이려고 그들 앞에서 의를 행하지 말고(마 6:1) 하나님의 나라와 의를 먼저 구하라고 하셨다(마 6:33). 바리새인들의 위선적인 생활과 불신자들의 탐욕적 생활을 함께 경계하면서 이웃사랑의 실천방법으로 구제를(마 6:3) 하나님께 대한 신뢰와 경외심 및 믿음을 연단하는 방법으로 기도를(마 6:5) 그리고 자기를 부인하는 방법으로 금식을(마 6:16) 말씀하셨고, 물질을 사용함에 있어서 하나님의 영광을 목적으로 할 것(마 6:20)을 말씀하셨다.

또한 사도 바울은 하나님이 우리에게 은혜를 베푸신 것은 세속적인 정욕과 탐욕을 버리고 자기의 육체를 십자가에 못박아 근신하며 이웃을 사랑함으로 의롭고 하나님을 두려워함으로 경건하게 살도록 하기 위함이라고 말했다(딛 2:12). 이로 보건대 하나님의 사람으로서 의롭게 살면서 무엇보다 먼저 자기를 부인하고(마 16:24) 하나님의 의를 구해야 한다(마 6:33). 하나님은 이처럼 자기를 부인하고 믿음으로 하나님의 의를 덧입은 사람들을 통해서 파괴되고 황폐해진 땅의 기초를 수축하신다(사 58:12). 다시 말해서 거짓된 바알종교의 불의한 부동산 투기와 그

것과 결부된 폭력과 착취로 말미암아 황폐된 땅을 치료하심에 있어서 하나님은 믿음의 사람들에게 변혁의 역군들로서 의를 행하여 빛을 발할 것을 요구하고 계신다.

제 9 장

한국 보수주의 교회의 신학적 문제점

서 론

　사회적 책임과 관련하여 볼 때 한국 보수주의 교회는 상당히 문제가 있다. 그 원인이 대하여 두 가지의 편견이 있다. 첫째 민중신학의 주장에 의하면 한국 보수주의 신학은 하나님을 '성령 없는 성부 하나님'으로 이해하고 있는 까닭에, 그 신학은 성격상 형식주의적이고 권위주의적이어서 권위주의적 사회, 경제체제를 정당화할 수밖에 없을 뿐만 아니라 통치자들의 권위에 민중을 복종시키고 교회 안과 사회에서 전체주의적 독재주의를 허용하지 않을 수 없다. 그런가 하면 한국 보수주의 교회의 신학에는 별다른 문제가 없으며 정교분리의 원칙에 입각하여 건전하게 교회가 발전되어 오고 있는 것으로 보는 안일한 생각도 있다.
　개혁신학은 헬라의 이원론적 철학사상에 깊이 뿌리박고 있던 중세의 신학을 탈피하여 성경으로 되돌아가 개혁된 신학이다. 그런 까닭에 아담 이래 타락한 현세상과 그리스도 안에서 구속된 교회를 이원론적으로 보고서 성속을 대립시키고 세속 위에 교회가 군림하거나 세상을 멸시하는 중세 카톨릭의 신학사상과 단절된 신학이 소위 개혁신학(reformed theology)인 것이다.

그러나 사실상 한국의 보수주의 교회는 개혁신학이 단절을 선언한 중세의 카톨릭 신학의 악한 잔재를 답습하여 정교분리 원리의 미명 아래 성속구별의 한계를 넘어 세상을 멸시하거나 도외시하는 경향을 띠어왔다. 이같은 이원론적 사고방식이 한국 보수주의 교회의 밑바탕에 상당히 깔려있으므로 해서 사회적 책임과 관련하여 문제점을 갖게 된 것이다.

개혁신학에 입각하여 한국 보수주의 교회에게 표준적 신학체계를 소개한 신학자는 박형룡이기 때문에 그의 조직신학을 중심으로 하여 한국 보수주의 교회의 신학을 진단하고 사회적 책임과 관련하여 문제점을 제시하고자 한다.

1. 성경교리에 관하여

한국의 보수주의 교회는 성경이 하나님의 영감으로 된 그의 말씀으로서 신앙과 생활을 위한 정확무오한 권위있는 규칙임을 강조해왔다. 성경은 우리가 하나님 자신에 대하여 믿을 바와 그가 우리에게 어떤 본분(또는 의무)들을 요구하고 계시는가를 가르쳐 주고 있음을 안다. 성경의 저자는 진리이신 하나님 자신이기 때문에 성경에는 권위가 있으며 따라서 우리는 성경을 믿고 순종해야할 의무가 있다.

박형룡의 조직신학 제1권에는 성경을 논함에 있어서 그것이 특별계시로서 하나님의 말씀이요 그 속성에 있어서 신적 권위와 명료성과 충족성이 있으며 유기적으로 완전하게 축자적으로 영감된 까닭에 전혀 오류가 없음을 강조하여 진술하였다. 그는 유기적 영감교리를 논함에 있어서 칼빈의 사상에 기초한다. 칼빈에 의하면 성경은 하나님이 사람들을 도구로 사용하여 자신의 입으로부터 우리에게 전달한 그의 말씀이다. 박형룡은 기계적 영감론을 반대한다. 기계적 영감론에 의하면 성경의 기자들은 단순한 필기자들로서 성령께서 불러주는 대로 받아쓴 것에 불과하지만 유기적 영감론은 영감을 기계적 과정으로 보지 않고 성경기자들의 성격, 재능, 직업, 교육, 문체, 자료수집 등을 사용하여 성령이 유기적으로 작용한 것임을 주장한다. 즉 성경기자들의 인간적인 요소들이 충분히 활용되며 기존의 문헌을 기자가 연구하는 일도 성령의 감동 아래서 되어짐을 인정하는 것이다. 다시 말해서 성령이 성경기자들을 사용하시되 그들의 인격을 무시함이 없이 또한 기존의 문헌적 자료연구를 배제함이 없이 사용하여 성경계시를 기록케 한 것임을 유기적 영감론은 주장한다.

성경은 영감으로 기록된 까닭에 과학적으로 역사적으로, 도덕적으로 오류가 없음이 주장된다. 박형룡은 성경이 왜 무오해야 하는가 하는 문제에 대하여 구원을 얻는데 있어서 신뢰할 만한 지침이 되기 위함이라고 말한다.

성경교리에 대한 박형룡의 관심은 영감과 구오성에 치중하고 하나님이 성경을 주신 목적에 대하여는 소홀하다. 디모데후서 3:16~17을 주해함에 있어서 성경에는 선하고 행복한 삶을 위한 완전한 규칙이 포함되어 있는 까닭에 성경을 바르게 사용하면 항상 유익을 얻게 되며 성경은 거룩하고 경건한 삶을 살도록 교육하여 하나님의 사람으로 완전케 한다는 사실을 강조하였다. 성경은 우리로 하여금 성숙하고 완전한 사람이 될 수 있게 하는 완전한 규칙인 것이다. 이로써 행복하고 선한 삶을 살 수 있게 된다.

요한복음 20:31에는 말씀되어진 바대로 하나님이 우리에게 성경을 주신 것은 예수 그리스도를 믿어 그 이름을 힘입어 풍성한 삶을 누릴 수 있도록 하기 위함이다. 그리스도를 믿는 믿음을 통해서 하나님의 사람이 온전해지고 그리하여 경건하고 행복한 삶을 살 수 있게 하는데 성경의 목적이 있다. 이렇듯 성경의 목적은 하나님과 그가 보내신 예수 그리스도를 믿게하는 것과 그 믿음에 기초하여 하나님의 뜻을 분별하여 우리의 삶을 온전하게 살게 하는데 있는 것이다.

박형룡은 계시의 목적을 말함에 있어서 죄의 권세로부터 구출에 초점을 맞춤으로서 우리에게 풍성하고 행복하며 경건한 삶을 위한 법칙으로서 계시가 주어진 점을 소홀히 한다. 웨스트민스터 소요리문답이 말하는바 하나님께 영광을 돌리고 그를 영원토록 즐기며 행복하게 살 수 있는 인생의 목적을 위한 규칙이 성경임을 강조하지 않고 소홀하게 취급할 때 성경이 우리의 삶 속에서 운동력을 가지고 살아 움직이게 하는데 미흡하게 될 가능성이 많다.

성경은 우리를 훈련하여 하나님의 사람으로 성숙하고 완전케되어 선하고 행복한 삶을 살며 선한 일을 힘써 하게 하려는 목적으로 주어졌다. 즉 온전한 인격을 갖추어 사회적 책임을 다할 수 있는 성숙한 시민이자, 하나님 나라의 백성이 되게 하는데 성경의 목적이 있다. 그러기에 성경이 신앙과 생활을 위한 무오한 규칙인 것이다.

2. 창조주 하나님과 삼위일체에 관하여

칼빈은 그의 기독교강요에서 먼저 창조주 하나님을 아는 지식을 논술하였다. 그리고 나서 그리스도 안에 계시된 구속주 하나님을 아는 지식을 다루었다. 이처럼 하나님을 창조주이시자 구속주로 아는 이중의 지식을 가질 때에만 하나님을 바르게 섬길 수 있다고 했다. 그는 하나님에 관한 지식에 있어서 경건이 필수조건임을 강조하면서 경건이 없는 곳에는 하나님에 관한 참된 지식이 있을 수 없다고 했다. 그가 말하는 바에 의하면 경건은 하나님에 대한 경외와 하나님에 대한 사랑이 결합된 것으로 이 사랑은 그의 은혜를 깨달아 앎으로써 오는 것이다. 즉 하나님이 우리를 부성적인 사랑으로 양육하시는 모든 복의 근원이심을 알고서 그를 자발적으로 신뢰하며 순복하며 또한 그 하나님이 위엄과 권위가 있는 주님이신 것으로 알고서 그를 경외하여 그의 영광을 나타내기를 힘쓰는 것이 곧 칼빈이 강조하는바 경건이다. 이 경건을 통해서 우리가 하나님을 참되게 신앙하며 행복한 삶을 살 수 있다는 것이 칼빈의 요점이다.

칼빈에 의하면 이 하나님은 자신이 홀로 한 분이시라는 것을 말씀하시는 동시에 명백하게 자신이 삼위로 계심을 증거하신다. 삼위일체의 하나님을 파악하지 못하면 하나님이라는 공허한 이름을 알 뿐 참된 경건이 있을 수 없으며 따라서 행복한 삶이 불가능함을 칼빈은 역설한다.

칼빈의 신학사상을 따르는 한국 보수주의 교회의 박형룡의 조직신학은 그 골격에 있어서 칼빈의 것과 다를 바가 없다. 그는 하나님의 존재, 이름, 속성, 삼위일체 그리고 그의 사역 등을 체계적으로 진술하였다. 그는 웨스트민스터 신앙고백서대로 "본질과 능력과 영원성에 있어서 동일한 삼위가 단일한 신격에 있으니 성부 하나님과 성자 하나님과 성령 하나님이시다. 성부는 아무에게서 기원하지 않으시고 나시지도 않으시며, 나오시지도 않으시나, 성자는 성부에게서 영원히 나시고 성령은 성부와 성자에게서 영원히 나오신다"고 믿는다. 이 삼위 하나님은 서로 간에 인격적으로 교제하며 서로 사랑하고 영화롭게 한다는 점도 강조한다. 그러나 삼위 간의 이같은 인격적 교제 관계에 대한 진술이 박형룡의 경우 하나님의 형상교리에 전혀 반영되어 있지 않다. 사실상 이 삼위 간의 관계에 근거하여 볼 때 하나님의 형상으로 창조된 인간도 본질상 사회적 존재로서 서로 사랑하고 존귀하게 여겨야 할 본분을 가진 존재인 것이다.

박형룡은 하나님의 천지창조에 대하여와 섭리사역에 대하여 아주 자세하게 진술하되 웨스트민스터 신앙고백을 철저하게 따른다. 하나님이 천지와 그 가운데서 일어나는 모든 일들과 역사 및 개인생활까지 보존하시고 통치하신다고 말한다.

이상에서 지적한 대로 칼빈이나 웨스트민스터 신앙고백과 박형룡은 다 같이 하나님이 창조주이시자 섭리주이심을 말하며 특히 칼빈은 창조주 아버지 하나님의 선하심과 사랑 많으심을 알 때 우리가 하나님을 경외하고 순복하며 즐거워하여 풍요롭고 행복한 삶을 살게 된다고 말하였다. 즉 창조주 하나님에 대한 교리를 우리의 풍요로운 삶의 문제와 관련지어 말함으로써 신앙이 추상적이거나 타계적 구원에만 관계된 것이 아님을 분명히 하였다. 또한 삼위일체 하나님에 대한 인식도 추상적인 교리에 머물지 않고 우리의 행복한 삶에 필수적임을 역설함으로써 기독교의 교리가 추상적 작업이 아님을 밝힌 것이다.

그러나 이와는 다소 거리가 멀게 오늘의 한국 보수주의 교회는 구속주 하나님 곧 신약의 십자가의 하나님에 치중하여 가르치고 삼위일체에 관한 교리적 진술에 있어서도 성자의 신성과 성령의 인격성 논증에 치우치고 비성경적인 이단적 삼위일체론을 단죄하는데 열정을 쏟다보니 우리의 삶의 문제와 관련지어 가르치는 일에 소홀하게 되었다. 즉 이 세상을 창조하신 하나님이 우리를 이 땅에 두신 목적이 무엇이며 삼위 하나님이 역사의 현실을 어떻게 섭리하고 계시는가 하는 문제를 제대로 다루지 않게 된 것이다.

3. 하나님의 형상 개념에 관하여

박형룡은 하나님의 형상개념을 진술함에 있어서 인간의 본질적 요소에 주로 제한하여 생각한다. 그에 의하면 하나님의 형상으로 창조된 인간은 인격의 소유자로서 선악을 행하는 의지적, 결정력을 갖고 있었다. 그는 하나님의 형상개념에 하등 피조물계에 대한 주관권이 포함되어 있음을 말한다. 아담은 낙원에서 땅을 경작할 뿐만 아니라 자연계를 통찰하며 모든 동물의 본성을 따라 이름을 지어주고 주관하는 등 문화와 과학의 지식을 갖고 있었던 것이다. 그리스도 안에서 구속된 인류만이 만물 위에 참된 주관권을 충분히 행사하여 온 피조세계의 구속을 성취할 것임도 박형룡은 역설한다.

그러나 박형룡은 하나님의 형상 개념을 개진함에 있어서 칼빈에게 크게 미치지 못하고 있다. 하나님의 형상으로 창조된 인간은 아담의 타락 이후로도 여전히 하나님 보시기에 존귀한 존재임은 그가 하나님의 형상을 아직도 지니고 있기 때문이다(창 9:6; 약 3:9). 하나님께서 허물된 인류를 항상 사랑하시는가 하면 예수님께서도 연약한 자들, 병든 자들과 귀신들린 자들의 약점을 담당하며 사랑을 베푸신 것은 인류가 본질상 하나님의 형상을 지니고 있기 때문이다.

그러나 칼빈이 얻은 결론에 의하면 사람이 하나님의 형상으로 창조되었다고 하는 것은 그가 질서있는 순결과 의 가운데 창조주의 은혜를 의지하여 살고 그가 마음으로 반영하도록 되어있던 하나님의 말씀을 통해서 그리고 피조물들이 드러내는 영광을 통해서 하나님과의 교통을 더욱 깊게 가지며 천국생활을 묵상하고 자기의 동료 및 자연환경에 대하여 참으로 질서있는 관계를 가지고 사는 것을 의미했다. 칼빈의 경우, 하나님의 형상개념은 인간의 자질을 말하기보다는 하나님과 동료 인간과 자연에 대한 관계가 우선적으로 강조되어 있는 것이다. 우리의 모든 능력을 기울여 하나님을 존귀하게 여기고 하나님의 말씀과 뜻에 의지하여 살며 그의 영광을 추구하는데 진력하며 그리스도 예수 안에서 하나님이 나타내 보이신바 관용과 용서의 사랑을 우리 자신들의 삶을 통해서 나타내고 하나님의 선하신 뜻을 따라 이 자연의 환경을 성전으로 삼아 우리의 노동을 통해 하나님께 감사를 드리는 삶이 곧 하나님의 형상에 일치하는 삶이다. 좀더 구체적으로 말하자면, 그리스도가 보이신 사랑을 통해서 힘없는 자들에게 하나님의 값없는 은혜를 나타내 보이고 가난한 자들에게 하나님의 섭리적인 돌보심을 보여주고 이 어두운 세상에서 하나님의 빛을 발하고 고아와 과부를 기꺼이 돌보아주는 것 등이 하나님의 형상에 일치된 질서있는 삶인 것이다.

인간이 타락한 이후 그들의 모든 생각하는 것이 하나님 보시기에 악하고 인간이 의도적으로 하나님을 멸시하고 적대하며, 영화롭게 하거나 감사하지 않고 오히려 거짓된 버러지 형상의 우상으로 참되신 하나님을 바꿔 섬기며 동료 인간을 해치고 피 흘리기를 즐기는가 하면 자연계를 학대하는 것 등 무질서와 무절제는 하나님의 형상을 상실한 인간의 삶이 어떤 것인지를 보여주고 있는 것이 된다.

창세기 1장에 계시되어 있는 하나님은 천지를 순서있고 질서있게 만드신 질서의 하나님이시고 인간으로 하여금 천지를 질서대로 관리하게 하신 분이시다. 그러므로 그 하나님의 형상이란 바로 질서있는 관계개념을 담고 있다. 에베소서 4:24과 골로새서 3:10에 언급되어 있는바 '참지식, 의, 거룩'으로서의 하나님의 형상개념도 창세기 1장을 배경으로 하여 보면 십계명에 요약된대로 하나님의 율법을 따라 사는바 질서가 잡힌 삶을 사는 것이 곧 하나님의 형상이다. 이렇듯 칼빈에게 있어서는 이 땅 위에서 인간생활의 전과정을 통하여 질서있게 사는 것이 '지식과 의와 거룩'이다. 칼빈에게 있어서 균형잡힌 삶이란 하나님을 성령과 진리로 순전하게 섬기는 것과 이웃들을 순결하고 의롭게 대하고 각 사람에게 자기의 몫에 해당하는 것을 돌려주는 것 곧 하나님과 이웃을 위하여 사는데 우선적으로 관심을 갖는 삶이다.

율법의 목적이 청결한 양심과 거짓없는 믿음에서 나오는 사랑(딤전 1:5)에 있는 까닭에 하나님 자신에 대한 헌신과 순종을 원천으로 하여 우리의 동료들에 대한 선행이 열매로 맺어져야 하는바 이것이 하나님의 형상이다. 하나님께 대한 내면적 사랑이 외형적으로 나타날 때 이것이 바로 이웃에 대한 사랑인 것이다. 칼빈의 경우, 하나님과 이웃에 대한 사랑은 첫째로 자기부인을 통해서 이기적 사랑이 제거되고 결과적으로 하나님과 사람 앞에서 겸손을 열매맺는다.

이렇듯 칼빈은 하나님의 형상개념을 창조의 질서 및 율법의 목적과 관련지으므로 우리의 실제적 삶에 초점을 맞추었다. 그러나 박형룡의 조직신학과 한국의 보수주의 교회는 하나님의 형상을 주로 인간의 자질적 요소로만 파악함으로써 삶의 문제와 제대로 연관을 짓지 못한 것이다. 박형룡이 언급한 바대로 하나님의 형상개념에 포함되어 있는바 만물에 대한 주관권 내지는 통치권이 강조됨으로써 인간이 매일의 생활 속에서 이웃과 자연을 통해 하나님을 찬송하며 감사하는 삶을 사는 것에서 하나님의 형상개념을 이해해야만 한국의 보수주의 교회가 사회적 책임문제에 있어서 약점을 갖지 않게 되는 것이다.

4. 죄의 본질과 구조악에 관하여

자유주의 교회가 구조적인 사회악만을 일방적으로 강조하는데 반하여 한국의 보수주의 교회는 죄를 논함에 있어서 종교적인 우상숭배와 개인의 윤리적인 죄(예: 살인과 간음 등)만을 특히 강조한다. 죄문제를 성경에서 전체적으로 파악하는데 소홀하다.

박형룡의 조직신학을 보면 원죄와 관련하여 창세기 3장을 중심으로 죄문제를 다루고 있다. 박형룡의 진술에 의하면 죄의 본질은 하나님의 의지에 복종하기를 거절하고 자기의 뜻을 앞세우려는 인간중심의 자율주의로서 하나님의 신실을 부정하는 불신앙과 스스로높아져 하나님과 같이 되려는 교만을 품고 불순종하는 경향이다. 이로 보건대 죄는 인본주의적 자율주의에서 출발하여 불신앙으로 이어지고 그리고 교만으로 발전한다. 그래서 박형룡은 죄를 정의함에 있어서 웨스트민스터 소요리문답에 준하여 하나님의 율법을 순종함에 부족하거나 혹 어기는 것이라고 말한다.

박형룡에 의하면 죄에는 죄책과 오염의 두 요소로 되어 있다. 죄책이란 형벌받을 만한 죄과이고 오염은 적극적 악의 실제인바 그가 말하는 죄는 주로 개인의 문제이다. 그는 아담이 인류의 시조로서 뿐만 아니라 언약적 대표로서 범죄한 까닭에 그의 범죄의 책임이 모든 후손들에게까지 지워지게 되었고 따라서 모두가 다 사망의 형벌을 받게 되었다고 말한다. 그는 한편 로마서 1장과 8장에서 근거하여 원죄로 말미암아 인류가 종교적 도덕적으로 혼란에 빠지고 피조세계가 비정상 상태에 있음을 지적하여 말했다.

　박형룡은 로마서 5:12에 근거하여 아담의 최초의 범죄에 모든 사람이 참여하여 죄를 지었으므로 사망이 그들 모두에게 임하였음도 말한다. 아담 한 사람의 범죄로 말미암아 모든 인류에게 사망의 형벌이 임했을 뿐만 아니라, 그 한 범죄로 말미암아 모두가 죄를 지은 까닭에 사망에 이른 것이다. 그래서 모든 사람이 나면서부터 죄인인 까닭에 사망을 면할 길이 없다고 말한다.

　죄의 본질에 대한 박형룡의 신학적 진술은 성경에 충실하고 상세하지만 사회구조악적 측면과 관련짓는 일에 있어서 다소 미흡하고 현대의 인본주의적인 자율주의 사상과 관련지어 아담의 죄의 본질을 논하지 아니한 것으로 보인다.

　칼빈의 경우도 보면 그의 기독교강요는 박형룡의 신학적 진술과 내용상 같다. 창세기 3장과 로마서 5장에 근거하여 죄의 본질과 원죄의 전가를 다루어 하나님의 말씀에 대한 불충이 타락의 근본이요, 그 말씀을 멸시한 까닭에 하나님께 대한 모든 경외심이 없어지게 되고 그 결과로 교만하여져 하나님의 은혜를 저버리고 하나님과 동등됨을 스스로 취할 것으로 여겼다고 말한다. 칼빈이 강조하는 바에 의하면 하나님의 말씀을 의심하고 그의 권위를 멸시함으로써 완강한 불순종에 빠져 결국 하나님의 사랑받는 행복한 삶을 상실하고 마침내는 인류와 온 피조물이 파멸하여 허무한데 굴복하게 된 것이다. 우리의 본성은 그래서 선이 결핍되어 있을 뿐만 아니라 각종 악을 생산할 능력이 풍부하다.

　칼빈은 로마서 1장을 주해함에 있어서 불경건과 불의를 '하나님을 모욕하는 것', '하나님에게서 그의 합당한 존귀를 박탈하는 것'을 의미하는 것으로 보며 하나님을 이처럼 멸시하여 그의 영광을 사악하게 박탈하고 감사하지 아니한 까닭에 사람들 속에 진리가 없게 되고 그래서 우상을 만들어내며 미련한 마음이 어두워져 오류와 거짓을 향하여 무모하게 돌진한다고 설명한다. 또한 진리의 하나님을 거짓된 우상으로 바꾸어 섬기는 까닭에 하나님이 사람을 보복하시므로 변태적인 정욕에 빠지게 된 것이며 인간이 우상숭배를 범함으로 자연의 전체질서를 뒤집은 것이 되며 그래서 각종의 죄악들이 난무하게 된 것이 당연하다고 칼빈은 개진한다.

칼빈과 박형룡이 창세기 3장과 로마서 1장, 3장, 5장 등에 근거하여 죄문제를 개진한 것을 정리하자면 하나님의 말씀을 의심하므로써 그의 말씀의 권위 뿐만 아니라 하나님 자신의 권위를 거부하게 되고 이로써 교만하여져 불순종하게 되는가 하면 하나님의 영광을 박탈하고 그에게 감사하지 아니하며 진리의 하나님을 거짓된 우상으로 바꾸고, 그 결과로 보복을 받아 성적 타락에 빠지는가 하면 각종의 범죄를 행하여 온 사회와 피조계가 허무와 무질서에 굴복케 된다는 것이다.

사실 하나님의 절대 주권과 그의 말씀의 절대 권위를 부인하는 것이 현대의 인본주의적 자율주의의 특징이다. 하나님의 권위와 주권을 부인하는 까닭에 그 마음이 어두워지게 되었고 그 결과 우상숭배에 빠졌는가 하면 성도덕이 크게 문란해졌다. 또한 하나님의 권위를 배제하므로서 인간이 자기를 내세워 주장하게 되고 이기적 탐욕에 사로잡혀 무절제하고 무질서하게 되며 사회구조가 악하게 되고 모든 자연계마저 탄식하게 된 것이다.

이렇듯 성도덕의 타락이나 각종 사회악과 그것의 직접적인 뿌리인 이기적인 탐욕의 궁극적 원인이 하나님의 말씀인 성경의 권위 및 하나님의 절대주권을 부인하는 것과 하나님의 은혜를 저버리고 그의 영광을 찬탈하는데 있는 것이다. 따라서 한국의 보수주의 교회는 죄의 본질을 체계적으로 이해하여 사회구조악의 뿌리를 제거하는데 우선적으로 관심을 가져야 한다. 성경적으로 보면 사회구조악의 직접적인 원인은 탐욕 또는 이기적인 자기주장(self-assertion)이고 간접적인 원인은 성적 타락이며 궁극적 원인은 하나님의 말씀의 권위와 그의 절대주권을 부인하는 교만과 불순종이다. 이 교만은 하나님의 영광을 구하지 아니하며 그에게 감사하지 않고 그의 은혜와 사랑을 아주 소홀하게 생각하며 진리를 거짓으로 바꾼다. 이것이 인류의 문제점이자, 현대사회의 고질병이다.

5. 그리스도와 하나님의 나라에 관하여

한국 보수주의 교회는 예수 그리스도를 교회의 머리이시자, 하나님의 백성의 구속주로 대개 이해하고 있으며 정종분리의 원리 아래 하나님의 통치권을 교회의 영역에 제한한다.

우선 박형룡이 예수 그리스도에 관한 교리를 개진한 것을 보면 그리스도의 양성일격과 속성교통에 관한 내용과 그의 신분 곧 성육신으로부터 죽음, 부활, 승천 및 재림에 이르기까지의 신분에 관한 것과 그의 삼중직 곧 선지직, 제사직, 왕직과 그가 성취한 속죄에 관하여 상론하고 있다. 그리스도에 관한 그의 진술은 기본적으로 성격에 있어서 구원론적이고 영적이다. 예를 들면 그리스도의 인성의 필요성을 논함에 있어서 사람이 받아 마땅한 형벌을 대신 받을 수 있기 위함이라고 말하는가 하면 그의 신성의 필요성에 대하여는 무한한 가치가 있는 제사를 드리고 하나님의 율법을 완전하게 성취할 수 있기 위함이라고 말한다.

박형룡은 하나님의 나라를 사람의 마음 속에 설립되고 수납된 하나님의 통치로 정의한다. 따라서 그가 말하는바 하나님의 나라는 영적 왕국이고 종교적 대상들에 국한된 조직이다. 그리스도의 은혜로 통치하여 하나님의 택한 백성이 행복을 누리게 하는 것이 바로 박형룡이 이해하는 하나님의 나라인 것이다. 물론 자연의 세력 위에와 하나님 나라를 대적하는 모든 악한 세력들 위에 그리스도의 통치가 영향을 미치고 있다는 사실과 그리스도에게 하늘과 땅의 모든 권세가 주어져 있다는 사실을 박형룡이 전혀 모르고 있는 것은 아니다. 그의 기독론과 하나님 나라에 대한 이해는 성격상 영적이며 영혼의 구원과 교회의 영역에 크게 제한되어 있다.

또한 그리스도의 삼중직을 논함에 있어서도 그의 직분이 그의 몸인 교회 및 세상과 어떤 연관이 있는가에 대하여 박형룡은 별다른 관심을 갖고 있는 것 같지 않다. 박형통과는 다르게 칼빈은 그의 기독교강요에서 그리스도의 삼중직을 '기름부음'의 개념에 기초하여 깊이있게 진술한다. 칼빈에 의하면 그리스도께서 기름부음을 받으신 것은 그 자신을 위해서 뿐만 아니라 그의 몸 전체를 위함이었다. 그리스도가 받으신바 기름부음은 머리로부터 지체들에게로 확산된 것이다. 따라서 그가 성령의 기름부음을 받음으로써 선지직을 수행하실 수 있게 되었을 뿐만 아니라 그의 몸인 교회가 성령의 권능으로 복음을 힘있게 전파하며 가르칠 수 있게 되었고 그가 왕으로 기름부음을 받은 것은 지혜와 총명과 모략과 재능의 신을 풍성하게 받음으로서 그의 충만한 데서 우리가 은혜 위에 은혜를 받아 부요하게 되어 하나님의 뜻에 순복할 수 있게 된 것을 뜻한다. 즉 성령이 그리스도를 '왕으로 기름부은 것'은 그가 성령을 한량없이 충만하게 받음으로써 모든 은사들과 능력들로 충만하게 되어 그의모든 백성들이 그의 충만한 능력과 은혜로부터 받아 부유하게 될 수 있게 하는데 있었다. 또한 그가 기름부음을 받아 선지직과 왕직 뿐만 아니라 제사장직을 받은 것은 교회라고 하는 그의 몸과 전세계가 그의 거룩으로 충만케 될 수 있도록 하기 위함이었다.

　이와 같이 칼빈의 경우 기름부음은 단지 그리스도 자신을 위한 것이아니고 성령의 기름이 온 교회에 흘러 넘치기 위함인 것이다. 예수 그리스도의 인성은 따라서 구원과 생명과 권능이 교회에게로 흘러 넘쳐 들어올 수 있는 유일한 통로였다. 결국 그리스도의 삼중직이 교회와 온세계를 섬기는 직분이요, 교회와 세계를 하나님의 말씀으로 붙잡아주고 부요하게 하는 직분인 것으로 칼빈은 이해하였다. 이렇듯 칼빈은 그리스도의 기름부음과 직분을 섬김과 관련지어 이해하였으나 박형룡과 한국의 보수주의 교회는 이점을 깊이 파악하지 못하고 있는 것이다.

　칼빈의 경우도 박형룡처럼 하나님 나라의 성격을 영적인 것으로 규정한다. 그의 나라는 지상적이거나 육적이지 않다. 그러나 칼빈이 이해하고 있는 그리스도의 왕국(또는 하나님 나라)은 지상적인 쾌락 대신 내세에서의 하나님의 통치와 풍요하고 영광스런 삶을 목적으로 하되 하나님 아버지께서 아들이신 그리스도를 통하여 이 세상에서 그의 통치권을 행사하여 모든 무릎을 그 이름에 꿇게 하는 나라이다. 따라서 칼빈은 하나님께서 선하게 만드신바 현재생활 자체를 경멸해서는 안된다고 가르치고, 미래를 위한 준비로서 이 세상을 감사한 마음으로 사용하고 사랑하라고 말한다. 그는 그리스도인들이 이 세상을 통치할 때 세속적인 것에 얽매이지 말고 절제하고 검소하여 복음으로 살 것을 강조한다. 하나님의 자녀들에게는 이 세상에 대한 소유권과 통치권이 그리스도로 말미암아 회복되어 있는 것이다. 따라서 칼빈에게 있어서 그리스도의 왕국이 영적이라고 하는 것은 세속적 쾌락을 목적으로하지 않고 복음을 묵상하여 이 세상을 선용하고 잘 관리하여 내세에 있는 천국을 소망한다는 의미일 뿐 박형룡이 이해하는 것처럼 그리스도의 통치영역을 사람의 마음에 국한시키는 것이 결코 아니다.

박형룡의 하나님 나라에 대한 이해가 영적이고, 사람의 마음에 그 통치영역을 제한하려는 것과 관련하여, 한국 보수주의 교회는 정치와 종교의 관계를 많이 오해하고 있다. 루터와 칼빈이 말하는바 두 왕국 곧 교회와 세속정부는 다같이 그리스도의 주권과 하나님의 통치권 아래 있으며 교회의 주인은 그리스도이나 세속정부의 주관자는 사탄이라는 의미가 결코 아니다. 세속정부나 교회는 다 같이 한 분의 주님을 섬기며 그에게만 충성을 바치는 것이다. 왜냐하면 교회와 세속정부는 둘 다 하나님이 세우신 기관이기 때문이다.

흔히 마가복음 12:17, "가이사의 것은 가이사에게, 하나님의 것은 하나님께 바치라"는 말씀을 곡해하여 정치의 영역과 세상의 영역이 구별되어 있다기보다는 분리되어 존재하는 것으로 여겨왔다. 그래서 교회가 세속정부의 영역을 침해해서는 안된다는 사실을 곡해하여 세속정부의 존재근거가 하나님께 있고 그리스도의 왕국과 유기적인 관계에 있음을 간과한다. 그러나 하나님의 창조와 주권의 영역으로부터 정치의 영역이 따로 분리되어 있는 것이 아니다.

마가복음 12:17에서 예수님이 가르치고자 하신 것은 사실 가이사가 이루어놓은 '로마의 평화'(Pax Romana)라는 정치체제에 참여하여 그 체제가 베풀어주는 혜택을 누리고 싶거든 세금을 내야하겠지만 하나님께 속한 것 즉 우리의 모든 것을 하나님께 바치라는 의미이다. 이 세상에서 하나님께 속하지 아니한 것은 아무것도 없다. 우리는 교회 안에서만 그리고 영적인 문제에 대해서만 하나님의 말씀대로 충성하여 살고, 국가에 대해서와 육적인 일상생활에 있어서는 가이사의 원리대로 살도록 되어 있지 않다. 예수님은 "가이사의 것은 가이사에게, 하나님의 것은 하나님께 바치라"는 말씀에서 이 세상의 모든 가치들과 제도들을 과감하게 상대화시키고 우리가 복음으로 변화를 받아 하나님께만 오직 충성하며 우리의 삶의 모든 영역에서 믿음으로 살 것을 가르치고 계신다. 그리스도가 이 세상의 주권자이시기 때문에 우리 그리스도인들은 정치의 영역에서도 그리스도의 왕권과 선지직 및 제사장직이 복음의 원리인 섬김의 도를 따라 행사될 수 있게 해야 하는 것이다. 즉 이 세상의 모든 영역에서 하나님을 멸시하며 대적하는 모든 교만한 생각들을 복음으로 사로잡아 그리스도에게 복종시키는 일이 계속되어야 한다. 교회의 왕이요 머리이신 그리스도는 온세상의 최고의 주권자요 또한 왕이신 것이다.

6. 믿음으로 말미암는 구원에 관하여

한국의 보수주의 교회는 믿음으로 말미암는 구원의 교리에 관하여 칼빈과 박형룡이 진술하고 있는 것을 깊이있게 파악할 필요가 있다.

먼저 칼빈의 경우 은혜의 언약을 신앙으로 받아들여 구원을 얻은 모세에게 그 은혜언약을 새롭게하기 위하여 율법이 주어졌다. 즉 율법은 은혜언약인 예수 그리스도에게로 인도하는 수단이다. 이렇듯 율법의 목적은 사람을 예수 그리스도에게로 인도하는데 있다. 그런데 율법은 사람을 예수 그리스도에게로 인도함에 있어서 인간의 부패하고 타락된 모습을 고발하여 우리가 성취하는 율법의 행위로서는 하나님 앞에 감히 설 수 없음을 깨닫게 한다. 율법은 사람으로 하여금 복음에 나타난 하나님의 은혜인 그리스도에 대한 필요를 느끼게 하는 것이다. 따라서 율법의 요구는 우리를 절망하게 할 뿐, 그 자체로서는 구원에 이르게 하지 못하며, 우리를 그리스도에게 인도하는 역할만을 한다. 그러기에 바울은 율법으로는 구원얻을 육체(사람)가 전혀 없다고 말한 것이다.

칼빈에 의하면 성령이 복음의 말씀을 통하여 우리를 예수 그리스도와 연합시킬 때 의롭다 함을 얻으며 거룩하게 된다. 이 그리스도와의 연합은 복음의 말씀을 깨달아 그리스도를 믿는 믿음을 통해서 이루어지는 것이다. 즉 복음의 말씀을 들을 때 성령의 조명(깨우침)을 통해 생겨난 믿음을 통해서만 의롭다 함을 입으며 구원을 얻는다. 따라서 율법의 행위로 구원을 얻는 것이 아니고 오직 복음에 계시된 그리스도를 믿는 믿음을 통해서만 구원 얻는다.

믿음은 그 성격에 있어서 전혀 행위가 포함되지 아니하며 복음에 계시된 그리스도를 받아들여 신뢰하는것 뿐이다. 율법이 요구하는 행위와는 본질상 전혀 무관하다. 단지 그리스도에게서 나타난 하나님의 크신 사랑을 복음의 말씀이 우리로 하여금 깨닫게 하여 마음에 큰 감동과 감격과 감사가 넘치게 될 따름이다.

그러나 칼빈은 우리를 의롭다 해주는 믿음이 홀로 있지 않다는 사실을 주지시킨다. "오직 믿음을 통해서만 의롭다 함을 얻는다"(we are justified through faith alone)와 "우리를 의롭다 하는 믿음은 가만히 홀로 있지 않다"(the faith which justifies us is not alone)는 말을 칼빈은 구분지어 강조한다.

다시 말해서 우리를 의롭다 해주는 것은 오직 믿음을 통해서일 뿐이지만 그 믿음은 홀로 있지 않고 선행 특히 사랑과 항상 함께 하는 것이다. 칭의에서는 사랑이나 선행이 결코 개입될 여지가 없지만 믿음에는 항상 사랑과 선행이 동역하는 것이다. 그러기에 사랑이 없는 믿음은 아무것도 아니며 사랑으로써 함께 역사하는 믿음이라야 효력이 있다(갈 5:6).

우리를 하나님 앞에서 의롭다 하는 믿음이 진정으로 살아있는 참된 믿음이라고 하면 선행을 열매맺는다. 특히 사랑을 낳는다. 그리고 이 사랑은 봉사를 낳는다(갈 5:13). 믿음과 사랑과 봉사. 이 셋은 불가분하다. 어느 하나가 없으면 다른 하나가 없게 되는 것이다. 요약하자면 하나님의 사랑과 은혜를 밝히 드러내 보여주는바 그리스도의 복음을 파악하는 믿음은 그것 자체로서만 홀로 존재하지 않고 이웃을 섬기는 사랑을 낳아 함께 역사한다. 칭의는 오직 믿음을 통해서이지만 이 믿음은 그것 자체로만 홀로 남아 휴지상태로 있을 수가 없고 사랑과 함께 이웃을 섬기는 일을 하며 하나님의 율법에 철저히 순종한다.

칼빈의 경우처럼 박형룡도 칭의하는 신앙은 선행을 결실하는 신앙이요, 선행이 신앙의 증거임을 강조한다. 그래서 그는 신앙이 행위에서 완성된다고 말한다. 예컨대 창세기 15:6의 아브라함의 신앙은 창세기 22장의 그의 순종에서 참된 것으로 나타났다고 박형룡은 설명한다. 그래서 참된 신앙과 선행 사이에는 분리가 있지 않다고 그는 말한다.

이로 보건대 믿음으로 구원얻은 자는 그 믿음의 증거로서 사랑의 섬김을 열매로 맺게 되어있는 것이다. 참믿음에서는 율법에 대한 신실한 순종이 나온다. 우리를 의롭다 하는 믿음은 행위와 이원적으로 존재하지 않는다.

7. 교회와 선교에 관하여

한국 보수주의 교회의 교회관은 칼빈과 박형룡이 개진한 대로 복음을 통해서 그리스도를 믿어 그 안에서 성별되고 그를 머리로 하여 그에게 연합된 성도들의 교통을 교회로 정의한다. 여기서 강조되는 것은 성도들의 교통이다. 성도들은 교회 안에서 각자가 받은바 신령한 은사들을 서로 나누어 가짐으로써 풍성한 삶을 누린다.

　이같은 교회관에 의하면 교회는 사람들이 하나님의 거룩하고 특별한 백성이 될 수 있도록 세상의 오염으로부터 분리되어 있는 영역이다. 하나님의 부르심을 복음의 말씀을 통하여 받아 선별적으로 모여진 집단이 그리스도를 머리로하여 지체의식을 가지고 교제를 나누는 영역이 교회이다. 이 교회는 그리스도의 은혜를 풍성하게 누림에 있어서 말씀선포와 성례집행 및 기도 등을 방편으로 이용한다. 그러기에 교회의 표지로 말씀의 참된 전파와 성례의 정당한 거행과 권징의 신실한 실시 및 기도 등을 거론하는 것이다.

　이같은 교회관은 교회가 세상을 섬기기 위해서 세상으로 다시 보냄을 받은 사실을 간과하고 있다. 사실 교회의 모습은 이중적이다. 세상으로부터 구별되어 하나님께 속하게 된 거룩한 백성들의 집단임과 동시에 교회는 세상에서 복음을 전파하고 봉사하기 위하여 세상으로 다시 보내어지는 '세상을 위하는 백성'들인 것이다. 예수님이 그의 제자들을 불러 모으신 것은 그들을 내어 보내어 전도하고 약한 자들을 섬기도록 하기 위함이었다(막 3:14~15). 이같은 말씀에도 교회의 이중적 모습이 잘 나타나 있다.

　또한 예수의 사람들이 세상의 소금이요, 빛이라고 불리우고 있는 사실도 교회의 이중성을 의미하고 있는 것이다. 빛과 어두움, 소금과 부패가 본질적으로 서로 구별되듯이, 교회와 세상이 성격상 구별되는 것은 사실이나, 빛은 어두움을 찾아가 비추어야 하고 소금은 세상 속으로 스며들어야 맛을 낼 수 있는 것처럼 교회는 세상을 복음의 말씀인 소금과 선행의 빛으로 섬겨야 하는 것이다.

교회의 이중성을 간과하면 교회의 선교적 책임이 제대로 파악될 수가 없다. 한국의 보수주의 교회는 '성속의 구별'과 '성속의 분리' 개념을 혼동한 나머지, 교회의 기능에 대해서 뿐만 아니라 선교에 대한 개념정립이 충분하지 못하다. 교회 안에서 복음의 말씀을 선포하고 성례를 정당하게 집행하면 교회의 기능을 다한 것으로 생각하는가 하면 국내에서 교회를 개척하거나 개인을 상대하여 길거리나 학교, 가정, 직장 등에서 복음을 전하는 것은 전도이고 해외에 나가서 복음을 전하는 것은 선교로 오해하고 있다. 그런가 하면 개인의 영혼을 구원하는 일에 관심하는 것은 전도이고 사회문제에 참여하는 것은 선교로 정의하기도 한다. 이로써 전도와 선교, 개인 영혼구원과 사회참여가 이원화 되어있다.

그러나 성경에는 전도와 선교가 별개로 이원화 되어있지 않고 전도와 사회참여가 곧 선교인 것이다. 예수님과 사도들의 경우를 보면 그들은 선교함에 있어서 복음을 전하며 가르치고 병든 자들을 고치는가 하면 가난한 자들을 구제하였다. 또한 바리새인들과 서기관들의 위선을 책망하기도 하였다. 이로 보건대 교회의 선교적 기능은 전도와 사회적 책임을 다같이 동시적으로 수행하는 것이다. 물론 우선순위를 생각한다면 전도가 사회적 책임보다 앞서는 것이 사실이다. 그래서 사도들은 말씀전하는 일과 기도에 전념하기 위해서 구제하는 일을 집사들에게 맡겼다. 그러나 교회는 이 중 어느 하나만을 골라 행하는 것으로 만족해서는 안된다.

8. 종말론에 관하여

한국 보수주의 교회의 종말론은 저 세상만을 지나치게 일방적으로 강조하고 이 세상을 무시하는 경향이 두드러지는데 이는 박형룡의 내세론에서 영향을 받은 까닭이다.

박형룡의 종말론은 그리스도의 재림에 의해서 시작될 '오는 세대'(來世, the age to come)에만 주로 치중한 타계주의적인 것이다. 그는 '종말론'(eschatology)이란 용어를 현세에서 발생하여 세상끝과 연결되는 사건들의 관점에서 이해하고 그리스도의 재림 이후에 일어날 영원한 사건들과는 아무 상관이 없는 것으로 파악하기 때문에 '종말론'이라는 단어 대신 '내세론'이라는 단어를 선호하였다. 그리하여 그리스도의 재림과 천년왕국을 중심으로 한 '오는 세대'에 제한하여 종말을 이해한다. 그는 현재 일어나고 있는 사건들의 종말론적 성격을 무시한다. 하나님이 역사 속에서 자기의 뜻과 목적을 이루어가고 있다는 것을 소홀히 취급하고 있다. 이로써 종말론의 현재적 국면이 무시되므로 해서 사회적 책임문제에 대하여 한국 보수주의 교회가 등한하게 된 것이다.

그러나 그리스도의 초림을 통해서 시작된 이미 실현된 종말과 그리스도의 재림과 더불어 있게 될 오고 있는 종말 간의 밀접한 관계를 우리는 유의해야 한다. 신약의 종말론은 한편으로는 구약의 선지자들이 예견하였던 그리스도의 초림을 되돌아보며 지금 우리가 마지막 때(the last days)에 살고 있다는 사실을 확언한다. 그러나 다른 한편으로 신약의 종말론은 앞으로 있을 최후의 완성을 내다보고 마지막날(the last day)이 지금 오고 있고 그 최후의 날이 아직 오지 아니했음을 말하고 있다. 여기서 시작된 종말과 아직 오고 있는 종말 사이에는 구분이 있으나 현재의 축복들은 장차 있을 더 큰 축복들에 대한 보증이고 마지막 때의 징조들은 끝날을 예시하며 그날이 올 것을 보증해 주는 것이다.

따라서 하나님의 나라는 미래의 실재일 뿐만 아니라 현재의 실재이며 역사 안에서의 성취 내지는 실현이자 역사의 끝에 있을 완성인 것이다. 이렇듯 시작된 종말과 오고 있는 종말 간에는 연속성이 있다. 이미 시작된 종말은 오고 있는 종말의 준비이다. 그런 까닭에 그리스도의 재림을 준비하는 자들은 오늘 이 땅에서 하나님의 뜻을 준행하여 그의 나라를 건설하고 질서와 조화를 구현하는 삶을 살아야 하는 것이다. 우리는 아직 오고 있는 마지막 날에 있을 육체의 부활을 희망하면서 이미 시작된 종말을 이 마지막 때에 산다.

결 론

사회적 책임과 관련하여 한국 보수주의 교회의 신학을 점검할 때 신학의 내용에 큰 문제점이 있다기보다는 실제적인 삶의 현장에 적용될 수 있게 신학이 진술되지 못한데 있다. 또한 역사적으로 기독교 사상에 큰 위협적 요소로 작용해온 인본주의적 자율주의 사상과 이원론 사상을 유념하여 신학적 교리를 진술함에 미흡한 점을 한국 보수주의 교회의 신학적 문제점으로 지적할 수 있다.

계몽주의 사상에 영향을 받아 하나님의 말씀의 권위가 부인되는가 하면 그릇된 은사주의 및 신학훈련의 미숙 등으로 인하여 하나님의 말씀이 사실상 소홀하게 취급되고 있는 점을 감안하여 철저하게 성경을 체계적으로 깊이 해석하여 신학적 교리를 진술하는 방법론이 요구되고 있다. 또한 헬라철학의 주요한 골격인 이원론 사상이 동양의 선비숭상전통과 결합하여 물질적이고 현실적인 것을 멸시하고 영적이고 내세적인 것을 추구하는 점을 고려하여 하나님 나라의 현재성이 강조되어 마땅하다.

한국의 보수주의 교회는 우선 초대교회가 무엇에 힘을 기울였는가 주목할 필요가 있다. 사도행전 2:42, "저희가 사도들의 가르침과 교제와 떡을 떼는 일과 기도하는 일 등에 전혀 힘쓰니라" (주: 필자의 사역임)는 말씀에 의하면 초대교회는 사도들이 가르쳐 주는 복음의 말씀을 배우는 일과 교제하는 일(여기에는 구제가 포함되는 것으로 해석하는 학자도 있음)과 음식을 통하여 서로 섬기는 일 그리고 서로를 위하여 기도하는 일에 크게 힘을 기울였던 것이다. 이로 보건대 하나님의 복음의 말씀에 대한 연구를 힘쓰므로 해서 초대교회는 말씀이 주는 권세와 생명과 성령의 은사를 체험하므로 교회 가운데서 하나님의 말씀이 권위있었다. 또한 기도를 통해서 서로를 섬겼을 뿐만 아니라 믿음이 말씀에 깊이 뿌리박을 수 있었다. 말씀묵상과 기도와 믿음성장이 함께 초대교회의 특징적 요소가 되었던 것이다. 뿐만 아니라 교제와 섬김을 통한 사회적 책임이 교회 안에서 이루어졌다. 초대교회는 사랑으로 서로 섬겼던 것이다.

교회가 현실에 참여해야 하는 것은 먼저 이 세계와 그 안에 있는 모든 것들이 하나님에 의하여 창조되었고 보전되며 하나님이 자기의 주권과 뜻을 따라서 다스리고 계시기 때문에 하나님에게서 독립된 어떤 별개의 세속적 영역이 따로 존재할 수 없기 때문이다. 또한 이 세상이 비록 타락하고 부패하여 하나님께 반역하여도 여전히 하나님이 이 세상을 자기의 사랑과 구속의 대상으로 여기고 계시기 때문이다. 뿐만 아니라 이세상의 모든 권세가 사탄에게 있지 않고 죽음을 이기고 부활하신 예수 그리스도에게 있기 때문이다. 즉 예수가 이 현실세계의 권세자이시기 때문이다. 우리의 모든 삶의 영역이 예수 그리스도의 통치권에 순응하여 의와 사랑으로 이세상이 다스려져야 하기 때문이다.

사실 복음이 권세있게 전파되는 곳에는 그 열매로 사회적 책임이 있게 마련이다. 초대교회와 예수님이 보여준 선교활동의 경우 복음선포와 사회적 책임이 동시적으로 수행된 것은 그 좋은 증거이다. 한국의 보수주의 교회는 이 점에 유의하여 개혁신학을 실제적 삶의 현장에 적용할 수 있어야 한다. 이를 위하여서는 성경교리의 경우 성경의 목적을, 신론의 경우 선하고 진실하신 아버지로서의 창조주 하나님을, 하나님의 형상교리의 경우 질서있는 삶과 문화적 위임을, 죄악론의 경우 말씀의 권위를 부인하므로 해서 결과된 사회악의 문제점을, 기독론의 경우 그리스도가 세상을 섬기러 오신 종이요 이 세상의 통치권자임을, 이신칭의의 교리의 경우 그 믿음이 항상 선행과 사랑과 함께 역사한다는 점을, 그리고 교회론의 경우 교회의 이중성을, 종말론의 경우는 시작된 종말과 아직 오고 있는 종말의 연속성을 각각 강조하여, 신학적 교리체계가 실제적 삶의 현장 및 사회적 책임문제에 적용될 수 있도록 해야 한다. 교회는 어제나 오늘이나 영원토록 세상을 위한 소금이요 빛이기 때문이다.

제 10 장

칼빈주의 문화관에 영향미친 어거스틴의 사상고찰

서 론

　어거스틴의 사상이 칼빈주의 문화관에 미친 영향을 체계적으로 고찰하려면 우선 칼빈주의 자체에 대한 개념규정과 역사적 발전과정 등을 밝혀야 할 것이며 칼빈의 생애와 사상도 언급되어야 할 것이다. 또한 칼빈주의 문화관에 대하여 성경적으로 조명하는 작업이라든지 칼빈주의 입장에서 문화개념을 정의하는 일 등이 우선되어야 할 것이지만 여기서는 어거스틴의 문화관을 중심으로 그의 사상이 칼빈주의 문화관에 미친 영향을 주로 다루고자 한다.
　이를 위하여 어거스틴의 시대적 배경과 그의 생애를 간략하게 소개하고 그의 신학의 원리와 중심사상을 살핀 다음 어거스틴이 문화를 어떻게 이해하고 있었는가를 몇 가지 방면에서 기술하되 문화의 개념 및 그리스도와 문화에 대한 세 가지 모델을 아울러 소개하고 끝으로 어거스틴의 사상이 칼빈주의 문화관에 미친 영향을 몇 가지로 나누어 고찰하고자 한다.

1. 어거스틴의 시대와 그의 생애

(1) 어거스틴의 시대적 상황

낡은 세계가 사라져가고 새로운 세계가 도래하고 있던 시대적 전환기에 어거스틴(353~430)은 태어났다. 그가 태어난 시기는 기독교를 국교로 인정한 콘스탄틴 황제가 죽고 그의 세 아들에 의하여 로마제국이 분할 통치되다가 셋째 아들인 콘스탄티우스에 의해 재통일되던 때(353년)이다. 그가 361년에 죽자 그의 사촌인 배교자 쥴리안이 왕위에 올라 1년 반(361~363) 로마제국을 다스렸고 그 후 데오도시우스(379~395)가 죽자 로마제국은 동서로 나누어지게 되었으며 이로써 로마제국의 위력이 급격하게 쇠퇴하였다.

이와 때를 같이하여 북방의 여러 민족이 로마제국의 영토 안으로 대량 유입되어 왔다. 게르만족의 대이동으로 알려진 이 침입으로 말미암아 유럽의 정치무대의 주인공이 바뀔 위기에 놓였던 것이다. 훈족, 고트족, 프랑크족, 반달족 등의 연쇄적인 이동과 침입으로 인하여 로마제국이 세력을 잃고 마침내 서로마제국은 476년에 완전히 멸망하고 정치권력이 게르만민족의 손에 들어갔다. 이 게르만 민족의 이교적 문화에 맞서 그들을 기독교로 개종시키며 기독교적 문화를 보존 발전시켜야할 중차대한 사명을 5세기의 교회가 떠맡았던 것이다. 이 시대적 사명을 위하여 어거스틴이 하나님의 섭리 가운데서 태어났다.

(2) 어거스틴의 생애

아우렐리우스 어거스틴(Aurelius Augustine, 354년 11월 13일 출생하여 430년 8월 28일에 죽음)은 아프리카 누미디아의 타가스테(Tagaste)에서 혼혈아로 태어났다. 당대의 사회가 전반적으로 혼혈혼인을 하였던 까닭에 이교도인 아버지와 경건한 기독교인이었던 어머니 사이에서 그는 태어났던 것이다. 어거스틴의 아버지는 쾌락적인 성품을 가지고 있었던 것으로 보이고,

과격하였으며, 지적 재능이나 도덕적인 품위는 별로 없었다. 하지만 아들의 장래가 촉망되자 어거스틴이 16세가 되던 해에 어거스틴의 아버지는 아들의 장래를 생각하여 학습교인이 되었으며 그 후 곧 죽었다.

한편 어거스틴의 어머니 모니카는 성품이 귀족적이고 우아했으며 어려서부터 기독교 교육을 받고 자라났다. 그녀의 신앙은 뜨겁고 경건했으며 아주 지성적이었다. 그녀의 가르침을 받아 어거스틴이 하나님에 대하여 어려서부터 배울 수가 있었던 것이다.

그러나 그의 어린시절의 경건은 그가 16세 되던 해에는 완전히 소멸되고 큰 악에 빠져버렸으며 17세에 결혼하여 약 14년 간 이교도적 생활을 하였다. 그는 명목상으로만 그리스도인이었다. 이 동안 어머니 모니카는 쉬지않고 눈물과 기도로 어거스틴을 염려하였다.

마침내 383년 30세가 다 되어 어머니의 사랑의 기도와 밀라노에서 만난 암부로시우스의 감화 그리고 스스로 바울의 로마서 등을 연구한 끝에 근본적인 회심을 경험하게 되었다. 그는 387년 34세에 암부로시우스에게 세례를 받고 392년 장로가 되었으며 395년에는 힙포의 감독이 되었던 것이다.

어거스틴은 자신의 경험을 397년 『참회록』으로 엮어 펴냈으며 5세기 초엽부터 로마가 멸망의 위기를 당하자 413년부터 쓰기 시작하여 13년에 걸쳐 『신의 도성』(Cititas Dei)을 완성하였다. 그는 그의 저서들을 통하여 인간의 전적 부패, 하나님의 불가항력적 은혜, 하나님께 대한 전적 의존 및 하나님의 통치의 불변성 등을 주장하였다. 어거스틴에 의하면 죄인은 하나님의 값없는 은혜에 전적으로 의존하며 따라서 이 은혜는 불가항력적이요, 필요불가결한 것이다.

어거스틴은 그가 살고 있던 역사적 상황과 그가 기독교로 개종하게 된 특별한 환경 때문에 그는 두 세계의 분기점에 서있었다. 그래서 그의 어깨에는 낡은 세계의 문화를 새 세계에로 전이시키는 시대적 책무가 지워져 있었다.

2. 어거스틴의 신학의 원리와 중심사상

(1) 어거스틴의 신학의 원리

어거스틴에게 있어서 그의 신학의 형식적 원리(formal principle)는 성경에 구체화되어 있는바 그리스도 안에서 그리스도를 통하여 나타난 신적 계시의 권위이다. 요약하자면 성경 계시의 권위가 그의 신학의 형식적 원리이다. 그리고 그의 신학의 실질적 원리(material principle)는 하나님께 대한 전적 의존(the absolute dependence of man on God)이다. 하나님만이 '우리의 능력'이시다고 하는 것이 그의 신학의 실질적 원리이다.

그는 고린도전서 4:7, "그런즉 심는 이나 물주는 이는 아무것도 아니로되, 오직 자라나게 하시는 하나님뿐이니라"는 말씀을 통하여 하나님을 믿는 신앙이 하나님의 은사인 것과 하나님의 은혜가 신앙에 선행함을 깨달았던 것이다.

그는 성경의 권위라고 하는 형식적 원리를 따라 하나님을 전적으로 의존하기에 이르렀다. 어거스틴은 인간의 이성을 성경의 권위보다 위에 두기를 거부하고, 인간이성의 자율성을 부인하였다. 인간과 우주에 대한 참된 지식은 성경의 권위에 대한 신앙을 통해서만 가능하다고 보고서 "믿으면 알게 된다"(Crede ut intellegas)라고 말했다. 그에 의하면 인간적 확신의 궁극적인 근거는 하나님을 믿는 믿음에 있으며 이 믿음은 그리스도 안에서 그리스도를 통하여 계시된 성경의 권위에 순복하는데서 비롯된다.

(2) 어거스틴 신학의 중심사상

어거스틴 신학의 중심사상은 그의 신학의 원리에 이미 나타나 있으며 특별히 그의 『참회록』을 통해서 알 수가 있다.

어거스틴은 하나님의 구원받은 자녀로서 하나님의 은혜의 영광을 찬미하는 것을 그의 신학의 중심사상으로 삼았다. 인간은 죄인인 까닭에 구원받기 위해서는 하나님의 은혜에 전적으로 의존할 수밖에 없다고 주장한다. 그는 하나님을 생각할 때 반드시 죄를 생각하고 죄를 생각할 때는 반드시 그리스도를 생각하게 된다고 말한다. 죄인의 유일한 희망은 사랑의 하나님의 값없는 은혜에 달려있다. 하나님께서 죄인을 찾으시며 구원하는 은혜가 어거스틴의 중심주제인 것이다. 하나님의 구원하는 은혜(God's saving grace)를 어거스틴은 그의 신학의 중심에 두고 있다. 이 은혜로 인하여 죄인은 하나님을 전적으로 의존하지 않을 수 없는 것이다. "오직 은혜!" "오직 믿음!" "오직 하나님의 영광을 위하여!" 등이 어거스틴 신학의 중심사상으로 요약될 수 있다.

3. 어거스틴의 문화에 대한 이해

(1) 문화의 개념

문화라는 말은 '쟁기질하다', '경작하다'(창 2:15)라는 단어에서 온 것으로 '도구, 언어, 사유의 체계를 사용하여 자연을 탐구하는 인간의 제반행동과 그 산물'이 문화인 것이다. 다시 말해서 문화란 하나님의 피조세계를 '경작한' 결과인 것이다. 이로 보건대 문화란 인간이 인간의 목적을 따라 손과 머리를 사용하여 개발하는 것이다. 그런데 이 문화는 하나님이 창조해 놓으신 세계를 바탕으로 하는 인간의 생산적 활동의 결과이다. 그런데 문화에는 인간이 가진 가치관이 반영된다. 그러므로 그리스도인의 문화활동은 하나님의 뜻에 따라 하나님의 피조세계를 개발하여 모든 문화영역이 기독교적 가치를 반영하도록 하는 것이어야 한다.

성경상에 나타난 '인간의 문화적 책임'은 '다스리라'(dominion, 창 1:26, 28), '정복하라'(subdue, 창 1:28), '경작하고 지키라'(창 2:15)는 세 단어에 표현되어 있다. 하나님의 형상으로 창조된 인간에게는 피조세계를 주관하는 권리가 위임되어 있는 것이다. 인간에게 주관권이 있다는 것은 인간이 문화적 책임을 지니고 있으며 그 책임의 근거는 하나님의 뜻에 있고 하나님의 뜻에 따라 하나님과 자연에 대하여 바른 조화의 관계를 갖는 것을 의미한다.

그러나 사탄의 미혹으로 말미암아 아담과 하와가 타락함으로써 하나님의 피조세계에 있었던 조화와 평화가 파괴되어 '악과의 끊임없는 투쟁'이 생겨나고 남편과 아내 사이의 동역자 관계에 균열이 있게 되었으며 노동이 투쟁적 성격을 띠게 되었다. 그러나 인간의 타락에 있어서보다 더 근본적이고 심각한 점은 인간이 하나님에 대적하여 자신의 자율성을 주장한 것이다. 하나님의 말씀의 권위와 그의 주권적 의지에 반역하고 하나님과의 동등권을 주장함으로써 피조세계에 조화와 평화를 파괴한 사실이다. 이로써 하나님의 앞을 떠나간 가인의 후예들은 하나님과 상관없이 자율적으로 문화를 발전시키려 하였다. 이에 반하여 여호와의 이름을 부르기 시작한 셋의 후손들은 하나님의 뜻을 분별하여 문화를 이룩하려 한 것이다.

여호와 상관없이 건설한 문화는 죄악으로 깊이 물들어 있고 항상 악하여 그 파멸이 불가피해졌었다. 이로 보건대 사람은 환경 때문에 악하게 된 것이 아니고 오히려 인간 자신이 환경을 악하게 만들었다. 그 죄의 결과로 인간은 자기파멸의 길을 걷는 것이다. 이같은 파멸적 문화활동 가운데서도 하나님을 경외하며 그의 뜻을 행하는 백성들이 남아있어서 건전한 문화창조를 이루어왔다.

결론적으로 요약하여 말하자면 초월적인 하나님께서 자기의 형상으로 창조하신 인간에게 땅을 지배하고 경작하여 조화와 평화를 이 땅 위에 이룩하라고 한 그의 명령이 인간의 전생활영역에서 실현되는 활동과정과 그 결과가 바로 문화인 것이다. 그런데 사탄의 역사로 인하여 죄가 침입해 들어옴으로 해서 이 문화에 자기파멸적 요소가 생겨났다.

(2) 그리스도와 문화에 대한 모델

그리스도인들은 하나님의 자녀로서 이 세상에 살고 있기 때문에 긴장관계에 있다. 이에 대하여 그리스도와 문화의 관계를 이해함에 있어서 세 가지의 모델이 있다.

① 분리모델(opposition type)

이 분리모델은 하나님의 나라와 세상나라를 배타적인 삶의 영역으로 간주하고 그리스도인들이 이 세상 나라에서보다는 하나님 나라에서 살아야 할 필요성을 강조한다. 이에 대한 성경적 근거로 노아가 방주를 지어 홍수심판을 면한 사건과, 아브라함이 더 나은 하늘의 본향을 생각하고 자기의 고향을 떠난 사건(히 11:9~10; 창 12:1), 모세가 자신을 키워준 애굽인을 떠나 이스라엘 백성과 함께 고난받기를 즐거워한 일(히 11:25) 그리고 많은 선지자들이 광야와 산중과 토굴에서 유리하며 산 것(히 11:37~38) 등을 제시한다. 분리모델에 의하면 이 모든 사람들은 이 세상나라의 문화와는 절연하고 살았던 것이다. 세상과 하나님의 나라는 본질상 전혀 다른 영역이어서 그리스도인의 이 두 영역에 동시적으로 거주할 수가 없다는 것이 분리모델의 주장이다. 이 분리모델의 교회사적 실례로는 콘스탄틴 이전의 교회와 재세례파 등이 있다.

② 동일시 모델(dualist type)

분리모델의 경우, 그리스도인들은 이 세상의 삶과는 전혀 별도의 삶을 살아야한다. 세상나라를 멸시하고 하나님 나라에서만 살아야 할 것을 강조한다. 이에 비하여 동일시 모델은 그리스도인들이 동시에 하나님 나라와 이 세상 나라에 속하여 살고 있다는 사실을 인정한다. 이에 대한 성경적 근거로는 요셉이 애굽에서 총리 대신이 된 사실, 다니엘이 바벨론에서 높은 지위를 얻은 사실 및 예수님께서 세리와 죄인의 친구가 되어 먹고 마신 일 등을 제시한다. 또한 로마서 13장에서 바울이 세속정부의 권위가 하나님께로부터 나온다고 보고 세상의 통치자들을 하나님의 일꾼으로 부른 점을 열거한다.

동일시 모델에 따르면 그리스도인들은 의인이면서 동시에 죄인이고 피조물도 그리스도로 말미암아 썩어짐의 종노릇에서 해방되었으면서도 동시에 그리스도의 재림까지는 썩어짐의 종노릇을 한다. 이로써 그리스도인들은 이 세상에서 죄인이면서 동시에 의인으로 산다. 즉 그리스도인들은 하나님 나라와 세상나라라고 하는 두 영역에 동시에 속하여 살고 있는 것이다.

동일시 모델의 대표자인 루터에 의하면 하나님이 두 종류의 왕국을 세우셨다. 성령으로 통치되는바 영적 정부인 하나님의 나라와 정치적인 시민법에 의하여 통치되는바 세속정부를 세우셨다. 그리스도인들은 이 두 영역의 통치를 동시에 받으며 산다. 인간의 현세적 실존과 영적 실존은 모두 동시적으로 하나님의 통치권 아래 있기 때문에 하나님 나라와 세상 나라 중 어느 한쪽 영역에만 속하여 그리스도인이 살아서는 안된다. 그리스도인들은 두 가지의 다스림을 받으며 산다. 즉 영적 실존에 있어서는 하나님의 말씀 안에서 살며 현세적 실존에 있어서는 세속적 권세 아래서 산다. 그러나 이 두 영역 모두의 머리가 하나님이시므로 궁극적으로는 하나님의 통치권 아래서 사는 것이다. 하나님이 이 세상 나라도 다스리시므로 그의 다스림은 전인에 대한 다스림이다.

동일시모델의 경우 주의할 점은 그리스도인들이 자신들의 삶을 성과속이라는 별개의 다른 두 영역으로 나누어 생각하거나 삶을 사는 대신에 하나님의통치권 아래에서 두 영역을 동시적으로 보면서 살아야 한다는 사실이다. 즉 그리스도인은 하나님 앞에서 의인이요 동시에 세상 앞에서 죄인이기 때문에 성령을 따라 하나님의 복음의 말씀으로 살아야 함과 동시에 세속적 권위와 시민법에 따라서 살아야 한다는 것이다.

③ 변혁모델(conversionist type)
　분리모델이 현실에서의 도피 또는 은둔을 강조하고 동일시모델이 현실과의 타협적 적응에의 길을 열어놓고 있는데 반하여 변혁모델은 그리스도인들이 하나님의 나라와 세상나라에 동시적으로 살고 있음을 보면서 이 세상나라를 구조적으로 변화시켜 나갈 수 있음을 강조한다.
　변혁모델은 창조, 타락, 구속 그리고 종말론 등에 대한 성경의 가르침을 이론적 근거로 삼는다. 요약하자면 첫째로 하나님이 이 세상을 선하게 창조하였으나 둘째로 사탄의 유혹으로 말미암아 죄가 들어옴으로 인간과 세상이 타락하였고 셋째로 이 타락으로 인하여 인간의 본성이 부패하고 악하여졌으며 넷째로 인간의 죄악성이 모든 삶의 영역에 반영되어 문화가 파멸적 성격을 지니게 되었고 다섯째로 그러나 예수 그리스도의 죽으심과 부활로 말미암아 인간과 피조세계의 타락한 상태가 역전되었으며 여섯째로 마지막 날 새하늘과 새땅이 도래할 때 사람과 피조세계가 다같이 죄의 굴레에서 완전히 벗어나 새롭고 완전한 상태에 이르게 된다는 것이 변혁모델의 성경적 근거이다. 그리스도의 구속사건으로 말미암아 인간과 피조세계가 새롭게 변화를 받아 갱신될 수 있다는 희망을 변혁모델을 가지고 있는 것이다. 모든 죄악이 마침내 소멸되고 피조세계가 부패의 것에서 벗어나는 문화적 변혁의 가능성을 변혁모델은 바라보는 것이다. 이 변혁모델에 대한 대표적 신학자는 어거스틴과 칼빈이다.

(3) 어거스틴의 문화관
　어거스틴의 신학의 원리와 그의 중심사상에서 나타난대로 죄로 말미암아 인간의 본성이 부패되고 그 부패한 본성이 왜곡된 문화를 산출하였으며 왜곡된 문화가 다시 인간의 본성을 더욱 썩게 만들지만 하나님의 은혜로 그리스도의 십자가에서 죽으심과 부활로 말미암아 죄가 용서되고 사탄의 세력이 꺾임으로 그리스도인들이 의롭다 함을 받아 새로운 피조물로 갱신됨으로써 피조세계 또한 변화를 받는다는 것이 어거스틴의 변혁이론이다.

인간의 죄는 개인적인 범주에 머물지 않고 사회적인 것이어서 죄로 말미암아 공동체사회 안에 대립, 갈등, 탄압, 착취, 전쟁 등 각종의 무질서가 난무하게 되고 문화의 모든 부분이 왜곡되었다.

어거스틴의 문화관은 그의 작품『신의 도성』(Civitas Dei)에 잘 나타나 있는데 그가 이 작품을 쓰게 된 것은 이교도들이 로마제국의 쇠퇴에 대한 책임을 기독교인들에게 돌리는데 대하여 반박하기 위함이었다. 어거스틴은 하나님의 나라와 세상나라 등 두 나라로 구분하고 하나님의 나라는 하나님을 따르는 하나님의 백성들로 구성된데 반하여 세상나라는 거짓신들을 섬기는 마귀의 백성들로 구성되어 있다고 말한다. 세상나라는 하나님을 멸시하는바 인간의 이기적 자기사랑에 기초하고 하나님의 나라는 인간 자아를 경멸하고 하나님을 사랑하는 사랑에 기초한다. 세상나라는 인간 자신을 영화롭게 하는 것을 목적으로 하나 하나님의 나라는 하나님을 영화롭게 하는 것을 목적으로 한다.

세상나라의 생활원리는 육체적 욕구를 만족시키는 이기적 사랑 곧 소유욕에 있는 까닭에 이 욕심이 자라면 개인과 가족과 국가가 패망된다. 왜냐하면 이 욕심이 끝없는 투쟁과 착취를 낳고 그리하여 공포와 무질서가 팽배해지기 때문이다. 이에 반하여 하나님 나라의 생활원리는 사랑에 있다. 이 사랑은 믿음과 함께 하는 것으로써 믿음으로 말미암아 의롭다 함을 받은 자는 자신을 거룩케 할 뿐만 아니라 사회를 변혁시키는 것이다.

하나님의 나라는 하나님의 은혜로 그리스도를 믿어 의롭다 함을 받은 자들이 서로 사랑하고 또한 하나님의 통치를 받아들여 하나님의 법에 온전히 순종하는 곳에서 이루어진다. 세상나라가 인간의 소유욕에 의하여 붕괴하고 무질서와 투쟁이 지배하는 곳에 하나님의 은혜와 사랑과 믿음이 역사함으로 세상나라가 새롭게 갱신되는 것이다. 즉 하나님의 은혜와 믿음이 세상나라를 변혁하고 갱신한다.

10장 칼빈주의 문화관에 영향미친 어거스틴의 사상고찰

어거스틴의 시대적 상황을 보면 로마제국이 위기에 처해 있었다. 로마의 문화가 붕괴되어 가고 있었던 것이다. 이때 로마의 문화를 구한 것은 교회였으며 어거스틴이 그 시대적 사명을 맡은 것은 하나님의 비상한 섭리였다.

어거스틴은 이교문화를 기독교문화로 변혁시키고자 했다. 이교의 덕이 기독교의 사랑으로 변화되고 하나님을 떠나 부패한 인간의 악한 본성에서 나온바 왜곡된 문화가 하나님의 사랑으로 충만하게 될 때 변혁되고 갱신되는 것이다. 그리하여 다시금 창조주의 영광을 선포하게 된다. 다시 말하자면 하나님에 대한 인간의 기본관계가 신앙을 통해서 회복될 때 기타의 모든 관계가 질서를 회복하고 문화가 갱신된다. 그러기에 어거스틴은 하나님과의 평화(또는 화목)가 사회적 평화보다 앞서는 것으로 믿었다. 하나님의 사랑과 그리스도를 믿는 믿음이 세상나라와 왜곡된 문화를 변혁시킬 수 있다고 어거스틴은 믿었다.

어거스틴이 의마하는 문화의 변혁은 이 세상나라에서 죄악을 일시에 일소하는 것이 아니고 그리스도의 십자가의 구속적 사랑을 믿고 체험한 그리스도인의 근본적인 인격의 변화를 통하여 문화자체를 갱신시키는 것을 가리킨다. 그리스도 안에서 변화된 그리스도인이 문화를 변혁시킨다는 의미이다. 그리스도인의 삶의 구조가 믿음과 사랑과 소망을 통하여 변혁되고 갱신된다면 그 결과로 하나님의 피조세계가 구조적으로 변화를 받으며 문화가 변혁된다는 것이다. 여기서 하나님의 은혜로 인간의 죄가 그리스도의 죽으심과 부활을 통해 용서되고 복음을 믿는 자가 의롭다 함을 받는 것이 문화변혁의 선행조건이 된다는 것을 어거스틴은 역설한다. 문화변혁에 있어서 어거스틴의 목표는 모든 사람들의 생각을 사로잡아 그리스도에게 복종시키는 것이다. 왜냐하면 그리스도안에서 변화된 인격이 문화 자체를 변혁시키기 때문이다.

4. 어거스틴의 사상이 칼빈주의 문화관에 미친 영향

(1) 신학의 원리면에서

워필드(B. B Warfield)가 지적하는대로 칼빈이 가르친 교리 체계는 어거스틴주의의 대부흥이다. 칼빈의 신학사상의 형식적 원리는 성경 곧 하나님의 객관적 계시(objective revelation)이다. 이 계시와 관련하여 칼빈은 성령의 주관적 활동 곧 내적 증거(inner testimony)를 강조한다. 죄악으로 부패한 인간이 하나님의 객관적 계시인 성경의 권위에 순복하고 그 계시를 깨달아 수납할 수 있기 위하여는 성령께서 사람의 마음에 주관적으로 즉 내적으로 증거하여 깨우침을 주어야 한다는 것이다. 칼빈의 경우 그러나 성령의 내적 증거가 말씀의 객관적 계시를 대신하지 못한다.

칼빈의 신학사상의 실질적 원리는 하나님을 아는 지식(knowledge of God)이다. 그는 하나님을 창조주 아버지이시자 절대 주권적인 주님으로 안다. 하나님은 창조주로서 모든 좋은 것의 원천이시기에 우리의 사랑과 신뢰를 받으시기에 합당하며 그는 절대 주권자이시기에 그의 위엄 앞에서 우리가 두려움을 가지고 경배하기에 합당하다. 그러기에 하나님의 뜻(또는 의지)이 만물의 제일 원인(prima causa rerum)이고 하나님의 은혜의 영광을 선포하는 것을 신학의 목표로 삼는다.

그러기에 칼빈의 신학사상을 이어받은 칼빈주의 신학의 기본 원리 또한 마찬가지이다. 워필드가 요약한 대로 칼빈주의의 기본 원리는 객관적으로 말하자면 유신론(theism)이고 주관적으로 말하자면 순수한 종교적 관계(religious relation)이고 구원론적으로 말하자면 복음적 종교(evangelical religion)이다. 하나님은 만물의 창조자요, 보존자요, 통치자로서 그의 의지가 만물의 궁극적 원인이다. 그리고 가장 순수한 종교적 관계는 하나님을 전적으로 의존하는 태도가 기도를 통해서 뿐만 아니라 지적, 감정적, 의지적 삶의 모든 활동들을 통하여 이루어진다. 즉 우리의 모든 삶의 영역에서 뿐만 아니라 우리의 영적 기도생활에서 하나님을 전적으로 의지하여 그의 주권에 순복할 때 순수한 종교적 관계가 이루어진다는 것이다. 또한 죄악된 영혼이 겸손하게 자신을 비우고서 은혜의 하나님을 구원의 유일한 직접적 원천으로 진실하게 신뢰할 때 복음적 종교가 뿌리를 내린다.
　이상의 세 가지가 어거스틴과 칼빈으로 이어져 내려온바 칼빈주의 신학의 원리이다.

(2) 신학의 중심사상 면에서

　칼빈은 하나님의 주권적 의지를 만물의 궁극적 원인으로 보는가 하면 상실된 죄인(lost sinner)이 구주 하나님의 값없는 은혜에 전적으로 빚진바 된 것을 강조한다. 그는 또한 인간의 자율적 권위의 포악과 인본주의적 중재의 불확실성으로부터 인간의 영혼을 해방시켜 하나님을 직접 면대하게 하고 오직 하나님의 값없는 은혜만을 의존케 하였다.
　이와같이 칼빈주의자는 하나님을 본 자(the man who has seen God)이요 영광중에 계시는 하나님을 볼 때 한편으로는 죄인으로서 자신의 무가치함을 뼈저리게 느낌과 동시에 다른 한편으로는 이 하나님이 죄인을 용납하시는 하나님이심을 알고 감격해 하는 자이다. 이렇듯 칼빈주의는 하나님에 대한 의식(sense of God) 또는 하나님을 아는 지식(knowledge of God)에서 출발한다. 하나님이 칼빈주의자의 감정과 사상의 전지평(horizon)에 충만해 있다. 그러기에 칼빈주의는 고차원의 초자연주의(high super-naturalism)이다. 칼빈주의자는 모든 현상의 배후에 하나님이 계심을 보며 자기의 뜻을 이루시는 하나님의 손길을 감지하는 자이다. 또한 삶의 모든 활동에서 기도할 때의 바로 그 태도를 취하여 하나님의 은혜만을 오직 의지한다.
　인간은 하나님의 영광을 위하여 창조된바 하나님의 것으로 인간의 존재의 최고의 목표는 창조주 하나님께 영광을 돌리며 그를 영원토록 즐거워하는 것이다. 칼빈주의에 의하면 하나님이 인간의 삶의 모든 영역에서 인정되고 찬양되어야 한다. 우리는 하나님을 힘입어 살며 활동하고 우리의 존재의미를 갖는다. 하나님은 자연 가운데, 역사 가운데, 은혜 가운데, 어디에나 계신다. 칼빈주의자는 어디에서나 하나님의 권능의 발자취를 보며 그가 강한 팔로 일하시는 것을 느끼며 하나님의 심장이 파도치는 것을 듣는다.

어거스틴이 오직 하나님의 은혜에 전적으로 의지할 것과 하나님을 높이고 범사에 하나님을 찬양할 것을 강조한 대로 칼빈주의도 하나님만을 먼저 의식한다. 칼빈주의 사상의 시작과 끝이 하나님이시다. 칼빈주의는 하나님을 항상 보며 그의 영광을 높이는데 열정적이다.

(3) 문화관 면에서

칼빈은 어거스틴처럼 문화에 대한 그리스도인의 태도에 관하여 변혁모델을 주장한다. 이 변혁모델의 특성은 첫째로 인간의 삶의 구조가 변혁되고 변화되어야 한다는 데 있다. 즉 하나님의 나라가 이 세상나라 한복판에서 경험되고 인간의 삶의 모든 영역에서 하나님을 보며 그의 영광이 나타나야 한다는 것이다. 둘째로, 변혁모델은 죄의 치명적 영향이 삶의 모든 구조에 스며들어 있음을 전제한다. 죄로 인하여 인간의 문화가 왜곡되고 부패되어 있는 것이다. 셋째로 변혁모델은 그리스도의 구속의 우주적 성격을 전제한다. 그리스도의 구속은 그 영향을 인간의 영혼뿐만 아니라 모든 삶의 영역과 피조세계 전반에까지 광범위하게 미친다. 즉 그리스도의 십자가의 죽으심과 부활은 모든 문화를 변혁시키는 능력이 있다. 넷째로 변혁모델은 교회를 이해함에 있어서 모든 삶의 구조에 복음의 구속적 영향력을 미치도록 부르심을 받은 새로운 공동체 즉 문화적 사명의 공동체로 본다. 부패하고 왜곡된 사회질서와 문화를 그리스도의 복음으로 변혁하여 갱신시켜 하나님의 주권 아래 순복케 하고 그의 뜻과 목적을 따라 문화가 이루어지도록 촉매역할을 담당하는 것이 교회인 것이다.

  요약컨대 어거스틴과 칼빈의 문화관의 핵심은 복음이 인간의 모든 삶의 영역에 스며들어 그것을 변화시킴으로써 삶의 한복판에서 하나님의 영광이 드러나야 한다는 것이다. 이와 관련하여 죄인을 용서하시고 용납하는 하나님의 은혜와 그리스도의 죽으심과 부활 및 하나님의 절대주권과 성령의 사역으로 말미암는 믿음의 은사가 아울러 강조되는 것이다.

결 론

  칼빈주의 신학사상의 모체에 해당하는 어거스틴과 칼빈의신학은 머리에서 나온 것이 아니고 가슴에서 나왔다. 그들의 신학의 태도는 세리의 경우처럼 "하나님이여 나를 불쌍히 여기옵소서"(눅 18:13)였다. 이들에 의하면 죄악된 인간이 눈이 멀어서 자연과 기록된 말씀 속에서 하나님을 볼 수가 없어서 하나님을 아는 지식을 얻을 수가 없었으나 은혜의 하나님이 성령의 특별한 내적 증거를 통하여 죄인의 눈을 열어 하나님을 보고 알 수 있게 하였다.

  그들은 하나님을 그러나 그리스도 안에서 먼저 보았다. 이로써, 하나님의 은혜를 깨달았다. 그리스도의 죽으심과 부활의 권능을 알았다. 그리스도로 말미암아 죄인이 의인이 될 뿐만 아니라 부패하고 왜곡된 피조세계까지도 새로운 피조물이 되어 하나님의 영광을 선포케 된다는 것을 깨달았다. 그리고 그리스도께서는 모든 생각과 사상을 하나님의 절대 주권에 순복케 하여 질서를 회복시킨다는 것도 알게 되었다.

  이로써 어거스틴과 칼빈 및 그들의 사상체계를 따르는 칼빈주의자는 그리스도의 복음이 인간의 모든 삶의 영역과 문화적 활동과 그것의 성취에 스며들어 그것을 변혁시켜 하나님의 영광이 선포되는 기독교 문화가 이루어져야 할 것을 강조한다. 그리하여 하나님의 은혜로 죄사함을 받아 의롭게 된 우리 그리스도인들이 하나님을 부정하는 세속적 문화의 왜곡되고 부패한 것을 변혁시켜 참으로 하나님을 인정하고 경외하며 그에게 영광과 찬미를 돌리는 문화를 계발시킬 수 있다고 그들은 확신하는 것이다. 인간의 문화는 하나님께 영광을 돌리며 그를 섬기도록 되어 있다.

주요 참고문헌

1. Augustine, *The City of God*, ed. by D. Knowles, Baltimore: Penguin, 1972.
2. Augustine, *The Confessions*, trans, by R. Warner, New York: The New American Library, Inc., 1963.
3. John Calvin, *Institutes of Christian Religion*, trans, by F. L. Battles, Philadelphia: The Westminster Press, 1973.
4. Abraham Kuyper, *Lectures on Calvinism*, Grand Rapids: Eerdmans, 1970.
5. 헨리 미터, 칼빈주의, 박윤선 역, 신행협회, 1976.
6. John Murray, *Calvin on Scripture and Sovereignty*, Grand Rapids: Baker Book House, 1978.
7. Richard Niebuhr, *Christ and Culture*, New York: Harper and Row, 1976.
8. Wilhelm Niesel, *The Theology of Calvin*, tran, by H. Knight, Grand Rapids: Baker Book House, 1980.
9. Henry Vantil, *The Calvinistic Concept of Culture*, Philadelphia: The Presbyterian and Reformed Publishing Company, 1972.
10. B.B. Warfield, *Calvin and Augustine*, Philadelphia: The Presbyterian and Reformed Publishing Company, 1974.
11. 로버트 E. 웨버, 기독교 문화관, 이승구 역, 엠마오, 1987.
12. W.P. Armstrong, ed., *Calvin and the Reformation*, Grand Rapids: Baker Book House, 1980.

제 11 장

칼빈의 기도론

서 론

기도에 대한 연구와 이해에 있어서 그것의 깊이와 넓이, 짜임새 및 경건성에서 다른 신학자들의 추종을 불허할 만큼 탁월한[1] 칼빈의 기도론은 그리스도인의 일상생활에 관한 그의 가르침에도 기도의 중요성이 잘 드러나 있다. 그리스도인이 그리스도를 섬김에 있어서 일상생활에서 만나게 되는 끊임없는 갈등과 대립 가운데서 믿음을 행사할 때, 그리스도인들은 하나님의 섭리 아래서 기도로, 믿음의 힘으로 그리고 말씀으로만 살게 되어 있다고 칼빈은 가르친다.[2] 이로 보건대, 칼빈에게 있어서는 기도와 믿음과 하나님의 말씀이 그리스도인의 생활에서 아주 밀접하게 관련되어 있으며, 기도는 하나님의 말씀으로 동기가 부여되고 틀이 형성되며 인도되는바 믿음의 으뜸가는 행사(the chief

---

1) Wayne R. Spear, *The Theology of Prayer* (Grand Rapids: Baker Book House, 1979), p. 3.
2) 로날드 S. 월레스, 『칼빈의 기독교 생활 원리』, 나용화 역(기독교문서 선교회, 1992), p. 6.

exercise of faith)이다.
　기도에 대한 칼빈의 가르침의 중요성을 이해하는 데 있어서 첫째로, 칼빈이 그의 대표적 저서인 『기독교 강요』에서 언제부터 기도에 관하여 다루었는가를 알 필요가 있다. 그는 1536년 4월에 『기독교 강요』 첫 판을 낼 때 이미 기도에 관하여 다루었다. 그 첫째판은 십계명, 사도신경, 주기도, 성례, 그리스도인의 자유 등 여섯 장으로 되어 있었는데, 그 가운데 제3장에서 칼빈은 기도를 다루었다. 그 이후로 계속해서 기도에 관한 주제를 보충하고 발전시켜 1559년 최종판에는 제3권 20장에 다루어 놓았다. 이처럼 칼빈의 사상에서 기도는 중요한 관심의 대상이 되어 온 것이다.
　둘째로 『기독교 강요』 최종판에서 80장 가운데 기도에 관한 부분(제3권 20장)이 가장 분량이 많다. 제4권 17장에 다루어져 있는 성만찬에 관한 가르침이 분량에 있어서 두 번째인데, 그 부분보다 상당히 더 많다. 칼빈이 기도에 관하여 가장 많은 분량을 할당하여 가르친 사실은 그가 기도를 얼마나 중요하게 여기고 있는가를 잘 말해주고 있는 것이다.
　셋째로, 기도에 관한 가르침이 『기독교 강요』 최종판에서 그리스도인의 자유와 예정론 사이에 다루어져 있다는 사실이 기도의 중요성을 웅변해 주고 있다. 이는 절대주권자이신 '하나님의 은혜'와 피조물이기에 하나님께 전적으로 의존할 수밖에 없으면서도 하나님의 형상으로 창조된 존재이기에 자유가 있는 '인간의 책임성' 간의 관계에 대한 비밀이 사람의 기도에서 가장 깊이 있고도 의미있게 연결되어 있기 때문이다. 이로 보건대, 기도는 칼빈의 신학체계의 중심교리들과 깊게 관련되어 있는 것이다.[3]
　그런데 기도에 관한 칼빈의 가르침을 보면 그의 『기독교 강

---

3) Robert D. Loggie, "Chief Exercise of Faith-An Exposition of Calvin's Doctrine of Prayer," *Hartford Quarterly* vol. V. No. 2(1965) : 67.

요』 3권에서 성령 하나님의 내면적 사역과 관련하여 믿음으로 말미암은 칭의(11~18장)와 그리스도인의 자유(19장)에 이어서 기도가 살아있는 믿음의 표현으로 다루어져 있고, 제4권의 은혜의 방편과 관련하여 다루어져 있지 않음으로 해서 칼빈 이후의 조직신학 체계에서는 그것의 위치가 모호하게 되었다. 그래서 웨스트민스터 신앙고백에서는 '예배와 안식일'에 관한 부분(21장 3~6항)에서 기도가 다루어져 있으나 대요리문답에서는 '성만찬'(168~177문답)에 이어 제178문답부터 마지막 제196문답까지에서 다루어져 있다. 다시 말해서 웨스트민스터 신앙고백서는 직접적으로는 기도를 은혜의 방편으로 다루지 않고 믿음의 표현으로서 하나님의 은혜와 구원에 대한 확신과 관련하여 다루고 있는데 반하여 대요리문답은 은혜의 방편인 하나님의 말씀과 성례와 더불어 기도를 다루고 있는 것이다. 이와 같은 이유로 해서 바빙크, 벌코프, 벌카워 등은 그들의 조직신학에서 기도를 별도의 항목으로 전혀 다루고 있지 않으나 딕(John Dick)과 하지(Charles Hodge)는 상세하게 다루고 있다.[4]

그런 까닭에 칼빈의 기도론은 좀더 깊이 연구될 필요가 있는 바 여기서는 특별히 기도에 있어서 삼위일체 하나님의 역할과 하나님의 말씀의 역할, 기도의 필요성과 동기 그리고 만인사제직 등과 관련하여 기도에 대한 그의 가르침을 연구하고자 한다.

1. 기도의 정의

(1) 기도의 본질

칼빈에 의하면 기도는 그것을 통해서 하나님의 은택을 매일

---

[4] 존 딕의 경우는 그의 저서, *Lectures of Theology* II(New York: Robert Carter and Brothers, 1968), pp.423~453에서, 그리고 하지의 경우는 *Systematic Theology* III(Grand Rapids: Eerdmans, 1958), pp.692~709에서 각각 기도를 다루고 있다. 박형룡은 『교회론』, PP.367~387에서 하지의 해설에 기초하여 기도를 은혜의 제3방편으로 취급하고 있다.

받는 믿음의 으뜸가는 행사이다(『기독교 강요』 III권 xx장 2항; 이하에서는 III. xx. 2 등과 같은 방식으로 표기함). 하나님의 자녀들에게 있는 으뜸가는 특권이 기도하는 것이요, 그들이 기도를 통해서 그들의 믿음의 참된 증거를 나타내 보이기 때문에, 칼빈은 기도를 '믿음의 영속적 행사'(perpetual exercise of faith)라고 부른다(III. xx. 2). 즉 우리의 심령 속에 참되고 살아있는 믿음이 있으면 기도가 저절로 즉시 터져 나온다(마 21:21 주해). 기도를 통해서 믿음은 복음이 우리에게 약속해 준 보화들을 캐낸다(III. xx. 1). 그런 의미에서 기도는 살아있는 믿음의 표현이요, 하나님께 대한 사랑과 필요(love and desire)를 말로 알리는 믿음이다(시 54:6 주해).

칼빈이 말하는 믿음은 우리에게 베푸시는 하나님의 자비(부성적 은총과 돌보심)에 대한 확실한 지식이다. 이 지식은 그리스도 안에서 거저 주신 약속의 진리에 기초하여 성령을 통해서 우리 마음에 계시되고 확증된다(III. ii. 2, 7). 그러기에 그가 말하는 믿음은 첫째로, 우리를 향한 하나님의 자비에 대한 확실한 지식이요, 둘째로, 그리스도의 약속을 우리 마음에 계시하는 방편이며, 셋째로, 그 약속의 성령으로 우리 마음에 인쳐진다는 것을 의미한다.

따라서 하나님의 자녀들의 기도는 하나님의 부성애(fatherly favor)와 선하심에 대한 믿음과 지식에 의해서 고취된다(시 18:7 주해). 그러므로 참되고 순수한 기도는 "단지 목소리만 높이면 되는 것이 아니고 신앙의 내적 원리로부터 우리의 간구들을 하나님께 아뢰는 것이다"(시 140:6 주해). 그러기에 우리의 기도는 "신앙의 발자취를 따라야 한다"(III. xx. 11). 그리고 우리의 기도는 예수 그리스도 안에서 하나님의 사죄은혜(forgiving grace)에 대한 회개와 믿음의 반응이다(시 143:10 주해). 우리가 이미 하나님의 용서를 확신하고 그의 용서의 사랑에 온전히 붙들린바 되었기 때문에 용서를 비는 기도를 믿음으로 할 수 있다. 그러므로 우리의 기도는 하나님의 용서의 긍휼에 근거한다(III. xx. 8).
 칼빈의 신학사상에 결정적으로 영향을 받았고 또한 그의 사상에 주로 기초한 웨스트민스터 신앙고백서에는 기도가 다음과 같이 정의되어 있다.

"감사함으로 드리는 기도는, 종교적 예배의 한 특별한 요소로서 하나님께서 모든 사람들에게 요구하신다. 기도가 열납되도록 하기 위해서는 성자의 이름으로 성령의 도우심을 받아 하나님의 뜻을 따라서 사려분별과 경외심과 겸손과 열심과 믿음과 사랑과 인내를 가지고 하되, 만일 소리를 내어 하는 경우에는 일상적인 말로 해야 한다"(신앙고백서 21장 3항).

"기도는 그리스도의 이름으로 성령의 도움을 받아 하나님께 우리의 필요를 아뢰고 더불어서 우리의 죄를 자복하며 그의 긍휼에 깊은 감사를 드리는 것이다"(대요리문답 178문답).

 웨스트민스터 표준문서도 칼빈처럼 기도를 하나님의 선하심과 용서의 사랑, 곧 긍휼에 근거한 것으로 보며 그것을 감사하는 믿음의 표현이 기도이다. 그런데 이 믿음이 하나님의 말씀과 성령의 사역에 의하여 심어지고 인쳐지는 것이기 때문에 믿음의 표현이요, 으뜸가는 행사(exercise)인 기도는 하나님의 은혜를 더욱 풍성하게 받아 누리게 하는 방편이다. 그래서 기도는 말씀과 성례와 더불어 하나님이 제정하신 은혜의 방편인 것이다.[5]

(2) 기도의 목적

 칼빈에 의하면, 하나님께서 우리에게 기도를 명하신 것은 그분 자신을 위해서가 아니고 우리를 위해서이다. 우리의 믿음이 약해지거나 태만해지지 않도록 하고, 하나님을 사랑하며 섬기겠다는 열의가 우리 마음 속에서 불일듯하며, 하나님 앞에 우리의

---

[5] 박형룡, 『교의신학 교회론』(한국 기독교교육 연구원, 1977), p. 383.

모든 소원을 온전하게 아뢰고, 하나님께서 여러 가지 은혜를 주실 때에 진심으로 감사하면서 받고, 그의 인자하심을 더욱 열심히 묵상하며, 더욱 큰 기쁨으로 하나님의 응답을 받아들이고, 그의 섭리를 확신하도록 하기 위해서 우리가 기도한다(III. xx. 3). 요약하자면 우리의 기도는 하나님의 말씀에 기초하여 그의 선하신 뜻을 따라서 하게 되어 있는 까닭에 기도의 유일한 목적과 합당한 용법은 하나님의 약속의 열매들을 거두는 것과(시 119:38 주해), 하나님을 찬미하며 그의 도움을 구하는 것이다 (III. xx. 29).

또한 기도는 사람이 하나님과 교통하는 것(III. xx. 2)이기 때문에, 기도의 목적은 하나님과의 교통을 통해서 성령의 능력을 힘입어 성장하는 데 있다.[6]

2. 기도에 있어서 삼위일체 하나님의 역할

기도에 있어서 삼위일체 하나님의 역할은 너무나도 분명하다. 성부 하나님은 기도를 들으시며 응답하시는 분(hearer and answerer)이시고, 성자 하나님은 중보자(mediator)이시며, 성령 하나님은 기도를 활성화시키는 분(activator)이시다.

(1) 성부의 역할: 기도를 들으시며 응답하신다

사람이 자기의 무력함을 인식하고, 또한 복음의 약속을 듣고서 믿음으로 하나님의 이름을 부르게 되는 때(참조, III. xx. 1) 사람의 심령을 살피시는 하나님은 그들의 필요를 아시고 응답하신다. 즉 하나님을 섬김에 있어서 인간적인 필요에서 나오고, 또한 하나님의 말씀에 기초하여 드려진 기도에 대하여 하나님이 응답하지 않으실 수가 없다. 사실 우리가 기도할 수 있다

---

6) Wilhelm Niesel, *The Theology of Calvin*, trans. by Harold Kninght(Grand Rapids: Baker Book House, 1980), p. 157.

고 하는 것은 우리가 하나님께 담대하게 나아갈 수 있다고 하는 것 뿐만 아니라 우리를 도울 준비가 하나님께는 항상 되어 있다는 것을 의미한다(III. xx. 3). 그래서 칼빈은 시편 65편을 주해하면서 "기도의 응답은 하나님이 경우에 따라서만 하시는 어떤 것이 아니고 하나님의 영광의 항존적(恒存的) 요소이다. 그러므로 하나님이 우리의 간구를 듣지 않으시면 곧 자신을 부인하는 것이 되고 만다"(시 65:3 주해)고 말한다.

귀찮은 과부의 비유에서 알 수 있는 바에 의하면, 하나님은 기도에 의하여 기진맥진하게 되어 있고, 사람들이 기도를 통해 고집을 부릴 경우 응락하신다(눅 18:1~8 주해). 하나님은 그의 속성이 선하시기 때문에 "우리의 기도와 간구에 따라 자신을 크게 제한하여 그 기도와 간구로 말미암아 방해를 받아 진노를 삼가하시고 때로는 모든 것을 멸하고자 하실 경우에도 우리가 하나님 앞에 나아와 우리 자신을 낮추면 그가 마음을 바꾸시는 것처럼 보인다"(신 9:13~14 주해).

웨스트민스터 대요리문답(제179문답)에도 이와 같이 진술되어 있다. "오직 하나님만이 우리의 마음을 살펴실 수 있기 때문에 우리의 간구를 들으시며, 죄를 용서하시고, 모두의 요구들을 충족시켜 주신다.…기도는 예배의 특별한 요소로서 오직 하나님께만 드려져야 하고, 여타의 다른 아무에게도 드려져서는 안된다." 오직 하나님만이 우리의 기도를 들으시며 응답하실 수 있다.

(2) 성자의 역할: 중보자이시다

우리가 하나님께 예수 그리스도의 이름으로 기도해야 하는 것은 아무도 자신의 이름으로는 하나님의 면전에 나아가 나타날 수가 없어서 하늘에 계신 우리 아버지께서 공포와 수치를 덜어주기 위해 우리에게 자기의 아들 예수 그리스도를 우리의 대언자와 중보자로 보내시어 우리가 그의 인도하심을 받아 안전하게 나아갈 수 있도록 해주셨기 때문이다. 아버지의 경우 우리의 대언자를 인하여 우리가 그의 이름으로 구하는 것을 결코 거절하지 않을 것을 확신하는 것이다. 사실 우리가 하나님의 지극한 위엄을 생각할 때마다 경악으로 몸을 떨 수밖에 없으며, 따라서 그리스도께서 중보자로 나서서 두려움의 영광의 보좌를 은혜의 보좌로 바꾸어주시지 않는 한 우리 자신의 비천함 때문에 우리는 하나님으로부터 멀어질 수밖에 없다. 우리에게는 중보자 예수 그리스도가 있기 때문에 "우리가 긍휼하심을 받고 때를 따라 돕는 은혜를 얻기 위하여 은혜의 보좌 앞에 담대히"(히 4:16) 나아갈 수 있게 되었다(III. xx. 17).

우리가 하나님께 나아갈 수 있도록 허락된 유일한 길과 통로는 오직 그리스도이시므로(참조, 요 14:6) 하나님께 나아가는 다른 길이나 통로가 없다. 더욱이나 아버지 하나님께서 그리스도를 우리의 머리요 지도자로 인치셨기 때문에 그리스도만이 유일한 중보자가 되시며 그의 중보를 통해서 아버지는 우리에게 은혜를 베푸시고 우리의 기도에 응답하신다(III. xx. 19). 그러기에 그는 하나님과 사람 사이에 유일한 중보자(딤전 2:5)라고 불리운다(III. xx. 20). 그래서 칼빈은 성자들의 중보기도를 가르쳐 온 로마 카톨릭교회의 교리를 반성경적인 것으로 논박하고 (참조, III. xx. 21~26) 결론짓기를, 하나님의 말씀에 기초한 믿음이 바른 기도의 어머니이며, 죽은 성자들에게 기도하는 것은 명백한 신성모독이라고 하였다(III. xx. 27).

웨스트민스터 신앙고백서에도 칼빈의 이같은 가르침이 잘 반영되어 있다. "하나님과 피조물 사이의 간격은 너무나 크기 때문에 … 오직 하나님 편에서 자원하여 베풀어 주시는 은혜로서만" 하나님을 창조주로 순종할 수 있으며(신앙고백서 VII장 1항), 우리가 그리스도의 이름으로 기도해야 할 이유가 있는 것은 우리의 죄악됨과 그 죄악성으로 인하여 하나님과 우리 사이가 너무 멀어서 중보자 없이는 하나님 앞으로 우리가 나아갈 수 없으며 오직 그리스도만이 우리의 중보자 되시기에 합당하기 때문이다(대요리문답 181문답).

(3) 성령의 역할: 기도를 활성화시키신다

칼빈은 로마서 12장 19절을 주해하면서 성령의 순결한 열심으로 하지 아니하고 우리 자신의 개인적인 감정 특히 악하고 복수하려는 마음으로 하는 기도는 기도가 아니라고 말한다. 즉 기도는 우리의 심령의 절박한 필요와 감사가 동기가 되어 순수하게 하나님께 드려져야 하고, 심령의 본성적 충동에 의해서 되어져서는 안된다는 것이다. 우리 자신의 본성적 충동에 따라 기도를 드리는 것은 하나님을 우리의 사악한 정욕의 대행자(agent)로 이용하려는 것에 해당한다. 그러므로 성령께서 바르게 기도하는 방법을 가르쳐 주시지 않는한 하나님 앞에서 우리의 입을 여는 것은 아주 위험하다(III. xx. 34).

칼빈은 또한 로마서 8장 26절 이하를 주해하면서 우리가 성령의 증거로 말미암아 하나님이 우리의 아버지라는 것을 알며, 바로 그 성령으로 말미암아 우리가 하나님께 어떤 방법으로 무엇을 구해야 할 것인가를 가르침 받는다고 말한다. 요약하자면, 성령은 우리를 위해 기도하는 방식을 규정해 놓으시고, 우리의 마음을 감화하여 하나님이 원하시는 바대로 기도할 수 있게 우리의 입을 열어주시는 것이다(롬 8:26 주해).

칼빈이 주장하는바 기도의 가장 중요한 요소는 죄 용서에 대한 간구이다.[7] 올바른 기도의 준비와 시작은 겸손하고 성실하게 죄를 고백하며 용서를 간구하는 데 있다(III. xx. 9). 우리는 성령의 사역을 통하여 깨어있어 정직함과 겸허함 그리고 소망과 확신을 가지고 기도할 수 있는 것이며, 이같은 성령의 사역이 없이는 기도의 바른 법칙을 지킬 수도 없다.

기도에 있어서 성령의 역할에 대한 칼빈의 가르침은 로마 카톨릭 교회가 내세웠던 교회의 권위 대신에 예수 그리스도의 죽음의 단번의 사건을 통하여 확증된바 말씀으로 역사하는 성령의 권위를 염두에 두고 있다.[8] 다시 말해서 만유를 주관하시고 섭

---

7) Robert D. Loggie, 상게논문, p. 77.
8) 상동

리하시는 하나님에 대한 인격적 지식은 말씀과 성령을 통해서 우리에게 전달되고 예수 그리스도의 죽음의 사건을 통해서 가능케 된다고 주장하므로써 칼빈은 객관적 표준으로서의 말씀의 권위를 고려하여 하나님을 아는 지식이 믿음 충만한 기도(the faith-full prayer)에 의하여 심어지고 보전되며 강화된다는 점을 강조한다.[9]

그리고 칼빈의 경우, 성령으로 기도한다(고전 14:15)고 하는 것은 기도하는 일을 성령에게 전적으로 맡겨버리고 우리는 아무렇게나 행하여도 된다는 것이 결코 아니라 성령의 도움을 간절하게 바라며 깨어있으라는 뜻이다(III. xx. 5).

기도에 있어서 성령의 역할에 대한 칼빈의 가르침은 웨스트민스터 대요리문답에 역시 잘 요약되어 있다.

성령께서는 어떻게 우리의 기도를 도우십니까?
우리가 마땅히 기도할 바를 알지 못하므로 성령께서 우리의 연약함을 도우셔서 누구를 위해, 무엇을, 어떻게 기도할 것을 우리로 하여금 깨달을 수 있게 함으로 그리고 기도의 의무를 올바르게 행하는 데 필수적인 이해력과 열정과 은혜들을 우리 심령 속에서 활성화시킴으로써 우리를 도와주십니다(182문답).

3. 기도와 하나님의 말씀

웨스트민스터 대요리문답(186문답)에서 기도를 위한 지침으로 하나님이 우리에게 하나님의 전체 말씀을 주셨다고 진술되어 있는대로, 기도가 신앙의 순수한 표현이 되기 위해서는 하나님의 말씀에 기초되어야 한다고 칼빈은 말한다. 즉 기도를 불러일으키는 신앙은 말씀에 의해서 생겨나고, 말씀의 약속들을 경청함으로써 더욱 활성화된다(눅 1:18~25 설교). 이로 보건대 칼빈이 주장하려는 것은 우리의 기도가 하나님의 말씀에 의하여 시

---

9) 상동

작되고 틀을 갖추게 되며 제한된다는 것이다.

(1) 기도는 하나님의 말씀에 의해 문이 열린다

복음의 말씀을 들음으로 생겨나고, 그 말씀의 약속들을 경청함으로써 더욱 생명력이 있게 되는바 믿음을 통해서 기도의 문이 열리는 것이기 때문에 하나님은 자기의 말씀을 통하여 우리가 그의 백성임을 알게 하여 그를 붙잡을 수 있도록 자신을 우리에게 계시하신다. 하나님이 말씀을 통하여 이렇게 하여 주시는 것은 우리로 하여금 하나님의 은총을 담대하게 구하고 하나님을 찾으며 그의 존전으로 나아갈 수 있게 하기 위함이다(시 27:8 주해).[10] 이처럼 하나님은 말씀을 통하여 우리에게 인격적으로 은혜롭게 접근해 주시고 우리로 하여금 말씀의 약속에 대한 확신을 가지고 두려움 없이 담대하게 하나님의 존전으로 나아갈 수 있게 하신다(시 71:22 주해). 즉 하나님은 그의 말씀을 통해서 우리에게 믿음을 심으시고, 우리의 기도의 문을 활짝 열어 주시는 것이다.

그러므로 하나님의 말씀 위에 기초하게 될 때 우리는 참으로 담대하게 기도를 드릴 수가 있게 된다. 우리가 하나님의 은혜의 보좌 앞으로 나아갈 때 겁을 먹으면 기도가 더렵혀지고 하나님의 이름이 손상을 입는다(눅 1:73~8에 관한 설교). 하나님은 자기의 약속들 때문에 마치 자기가 우리에게 채무자이신 것처럼 우리 앞에 계심을 우리는 알아야 한다(시 119:58 주해). 그런 까닭에, 하나님의 말씀을 듣는 자들에게서 겸손과 경외를 불러일으키고, 육체의 정욕들을 제어하여 하나님의 뜻에 절대 복종케 하는 바로 그 말씀이 다른 한편으로는, 듣고 순종하는 자들로 하여금 담대함과 확신을 가지고 하나님께로 나아갈 수 있도록 그들의 기도의 문을 열어 주는 것이다.[11]

---

10) 로날드 S. 월레스, 상게서, p. 348.
11) 상게서, p. 351.

(2) 기도는 하나님의 말씀에 의하여 틀이 형성된다

칼빈은 주기도의 용도와 관련하여, 우리 주님이 우리의 입에 말씀들을 넣어주어 우리가 무엇을 구해야 할 것인가에 대해 전혀 망설이지 않게 하신다고 가르친다(III. xx. 34). 즉 주기도는 우리에게 보다 더 확실한 기도의 방법 뿐만 아니라 기도의 형식 자체를 가르쳐 주며, 우리가 하나님께 구해도 좋을 것과 우리에게 유익한 것과 우리가 구할 필요가 있는 것 등을 하나의 도표로 하듯이 제시하고 있다.

그래서 우리가 기도하는 데 필요한 말들을 공급받을 수 있도록 성경의 약속들을 묵상할 것을 칼빈은 강권하며(참조, 시 85:6 주해) 성령에 대하여 기도의 형식들을 우리에게 구술해 주시는 분으로 이해하고 있다(시 102:9). 하나님은 우리의 기도가 뜨겁게 하기 위해서 우리에게 말씀을 집어넣어 주신다는 사실에 칼빈은 주목하고 있다(요 12:13 주해). 그래서 그는 간주하기를 성령께서 말씀을 가지고 기도의 형식들을 성도들의 입에 넣어 주신다는 사실로 미루어 그러한 형식들을 사용하는 것은 무익하지 않다고 하였다(시 17:8 주해).[12]

(3) 기도는 하나님의 말씀에 의하여 지배된다

기도가 하나님의 말씀 위에 기초하여 시작되고 그 말씀에 의하여 성령께서 기도의 틀을 만들어 주시는 까닭에, 말씀에 의해서 제한된다고 하는 것은 당연할 것이다. 하나님의 말씀이 기도를 시작하기 전에 선행하고 동기를 제공해야 할 뿐만 아니라 우리의 기도는 그것의 방향과 세부적인 사항에서 바로 그 말씀에 의하여 지배되고 억제되어야 한다고 칼빈은 강조한다(시 35:23 주해).

그러므로 기도할 때 우리 자신의 마음의 생각, 특별히 순간적인 감정적 충동을 아무렇게나 따르거나, 우리 자신의 공상을 따라서 우리의 소원을 지어내서도 안되는 것이다(시 91:15 주해).

---

12) 상게서, p. 350.

살아있는 신앙의 표현인 기도를 위한 지배적인 원리들은 자기부인(自己否認)과 자기억제 및 하나님의 말씀에 대한 순종이기 때문이다(마 21:21 주해).

그런 점에서 우리가 우리의 욕구들을 절제하여 하나님이 말씀하신 것에 우리의 기도를 제한시키지 않으면 우리의 기도는 믿음으로 드리는 것이 될 수 없다(시 7:7 주해). 그러므로 기도를 위한 유일하고 안전한 법칙은 하나님의 말씀에 잘 비추어 그가 명시한 것을 따라 우리의 기도를 구성하고 우리의 기도가 우리의 심령 속에서 하나님의 약속들의 메아리가 되게 하며, 그가 약속하신 것 이상을 구하지 않는 것이다(시 7:7 주해).[13]

4. 기도의 필요성과 동기

하나님께서 무한히 지혜로우시고 자비하시더 우리가 구하기 전에 우리에게 필요한 것을 그가 미리 아시고(마 6:8) 또한 우리가 구하는 것이나 생각하는 것보다 더욱 넘치게 행하실 수 있다고 하면(엡 3:20) 무엇때문에 기도할 필요가 있으며 우리가 기도하든 하지 아니하든 우리에게 가장 좋을대로 하나님은 행하지 않겠는가 하고 기도의 필요성에 대하여 반론을 제기할 수가 있다.[14]

그러나 기도는 살아있는 믿음의 표현이요, 하나님께서 사람들에게 기도하라고 명령하셨으므로 분명코 필요한 것이 사실이다. 칼빈이 가르치는 바에 의하면 기도의 필요성은 절대적이지 않고 상대적이며, 기도의 동기를 개인의 인간적인 필요에 의한 것이다.[15]

---

13) 상게서, p. 349.
14) Wayne R. Spear, 상게서, p. 66
15) Robert D. Loggie, 상게논문, P. 78.

(1) 기도의 필요성

만일 기도의 필요를 절대적인 것으로 볼 것 같으면, 하나님은 피조물인 사람의 기도가 없이는 아무 것도 행하실 수 없다는 말이 된다. 이렇게 되면 피조물에 대한 하나님의 주권적 통제가 부인되고 범사가 유한하고 죄악된 인간의 자유의지에 좌우되는 것으로 보아야 하는 중대한 오류에 빠지게 된다.[16]

그러나 사실 하나님의 백성들이 기도할 마음을 품게 되는 것이나 기도할 수 있게 되는 것은 하나님께서 말씀과 성령으로 그들 가운데 믿음을 심어주고 죄 용서와 화목의 약속을 주신 데서 기인한 것이기 때문에 즉 기도의 문을 여시고 기도할 힘을 주신 것은 하나님이시기 때문에 기도는 그것에 의하여 범사가 결정된다는 의미로는 결코 절대적으로 필요하다고 말할 수가 없다. 그러기에 기도의 필요성은 상대적이다. 기도는 그것을 방편으로 하여 하나님이 자기의 목적을 성취하신다는 점에서 필요한 것이다.[17]

그래서 칼빈도 기도는 사람이 자기의 무력함을 인식함으로 해서 가능케 되었다고 하고(III. xx. 1), 하나님께서 우리에게 기도를 명하신 것은 그분 자신 때문이 아니라 우리 때문이라고 하며 여섯 가지 이유를 제시하고 있다. 첫째, 하나님에 대한 우리의 사랑을 활성화하고 둘째, 우리의 욕망들을 순결하게 하며 셋째, 하나님의 은혜에 대한 감사를 깊이 느끼게 하고 넷째, 하나님의 자비를 더욱 고마워하게 하며 다섯째, 받은바 하나님의 복들을 더욱 크게 기뻐하고 여섯째, 하나님의 약속들에 대해 더욱 큰 확신을 가져야 할 필요 때문에 하나님이 우리에게 기도를 명하셨다고 칼빈은 말한다(III. xx. 3).

(2) 기도의 동기

기도가 하나님의 성령과 말씀에 의하여 예수 그리스도의 사랑

---

16) Spear, 상게서, p. 67.
17) 상게서, p. 68.

과 은혜에 대한 반응으로 시작되는 것은 사실이지만, 기도의 동기는 우리의 인간적 필요에서 나온다(III. xx. 6). 우리 자신의 무력함과 죄악됨을 느끼며 우리가 구하는 모든 것이 얼마나 필요한가를 진심으로 자각할 때 그것이 기도의 동기가 되는 것이다. 그래서 칼빈은 "우리가 하나님의 은혜에 대한 필요를 느낄 때 구하는 것이 바로 기도하는 것이다"(렘 29:13 주해)라고 말한다.

그러므로 우리의 필요를 우리의 기도의 구실과 동기로 삼는 것을 부끄러워해서는 안된다. 다윗의 경우를 보면, 그가 하나님께로 나아감에 있어서 자기의 필요를 전차(chariot)로 삼아 나아가 기도했다(시 143:6 주해). 우리의 상황이 평안하고 순탄할 때일지라도 기도해야 할 것이지만 극심한 환란은 우리에게 더욱 더 간절하게 기도하라는 하나님의 요구요, 도전임을 깨달아야 한다(시 118:5 주해). 그래서 칼빈은 권하기를, "우리가 시험을 받을 때마다 거룩한 피난처로 나가듯이 기도하는 데로 곧장 나아가자"(빌 4:6 주해)고 했다.

그러나 우리가 기도할 때마다 항상 기억해야 할 것은 하나님 앞에서 우리의 참된 필요는 죄 용서에 대한 것이라는 점이다. 모든 다른 복의 근원이 사실상 하나님의 긍휼이기 때문에, 하나님의 자녀된 자들은 마땅히 자기의 죄의 치유를 먼저 하나님께 구해야 한다(III. xx. 9).

우리가 기도함에 있어서 실제적 동기는 인간의 필요, 곧 하나님의 죄 용서의 긍휼을 구하는 것이지만 모든 기도에서 무엇보다 하나님의 영광이 첫번째 동기가 되어야 한다9시 115:1 주해). 기도할 때 우리는 우리의 모든 인간적인 자만과 허영을 던져 버리고 오직 겸손히 하나님께 온전한 영광을 돌려드려야 하는 것이다(III. xx. 9). 웨스트민스터 대요리문답에도 우리는 하나님의 영광을 위해서 기도하되(184문답) 죄에 대한 깊은 인식과 통회하는 마음을 가지고(185문답) 할 것을 가르치고 있다.

5. 기도의 법칙

칼빈은 성령과 말씀을 따라 기도함에 있어서 특별히 네 가지의 법칙, 곧 경외하는 마음으로, 진심으로, 겸손하게 그리고 믿음으로 할 것을 제시한다.

(1) 첫째 법칙: 경외하는 마음으로

구약성경에 보면, 예컨대 레위기에 나오는 의식법(레 10:1~3) 등은 하나님의 거룩성과 초월성을 유념하게 하여 우리가 하나님께 나아갈 때 경외심을 가질 것을 강조한다. 그리고 기도할 때 결코 불경건해서는 안된다는 것을 다음과 같이 경고한다: "너는 하나님의 전에 들어갈 때에 네 발을 삼갈지어다 … 너는 하나님 앞에서 함부로 입을 열지 말며 급한 마음으로 말을 내지 말라 하나님은 하늘에 계시고 너는 땅에 있음이니라 그런즉 마땅히 말을 적게 할 것이라"(전 5:1, 2).

예수님께서도 그가 가르쳐 주신 주기도문에서 하나님을 부를 때 "하늘에 계신 우리 아버지"(마 6:9)라고 호칭하게 한 것은 하나님이 하늘에 계신 것을 우리로 하여금 알게 하려는 데 있지 않고, 하나님의 위엄이 무한하며 그의 본질은 불가해하고 그의 권능이 한량없으며 그의 존재 또한 영원함을 알게 하려는 데 있다고 칼빈은 해석한다(III. xx. 40).

그리고 주기도문의 첫째 기원, "이름이 거룩하게 되오며"에 대해서도 칼빈은 이 기원이 사람들로 하여금 하나님께 영광을 돌려드릴 것을 요구하는 것으로 해석한다. 하나님의 영광이 부분적으로는 우리의 배은망덕에 의해서 그리고 부분적으로는 우리의 악한 의지에 의해서 흐려졌기 때문에(III. xx. 41) 우리가 기도할 때 우리의 큰 수치를 인하여 하나님을 경외할 것을 칼빈은 아주 강조한다.

칼빈에 의하면 하나님께 나아가 하나님과 대화하며 기도하려는 자들은 합당한 생각과 마음을 가져야 한다. 즉 육신적이고 세속적인 염려나 생각들을 떨쳐내 버려야 하는 것이다(III. xx. 4).

(2) 둘째 법칙: 진심으로, 열정적으로

유대 종교 지도자들에 대한 예수님의 질책에는 기도할 때에 그들이 보여주는 위선에 대한 것이 포함되어 있다. 그들은 기도할 때에 사람에게 보이려고 회당과 큰 거리 어귀에 서서 기도하기를 좋아했고(마 6:5), 외식으로 길게 기도하였다(막 12:40). 이러한 위선에는 자만심이 자리잡고 있었다. 그들의 기도에는 그들 자신의 필요에 대한 절실함이 전혀 없었고, 그래서 기도는 진실하지 아니했다.

성경은 위선적인 기도를 정죄할 뿐만 아니라 기도를 진실하고 열정적으로 할 것을 적극적으로 권한다. 그래서 예수님은 중언부언하는 기도를 경고하셨고(마 6:7, 8), 기도의 응답이 더딜 때 끈기있게 기도할 것을 권하였다(눅 11:5~8, 18:1~7). 그리고 기도에는 열정적인 열망이 포함되어 있어야 한다. 하나님의 긍휼을 구하여 기도한 세리는 자기의 감정이 고조되어 있음을 표현하여 자기의 가슴을 쳤으며(눅 11:13), 그리스도의 기도들은 심한 통곡과 눈물로 드려졌는데(히 5:7) 겟세마네 동산에서는 더욱 간절하게 기도하셨다(눅 22:44). 엘리야도 간절하게 기도했던 것으로 성경은 말한다(약 5:17).

그래서 칼빈은 진실하고 열정적으로 기도하는 것을 기도의 둘째 법칙으로 제시한 것이다. 그가 말하는 바에 의하면, 우리가 기도할 때 우리 자신의 무력함을 항상 느끼며, 우리가 구하는 모든 것이 우리에게 어떻게 필요한가를 간절하게 생각하고서 그것을 응답받고자 하는 간절한 열망을 이 기도에 가미시켜야 한다 (III. xx. 6).

(3) 셋째 법칙: 하나님 앞에 겸손하게

기도는 열정적으로만 한다 해서 다 되는 것이 아니다. 우리의 열정은 하나님의 뜻에 합치되어야 하기 때문이다. 겸손한 기도의 전형적인 실례는 겟세마네에서의 예수님의 기도이다; "내 아버지여 만일 할만하시거든 이 잔을 내게서 지나가게 하옵소서 그러나 나의 원대로 마옵시고 아버지의 원대로 하옵소서"(마 26:39). 우리도 이와 같은 태도로, 진실하면서도 겸손하게 하나님의 뜻에 순복하여 "뜻이 하늘에서 이룬 것 같이 땅에서도 이루어지이다"(마 6:10)라고 기도해야 하는 것이다.

그래서 칼빈은 주장하기를 기도하기 위하여 하나님 앞에 서는 사람은 누구나 겸손하게 영광을 전적으로 하나님께 돌리고 자신의 영광을 전혀 생각치 않으며 자신을 가치있는 존재로 여기려는 모든 생각을 버려야 한다고 한다. 즉 모든 자만심을 버려야 한다고 말한다(III. xx. 8). 그에 의하면 올바른 기도의 준비와 시작은 겸손하고 성실하게 죄를 고백하며 용서를 간구하는 데 있다(III. xx. 9).

하나님의 뜻에 순복하는 것은 그 뜻을 받아들일 뿐 아니라 그 뜻이 이루어지기를 갈망하는 것을 의미하는 것이기 때문에 이로 말미암아 사실상 우리의 기도의 내용이 결정되며 우리 스스로 기도의 내용을 조작하지 않게 된다. 이로써 겸손하고 순복하는 기도가 가능하다.

(4) 넷째 법칙: 믿음과 확신을 가지고

성경이 분명하게 지시하는 바에 의하면 믿음은 응답받는 기도의 필수조건이다. 예수님께서는 이 점을 직시하여 말씀하기를 "만일 너희가 믿음이 있고 의심치 아니하면… 이 산더러 들려 바다에 던지우라 하여도 될 것이요 너희가 기도할 때에 무엇이든지 믿고 구하는 것은 다 받으리라"(마 21:21~22)고 하였으며, 야고보도 "오직 믿음으로 구하고 조금도 의심치 말라"(약 1:6)고 권면하였다. 그러므로 믿음의 기도는 어떤 일들에 대하여 확신과 소망을 갖는 기도이다(약 5:15).

이와 관련하여 칼빈이 제시하는 넷째 법칙은 기도하되, 우리의 기도가 응답되리라는 확실한 소망을 품고서 용기를 내어 기도해야 한다는 것이다. 기도에 대한 응답으로 주어지는 것은 모두 믿음을 통해서 얻는다고 하는가 하면(III. xx. 1), 사람들은 확신을 가지고 기도할 것이요, 공포심없이 그러나 경외심을 가지고 기도해야 한다고 칼빈은 또한 말한다(III. xx. 14).

(5) 요약
칼빈이 제시한바 네 가지 법칙은 웨스트민스터 대요리문답 (185문답)에 다음과 같이 진술되어 있다.

문: 우리는 어떻게 기도해야 합니까?
답: 우리는 기도할 때 하나님의 위엄 앞에서 두려움을 느끼며 우리 자신의 무가치함과 필요한 것들과 죄악들을 깊이 깨닫고 마음으로 회개하며 감사하고 열심을 품되 이해, 믿음, 신실, 열정, 사랑 그리고 인내로서 하나님을 섬기고 그의 뜻에 겸손히 순복하여 기도해야 합니다.

6. 기도의 내용

믿음으로 그리스도의 이름으로, 그리고 하나님의 뜻에 순복하여 우리가 구하면 무엇이든 하나님께서 응답하실 것이므로 우리가 무엇을 구해야 할 것인가 하는 기도의 내용은 사실상 기도의 법칙에 의하여 결정되는 것이며 칼빈은 주기도문에서 우리가 드려야 할 기도의 내용을 하나님께서 제시해 놓으신 것으로 말한다(III. xx. 34).

(1) 기도의 내용을 제한하는 요소들
기도가 응답될 것으로 믿는 믿음은 기도를 응답하시는 하나님을 믿는 믿음과 불가분하다. 이 믿음에는 기도를 응답하시는 하나님의 능력과 자비하심을 믿는 믿음 뿐만 아니라 하나님의 지혜와 약속에 대한 확신이 포함되어 있다. 즉 하나님의 계시된 의지에 나타난 약속을 믿고 확신하는 것이 포함되어 있는 것이다. 하나님께서 우리에게 자기의 기록된 말씀을 통해서 약속한 것들이 확실히 응답될 것임을 믿는 믿음에 의하여 우리의 기도의 내용은 제한된다(참조, III. xx. 11, 14).

이 믿음의 기도는 하나님의 뜻을 따라 하는 기도이다. 하나님은 자기 자신의 뜻에 일치하여 행하시기 때문에 하나님의 계시된 뜻을 따라 우리가 기도할 때에 우리는 기도의 응답을 확신할 수 있게 되며, 따라서 하나님의 계시된 뜻(the revealed will of God)에 의하여 우리의 기도의 내용이 제한되는 것이다.

또한 요한복음 14장 13절, "너희가 무엇을 구하든지"라는 구절이 "내 이름으로" 즉 "예수 그리스도의 이름으로"라는 구절에 의해 제한되어 있는 데에 나타나 있듯이 기도응답의 약속은 그리스도에 관한 계시와 일치하는 기도에 대해서만 주어지는 것이기 때문에 결국 우리의 기도의 내용은 그리스도에 관한 계시인 하나님의 말씀에 의하여 또한 제한되는 것이다.[18]

(2) 주기도에 나타난 기도의 내용

우리는 우리의 감정적인 생각대로 결코 기도할 수가 없다. 우리가 간구하여도 정욕으로 쓰려고 잘못 구하면 응답을 받지 못하는 경우(약 4:3)에서 알 수 있듯이, 우리의 기도는 그리스도의 이름을 믿는 믿음과 하나님의 계시된 뜻 등에 의하여 제한된다. 그러나 주님께서는 그가 가르쳐 주신 기도에서 우리가 하나님께 구해야 하고, 또 구해도 좋을 것들을 제시해 주셨다.

첫째로, 우리의 기도는 하나님의 이름이 거룩하게 되는 것, 곧 하나님께 영광을 돌려드리는 것을 간구해야 한다. 그러므로 시편 기자처럼 "하나님이여 주의 이름과 같이 찬송도 땅 끝까지 미쳤도다"(시 48:10)하며, 그의 이름에 합당한 영광과 찬송을 그에게 돌려드려야 하는 것이다(III. xx. 41).

---

18) 상게서, pp. 58~59.

둘째로, 우리의 기도는 하나님의 나라가 이 땅 위에 임하기를 간구해야 한다. 사람들이 자기를 부인하고 세속의 생활을 경멸하며 천국생활을 사모함으로써 하나님께서 그의 성령의 권능으로 육체의 모든 정욕들을 바로잡고, 우리의 모든 생각을 하나님의 통치에 순종하도록 인도하시기를 구해야 하는 것이다. 우리는 여기서 모든 사람의 생각과 마음이 하나님의 말씀에 기꺼이 순종하도록 만드시기를 하나님께 기원하라는 명령을 받는다(III. xx. 42).

셋째로, 우리의 기도는 하나님의 뜻이 이루어지기를 간구해야 한다. 이는 모든 사람들이 하나님의 말씀에 계시되어 있는 그의 뜻에 순복할 때, 하나님이 세상에서 왕노릇하실 것이기 때문이다. 우리는 이 기원을 통해서 자기를 부인하는 것을 배우게 되고 하나님은 우리 안에 새로운 마음을 창조하시는 것이다(III. xx. 43).

넷째로, 우리의 기도는 일용할 양식을 구해야 한다. 이 기원을 통해서 우리 몸에 필요한 일반적인 모든 것을 구함으로써 우리는 하나님의 보호에 우리 자신을 맡기고, 그의 섭리를 신뢰하여 하나님이 우리를 먹이시고 카우시며 보존하도록 하는 것이다(III. xx. 44).

다섯째로, 우리의 기도는 하나님께 죄 용서를 구해야 한다. 우리를 위하여 자신을 대속물로 주신 그리스도 안에 있는 구속(또는 배상)을 하나님께서 긍휼을 베풀어 받으신 결과 우리의 죄를 용서하심을 알고 우리가 하나님의 그 크신 긍휼에 근거하여 죄 용서를 간구하는 것이다. 그런데 "우리가 우리에게 죄지은 자를 사하여 준 것 같이"라는 말은 우리가 다른 사람의 허물을 용서할 권세가 있다는 뜻에서가 아니다. 왜냐하면 죄 용서의 권세는 하나님께만 속해 있기 때문이다. 그러므로 우리가 남의 허물을 사해준다는 말은 우리 마음 속에서 분노, 증오, 복수심 등을 다 제거한다는 것을 뜻한다. 그리고 또 여기서 유의할 것은 우리가 다른 사람의 허물을 용서하는 것이 우리의 죄사함 받는 것을 위한 조건이 아니라 우리의 연약한 믿음을 부분적으로 주님께서 위로하기 위함이라는 점이다(III. xx. 45).

여섯째로, 우리의 기도는 시험에 들지 않기를 간구해야 한다. 우리가 여기서 기원하는 것은 우리에게 있는 계속되는 사단과의 싸움에서 승리를 얻을 수 있도록 주님의 권능으로 굳게 설 수 있게 해 주옵소서 하는 것이다(III. xx. 46).

결론적으로 우리의 모든 기도는 교회의 공적인 건덕과 신자들 간의 교제의 증진을 도모해야 하고 우리의 확신과 기도를 위한 영원한 기초는 하나님 나라와 권세와 영광에 있음을 알아야 한다. "아멘"은 우리의 소원을 확고하게 하고 우리가 하나님께 구한 것을 얻고 싶어하는 우리의 간절한 바램을 나타낸다(III. xx. 47).

웨스트민스터 대요리문답에는 우리가 하나님의 영광과 교회의 평화와 우리 자신들과 다른 사람들의 선을 위하여 기도할 것이나, 무엇이든지 불법적인 것을 위해서 기도해서는 안된다고 진술되어 있다(185문답).

7. 기도의 실제

(1) 공적 기도의 필요성과 교회당의 중요성

개인의 기도처럼 교회의 공적 기도 역시 끊임없이 드려져야 하되 공동의 합의에 의하여 해야 하며 정해진 시간에 할 수도 있다. 그러나 마음의 깊은 곳에서 우러나오지 않고 내용도 없는 말로 반복하는 기도는 위험하다(마 6:7). 공적 기도의 참된 목표는 하나님을 찬미하는 것이거나 그의 도움을 구하는 것이다.

교회의 공적 기도가 멸시되지 않도록 주께서는 일찍이 성전을 "기도하는 집"(사 61:7)이라고 칭하셨다. 이로 보건대 기도의 의무가 예배의 주요한 부분이며 성도들이 한 마음과 한 뜻으로 기도에 참여할 수 있도록 그의 성전을 일종의 깃발로 그들 앞에 세워 놓으셨음을 알 수 있다. 교회의 건물인 예배당은 성도들 가운데 신앙의 통일성을 촉진하기 때문에 아주 중요하다(III. xx. 29).

그러나 하나님이 교회당에 특별하게 임재허 계신다고 믿는다거나 교회당에서 드려진 기도를 보다 더 효과적이게 하는 특별한 거룩이 거기에만 있는 것으로 생각하는 불건전한 신앙을 갖지 않도록 해야 한다. 왜냐하면 우리 자신이 하나님의 참된 성전이기 때문에 만일 우리가 그의 거룩한 성전어서 하나님께 기도하려고 할 것 같으면 우리는 마음 속으로 진실하게 기도해야 하는 것이다(요 4:23)(III. xx. 30).

(2) 노래와 일상언어를 사용하는 문제

우리의 마음이 깨어있도록 하고 모두 함께 한 영과 한 믿음으로 하나님께 영광을 돌리며 성도들 상호간에 서로 덕을 세우기 위하여 노래와 일상언어가 사용되는 것이 좋다(III. xx. 31). 사도 바울은 "내가 성령으로 찬미하고 또 마음으로 찬미하리라"(고전 14:15), "모든 지혜로 피차 가르치며 권면하고 시와 찬미와 신령한 노래를 부르며 마음에 은혜로(또는 감사함으로) 하나님을 찬양하라"(골 3:16)고 함으로써 그는 목소리와 심령으로 노래할 것을 명하고 있다. 이 노래는 우리의 마음을 움직여 기도할 때 참된 열정을 품게 해 준다. 그러나 단지 귀를 즐겁게 하기 위해서 하는 노래는 교회의 위엄에 어울리지 않고 하나님께 가장 혐오스런 것이 되어 버린다(III. xx. 32).

(3) 기도의 시간과 인내심

우리 각 사람은 기도하기 위하여 일정한 시간을 정하는 것이 좋다. 예를 들면 아침에 일어났을 때, 식사 대, 또는 잠자리에 들기 전 등이 좋다. 그리고 우리 또는 다른 사람들이 역경을 당할 때나 형통할 때 우리는 하나님을 향하여 기도해야 하는 것이다(III. xx. 50).

우리는 기도 시간을 정해 놓고 기도할 뿐 아니라 인내심을 가지고 기도해야 한다. 하나님의 섭리의 법칙에 의하여 우리 자신이 기꺼이 다스림을 받을 것 같으며, 우리는 기도할 때 쉽게 인내할 수 있게 되고 낙망하지 않으며 주님을 기다릴 수 있게 될 것이다. 주님은 우리의 간구를 결코 듣지 않는 분이 아니시다. 다만 하나님께서는 자기가 사랑하는 자들에게는 긍휼을 베풀어 어떤 것을 거절하나 악한 자들에게는 진노하시어 어떤 것을 오히려 때때로 허락하시는 수가 있을 뿐이다(III. xx. 51).

사랑이 많으신 하나님은 결코 자기가 사랑하는 성도들을 버리지 않으시며 자기 백성의 기대와 인내를 실망시키실리가 없다. 하나님께서 우리의 기도를 응답하심에 있어서 우리가 요구하는 바 그대로 반드시 응답하는 것이 아니며 놀라운 방식으로 그는 우리의 기도가 헛되지 아니했음을 보여준다(참조, 요일 5:15). 우리가 항상 인내하여 계속적으로 기도하지 않는다고 하면 우리의 기도는 헛되고 말 것이나, 진지하게 하는 경우 응답이 없는 기도는 사실상 없다(III. xzx. 52).

8. 기도와 만인제사장직

주 하나님께서는 모든 성도들을 산 돌같이 신령한 성전으로 세우셨을 뿐만 아니라 신령한 제사를 드릴 거룩한 제사장(벧전 2:5), 왕같은 제사장들로 삼으셨다(벧전 2:9). 하나님께서 우리를 성별하여 자기의 성전으로 삼으신 것은 그가 우리 가운데 거하시고 예배를 받으시기 위함이요, 우리를 제사장들로 삼으신 것은 하나님을 더욱 더 열심으로 섬기도록 고무하기 위함이다. 우리는 우선 먼저 우리 자신을 부인함으로 제물로 우리를 하나님께 드리고, 그리고 나서 기도와 감사와 구제 등을 드려야 한다(벧전 2:5 주해).

그리고 하나님께서 사단과 죄와 사망의 종들에게 왕의 자유를 누리게 하시고 세속적이고 부패한 자들에게 제사장의 영예를 주시어 왕같은 제사장으로 삼으신 것은(참조, 벧전 2:9 주해) 우리가 머리되신 그리스도의 중보와 제사장직에 참여하여 그리스도의 몸의 지체들로서 사랑으로 고취되어 교회를 위해 중보기도를 드리도록 하기 위함이다(III. xx. 19). 교회를 위하는 우리의 중보기도는 그리스도께서 항상 하시는 중보기도의 되울림(echo)이다. 그것은 또한 교회의 몸 안에서 우리가 서로 간에 하나되어 있는 것과 우리의 큰 대제사장이시요, 머리이신 그리스도와 하나인 것을 나타내 준다. 시편 20편에는 다윗의 기도가 응답되기를 위하여 기도하는 백성들에 대하여 묘사되어 있는데, 이를 통하여 칼빈은 그리스도의 제사장적 중보와 교회의 기도 간의 관계에 대한 유추를 발견하고 말하기를 "우리의 왕이신 그리스도가 영원한 제사장이 되어 하나님께 중보하기를 결코 쉬지 않으시기 때문에 교회의 온 몸이 그와 더불어 기도로 하나가 되어야 한다"(시 20:2 주해)고 했다.

그러므로 제사장의 직분을 받은 우리 모든 성도들의 기도는 자기 중심적이어서는 안되고 우리의 동료들과 사랑으로 깊이 결속되어 그들의 필요를 우리 자신의 것처럼 절실하게 느껴 드려져야 하는 것이다(딤전 2:1~2 주해). 우리의 기도는 항상 온 인류를 위하여 하되, 특별히 이 세대 뿐만 아니라 오는 세대들까지 포함하여 온 교회를 위하는 중보기도여야 한다(시 90:16 주해). 사람들을 위하여, 온 교회를 위하여, 중보기도를 드리는 것은 우리가 그들에 대한 우리의 사랑을 표현할 수 있는 가장 강력하고 실제적인 방법이다(욥 2:11~13 설교).

그래서 웨스트민스터 대요리문답에도 "우리는 지상에 있는 그리스도의 전체 교회를 위하여, 위정자들과 교회의 직분자들을 위하여 우리 자신들과 우리의 형제들 뿐만 아니라 원수들을 위해서 그리고 살아있는 자들이나 장차 태어날 모든 사람들을 위하여 기도할 것이지만 죽은 자들이나 사망에 이르는 죄를 범한 것으로 알려진 자들을 위해서는 하지 말 것입니다"(183문답)라고 진술되어 있다.

결 론

　기도는 하나님의 자녀의 살아있는 믿음의 표현으로서 하나님과의 친밀한 교통(intimate intercourse)이다. 성부 하나님이 기도를 들으시고 응답하시며 성자가 그의 이름으로 중보하시고, 성령께서 하나님의 계시된 뜻을 보여주고 있는 하나님의 기록된 말씀을 가지고 우리의 기도를 활성화시켜 주시기 때문에 우리는 기도를 통하여 삼위 하나님을 아는 지식이 깊어지게 된다. 이로써 칼빈이 말한 대로(I. i. 1, 2), 하나님을 아는 이 지식은 우리에게 참된 지혜와 경건 그리고 건강한 믿음을 준다. 그래서 우리가 하나님께 영광을 돌리고 그를 영원토록 즐거워 할 수 있게 되는 것이다.

　기도는 우리의 믿음의 표현이요 행사이되 웨스트민스터 대요리문답과 하지 및 박형룡이 이해한대로 은혜의 방편이므로 이 기도는 교회 안에서 말씀 선포와 성령의 교제를 통해서 우리로 하여금 하나님의 은혜를 더욱 풍성하게 누리게 한다. 기도를 통하여 그리스도의 대속적 죽음과 부활에 나타난 하나님의 사랑을 감사할 때 그의 찢기신 살과 흘리신 피가 성령으로 우리를 성결케 하며 사랑과 능력, 성령충만, 성령의 열매와 은사, 내세 소망을 가능케 해준다. 그래서 바운즈(E. M. Bounds)도 말하기를 "성도를 만드는 것은 기도의 힘이다. 기도하면 기도할수록 참된 성도가 되어간다. 기도를 위하여 많은 시간, 특별히 아침 시간을 바치면 성스러운 생활에서 그 효과가 현저하게 나타나게 된다"[19]고 했다.

　그리고 우리의 기도는 하나님의 말씀에 의하여 문이 열리고 틀이 형성되며 그 내용이 규제되기 때문에 철저하게 말씀의 묵상을 요구하며, 말씀 묵상하는 기도는 하나님의 약속을 알기 때문에 확신과 소망을 갖게 한다. 또한 마음 속에 깊은 감동과 큰

---

19) E. M. Bounds, *Power Through Prayer*(Grand Rapids: Baker Book House, 1981), p. 57.

감격을 심어주어 마음으로부터 하나님을 찬미하게 한다. 그래서 기도는 말씀 묵상과 찬미와 더불어 행하여지는 것이다. 그러나 우리의 찬미는 말씀에 기초해야 하고, 지나치게 감정적이거나 충동적이어서는 안된다.

우리의 기도는 하나님의 제사장으로서의 특권이요, 의무이다. 하나님 앞에서 죄 용서의 은혜를 감사하고, 그리스도 예수의 대속적 사랑에 감격하며 그의 대제사장으로서의 중보기도를 본받아 온 인류와 우주적 교회를 위하여 드리는 으리의 중보기도는 교회의 공동체성 회복의 지름길이요, 사랑과 믿음과 소망으로 하나되어 하나님의 사랑을 체험할 뿐 아니라 형제 사랑을 실천할 수 있는 최상의 방편인 것이다.

제 12 장

칼빈의 교회론의 공동체적 조명

서 론

 칼빈에게 있어서 교회론의 신학적 위치는 그의 대표적 저서인 『기독교 강요』의 체계를 위해 모본이 된 사도신경의 구조와 관련해서 고려해 볼 수 있고, 또한 『기독교 강요』의 전체 구조 속에서 생각해 볼 수 있으며, 칼빈이 이해하고 있는 교회의 기능과 역할의 측면에서 또는 그가 반성경적인 것으로 반대했던 중세 로마 카톨릭교회의 교회론과 대조하여 알아볼 수 있다.
 먼저 사도신경의 구조를 보면 크게 세 부분으로 되어 있다. 성부 하나님을 믿으며, 성자 하나님 예수 그리스도를 믿으며, 성령 하나님을 믿는다로 되어 있는 것이다. 그러나 내용상으로 보면 "거룩한 보편교회 곧 성도의 교통을 믿는다"가 네째 부분을 이루고 있다. 그러므로 삼위일체 하나님을 알고 믿는 것과 더불어 교회를 알고 믿을 때 우리는 참된 지혜와 경건 및 믿음을 얻어 구원에 이를 수가 있는데, 이 점에서 칼빈은 교회의 절대 필요성을 인식하고 있는 것이다.
 둘째로, 『기독교 강요』의 전체 구조와 관련하여 보면, 칼빈은 사도신경의 체계에 준하고 있으면서 그는 참된 지혜가 하나님을 아는 지식과 사람을 아는 지식으로 구성되어 있다 하고, 또한 하나님에 대해서는 창조주와 구속주로 구별하여 다룬다. 구속주 하나님에 대하여는 구속을 성취하신 예수 그리스도와 성령에 의한 그리스도와의 연합, 외적 방편에 의한 그리스도와의 연합 등으로 삼분하여 다룬다. 성령께서는 그리스도 예수 안에서 성취된 구원을 교회라고 하는 방편을 통해서 하나님의 택한 백성에게 적용하여 그리스도와의 연합을 이루신다는 사실을 칼빈은 강조하는 것이다.

셋째로, 교회의 기능과 역할의 측면에서 볼 때, 칼빈은 교회를 하나님의 택한 백성의 어머니요, 학교로 이해하고 있다. 자기의 택한 백성의 아버지이신 하나님은 어머니인 교회를 학교로 삼아 양육하여 온전케 하며 그리스도의 형상을 본받아 영화롭게 하신다는 것이다.

네째로, 중세 로마 카톨릭의 교회론과 대조해 보면 로마교회는 창조주 하나님과 피조물인 자연 및 인간을 대립관계에 있는 것으로 간주하고, 그 대립관계를 조정하는 역할을 교회가 담당하는 것으로 가르쳐 왔다. 이로써 교회의 사제적 기능과 권위를 확대 강화시켰던 것이다. 그러나 칼빈은 하나님과 자연이 대립관계에 있는 것이 아니라 하나님과 사단 및 죄가 대립관계에 있고, 또 하나님의 형상으로 창조된 인류와 사단 및 죄가 원수관계에 있는 것으로 이해하고 그 대립관계를 해결하는 분은 오직 예수 그리스도이며, 예수 그리스도와의 연합을 통해서 해결할 수 있음을 강조한다. 이로 보건대, 로마교회가 사제들의 제사장 직분을 강조하는 데 반하여, 칼빈은 그리스도의 대제사장 직분을 강조하고 머리되신 그리스도의 지체들로서의 신자들의 제사장직(만인사제직)을 언급하는 것이다.

위에서 살핀대로, 칼빈에게 있어서 교회론의 신학적 위치는 하나님의 택한 백성의 구원을 위해서 절대적이다. 교회가 없이는 사실상 구원이 있을 수가 없다. 그리고 이 교회는 머리이신 그리스도와 지체된 성도들이 성령의 방편을 통해 연합하여 한 몸을 이룬 유기적 공동체이다. 그러므로 칼빈의 교회론은 공동체적 관점에서 구원론적으로 이해되어야 한다.

1. 교회의 정의

(1) 거룩하고 보편적인 공회

교회가 '보편적'이고 '거룩한' 것은 그리스도가 한 분이시고, 그를 머리로 하여 하나님의 택한 백성들이 서로 지체로서 연결되어(롬 12:5; 고전 10:17; 12:12, 27) 서로 상합(相合)하여 한 몸을 이루어(엡 4:16) 그리스도 안에서 하나로 연합되어 있기 때문이다(엡 1:22~23). 그러므로 교회는 그리스도를 머리로 하여 그의 지체인 하나님의 자녀들이 하나로 연합된 몸(공동체)이다. 이 몸은 한 믿음, 한 소망, 한 사랑과 동일한 성령 안에서 더불어 살기 때문에 진실로 하나인 것이다(엡 5:30) (기독교강요, IV. i. 2).

(2) 성도들의 교통

사도신경에 보면 '거룩한 공회'(보편교회)와 "성도가 서로 교통하는 것'(성도의 교통)을 믿는다고 되어 있다. 이 말에는 교회가 바로 성도의 교통임을 의미하고 있는 것이다. 성도들은 하나님께서 주시는 은사가 무엇이든 서로 함께 나누어 갖는다(교통한다)는 원리 아래 그리스도의 공동체로 부름을 받았다. 하나님께서 모든 성도들의 유일한 아버지가 되시고 그리스도께서 그들의 머리가 되신다는 사실을 확신하고 있다고 하면 형제 사랑으로 연합하여 하나님의 모든 은사를 서로 나누어 가질 수밖에 없는 것이다. 그러기에 교회는 성도들이 그리스도 안에서 한 몸(공동체)를 이루어 성령의 은사를 함께 나누며 섬기는 바로 그 성도들의 교통이다. 그러므로 교회를 믿는다는 말은 우리가 교회의 지체임을 확신하고 교회의 품에서 결코 떨어져 나가 존재할 수 없음을 안다는 것을 뜻한다(IV. i. 3).

(3) 신자들의 어머니

우리의 연약함 때문에 우리는 교회라고 하는 공동체(성도의 교통)를 평생 떠날 수가 없고, 또 떠나서는 살아남을 수가 없다. 그러기에 교회라고 하는 이 어머니가 우리를 잉태하고 출산하여 젖을 먹여 기르지 아니하면 그리고 우리를 지속적으로 돌보고 인도해 주지 아니하면 우리에게는 생명으로 들어가는 다른 문이 결코 없다. 우리는 연약한 까닭에 일평생 교회를 학교로 삼아 학생으로 지내야 하며 학교를 결코 떠나서는 안된다. 더욱이 교회의 품을 떠나서는 아무도 죄 용서나 구원을 소망할 수가 없다(참조, 사 37:32; 욜 2:32; 겔 13:9). 또한 하나님의 부성적 은총과 영적 생명의 특별한 증거는 그의 양무리에게만 한정되어 주어지기 때문에 교회를 떠나게 되면 언제나 비참하게 되는 것이다(IV. i.4).

2. 교회의 회원권

(1) 그리스도의 지체된 자들

하나님의 은혜로 예수 그리스도를 믿어 하나님의 자녀로 인정되고 성령의 성결케 하심을 따라 그리스도의 참된 지체가 된 자들이 교회의 회원이다. 즉 하나님의 말씀을 통하여 예수 그리스도를 믿어 구주로 영접하여 믿음을 고백하고 성령의 충만과 은사를 통해서 성령의 선한 열매를 맺어 성도들 간에 서로 섬김으로 사랑하는바 지체된 자들, 다시 말해서 믿음의 고백과 성령의 열매(선행)를 통해 성도들 간에 서로 교통하는 자가 교회의 회원인 것이다(IV. i. 7).

(2) 하나님의 선택받은 자들

교회의 회원들로는 현재 이 땅 위에 살고 있는 성도들 뿐만 아니라 세상이 시작된 이래로 하나님의 선택받은 모든 사람들이 포함된다(IV. i. 7). "주께서 자기 백성을 아신다"(딤후 2:19). 그래서 하나님은 당신을 알아보지 못하고 또한 자기 자신들조차도 모르는 자들을 알아 보시고 이런 자들까지 택하시다. 그런 까닭에 (어거스틴이 말한 것처럼) "교회 밖에 많은 양이 있고, 안에 많은 이리가 있다." 완전히 희망이 없어 버려진 것으로 보였던 자들이 하나님의 긍휼로 인하여 교회 안으로 들어오는가 하면 믿음이 탁월해 보였던 자들이 종종 타락하기 때문이다. 교회의 회원된 자는 오직 하나님만이 아신다(IV. i. 8).

(3) 성례에 참여하는 자들

한 분 하나님과 그리스도를 믿고 고백함으로 세례를 받아 공적으로 기독교 신앙에 입문하고 주님의 만찬에 참여함으로써 회원된 우리는 참된 교리와 사랑에서 하나됨을 증거하며 주님의 말씀에서 일치하게 되는 것이다(IV. i. 7). 세례와 성찬, 즉 성례는 보편교회의 단일성을 보존하고 성도들이 지체로서 하나됨을 확실하게 하는 성령의 방편인 것이다(IV. i. 9).

3. 교회의 표지

(1) 복음선포와 성례집행

교회는 본래 모든 민족들로부터 모인 큰 무리이지만 사람의 필요에 따라 여러 곳으로 나뉘어 개교회로 산재하고 여러 고을과 마을에 세워지는 것이다. 그러나 하나님의 말씀이 순전하게 선포되고 청종되며 성례가 그리스도께서 제정하신대로 지켜지는 경우는 하나님의 교회가 존재한다고 볼 수 있다(IV. i. 9).

그런데 교회의 일꾼들이 말씀을 선포하고 성례를 집행함에 있어서 어떤 과오가 끼어들 수 있으나 이로 인하여 우리가 교회와의 교통에서 떨어져 나가서는 안된다(IV. i. 12). 비록 그리스도의 교회는 거룩하지만(엡 5:26) 교회에는 선한 사람과 악한 사람들이 섞여 존재하고 있고(마 13:47~58), 어떤 경우는 참을 수 없을 정도로 죄악의 전염병이 교회 안에서 창궐한다. 그렇지만 말씀 선포와 성례집행이 거부되지 아니하고 계속되는 한 거기에는 교회가 존재하고 있는 것이다(IV. i. 13, 14).

교회는 매일 진보하면서도 아직 완전하지 않다는 의미에서 거룩하다. 그러므로 교회가 불순하다는 이유만으로 교회를 버리고 새로운 교회들을 세워서는 안된다. 즉 교회를 가름으로써 그것의 통일성을 깨뜨려서는 안되는 것이다(IV. i. 17, 18). 그래서 개혁교회는 항상 자기 개혁이 있어야 하고, 특별한 이유가 아닌 이상 분열되어서는 안되고 성령으로 하나되기를 힘써야 한다(엡 4:3). 이런 맥락에서 칼빈이 크렌머에게 "만일 내가 그리스도의 찢긴 몸을 연합시키는 데 도움이 될 수 있다면 열 개의 대양이라도 건너기를 주저하지 않겠다"고 말했던 것이다(존 T. 맥닐, 『칼빈주의 역사와 성격』 크리스천 서적, p. 441).

(2) 열쇠의 권세

우리의 죄를 용서하시는 주님의 변함없는 은혜가 우리를 지탱해 주지 않는다고 하면 우리는 한 순간도 교회 안에 머무르지 못할 것이다. 교회의 지체인 우리는 하나님의 관용과 그리스도의 중재 및 성령의 성화사역을 통해서 우리의 죄가 이미 용서되었고, 또 지금도 매일 용서되고 있다. 이같이 지속적인 하나님의 용서의 은혜를 우리에게 베풀어 주기 위하여 열쇠의 권세, 곧 복음선포와 성례집행의 권세가 교회에게 주어진 것이다. 특별히 교회의 직분자들을 통해서 성도들에게 주어지는 것이다. 그러므로 이 용서의 직분을 받은 장로들이나 감독들이 복음의 약속들을 통해서 경건한 자들의 양심을 죄 용서의 희망으로 북돋아 줄 때, 성도들의 교통 가운데서 우리의 죄가 계속적으로 용서된다.

하나님의 사죄의 긍휼은 단 한 번만 주어지는 것으로 끝나지 않고 우리의 일평생 동안 지속적으로 주어진다. 우리는 항상 죄의 흔적을 짊어지고 다니기 때문에 죄 용서의 은혜가 평생토록 필요하며, 따라서 이 은혜를 우리에게 베풀어 주기 위해 교회의 이 열쇠의 권세가 주어져 있는 것이다. 그리고 교회에서 성도들의 화목케 하는 교통 가운데서 우리의 죄는 지속적으로 용서를 받는 것이다(IV. i. 21, 22).

(3) 거짓 교회와 참 교회의 비교

말씀 선포와 성례집행은 교회의 존재를 드러내 보이는 영구적인 표지이므로 이 두 가지가 건전하고 순수하게 계속되는 경우는 다소간의 도덕적 과실이나 병폐가 있더라도 교회가 무너지는 것은 아니다. 그러나 하나님의 말씀의 선포가 사실상 없거나 건전한 믿음을 거짓된 교리로 부패시키는 것은 거짓된 이단적 집단이고 형제 사랑의 교제의 띠를 끊는 것은 분파주의적 소행이다. 성도들의 교통은 건전한 교리상의 일치와 형제 사랑에 의하여 유지되기 때문에 이 두 가지가 결여되면 그것은 거짓 교회인 것이다(IV. ii. 5).

4. 교회의 권세

(1) 교리적 권세

제사장들과 선지자들, 사도들과 그들의 후계자들과 같은 하나님의 사역자들에 의하여 선포되도록 되어 있는 하나님의 말씀에 종속되며 그 테두리 안에서만 오직 가능한(IV. viii. 4) 교리적 권세는 신조를 제정하는 권세와 그 신조들을 해설하는 권세 등 두 부분으로 되어 있다. 여기서 거듭 유의할 점은 교회의 권세는 결코 무한대한 것이 아니고 새로운 교리를 날조하는 대신에 순전한 마음으로 하나님이 이미 주신 교리에 충실하는 것이다(IV. viii. 9).

모든 예언자들 가운데 으뜸가는 예언자는 모세 자신도 주님께로부터 받은 것 외에는 아무 것도 선포할 수가 없었다(출 3:4 이하)(IV. viii. 2). 하나님께서는 자기가 명하신 것에 그 무엇을 덧붙여 가르치는 것을 아무에게도 허락하지 않으시는 것이다. 예언자들이 여호와의 말씀에 대한 경외심에 사로잡혀 그들의 받은 말씀 이외에는 어떤 것도 선포하지 아니할 때 그들에게 비상한 권세와 탁월한 칭호들이 부여되었다(IV. viii. 3). 그래서 그리스도 자신도 자기 임의로 말씀을 가르치지 아니하시고 율법과 선지자들에 근거하여 하셨으며(IV. viii. 13) 그의 사도들 또한 성경의 기록된 말씀 밖으로 넘어갈 수가 없었다(IV. viii. 9).

교회의 최선의 인도자인 성령은 말씀없이, 즉 성경의 기록된 말씀을 벗어나 임의로 가르치지 않고, 예수 그리스도께서 율법과 선지자들에 기초하여 가르치신 것만을 가르치며 교회로 하여금 깨닫도록 하신다. 그래서 예수님은 말씀에 무엇을 첨가하거나 삭제하는 것을 금하셨던 것이다(계 22:18 이하; 참조, 신 4:2)(IV. viii. 13).

교회의 교리적 권세는 하나님의 말씀을 충실하게 보존하며 또한 순수하게 가르쳐 지킴으로써(IV. viii. 12) 본질상 연약한 성도들이 하나님의 말씀의 테두리 안에 힘써 머물게 함으로(IV. viii. 11) 교회의 일치와 결속이 더욱 견고하게 하는 데 있다. 그러므로 교회를 견고하게 세우는 유일한 방법은 교회의 일꾼들 스스로가 교회의 유일한 교사인 그리스도의 권위에 순복하여 그의 가르치심만을 따르는 것이다(IV. viii. 1, 2).

어떤 사람들은 사도들이 성경에 기록하지 않은 것은 후대에 성령의 '살아있는 음성'을 통해 보충할 수 있다고 주장하나 어거스틴의 다음과 같은 말로 이같은 엉터리 주장은 반박될 수 있다: "주께서 침묵하실 때 우리 가운데 누가 '저것이다' 라든가, 아니면 '이것이다' 라고 말할 수 있을 것인가?"(IV. viii. 14). 칼빈은 그의 로마서 주석에서도 이 점을 분명하게 밝힌다: "성령께서는 우리가 마땅히 꼭 알아야 할 것만을 우리에게 가르쳐 주시므로… 성경이 우리에게 가르쳐 준 것 외에는… 아무것도 알려고 하지 않는 이것을 우리의 거룩한 규범으로 삼자. 즉 주님이 그의 거룩한 입을 다무실 때 우리 또한 길을 멈추고 더 이상 나가지 않도록 하자"(롬 9:14 주해).

(2) 입법의 권세

여기서 말하는 교회의 입법권은 정치적 질서에 관한 것이 아니고 하나님께 대한 예배와 영적 자유에 관한 것이다(IV. x. 1). 교회에 이러한 법이 필요한 것은 교회의 안전을 위함이다. 이는 교회에서 법을 제거해 버리면 교회를 지탱해 주는 바로 그 근육들이 와해되고 교회가 완전히 망하여 흩어지게 되기 때문이다(IV. x. 27).

교회에서 예배에 관한 법의 목표는 첫째로, 책임을 맡은 직분자들로 하여금 선하게 행정하는 규칙과 법을 알게 하고, 한편 다스림을 받는 일반 회중들은 하나님에 대한 순종과 바른 권징에 숙달되게 하는 것이며, 둘째로, 교회의 질서를 잡은 후에 교회 안에 화평과 평온을 마련하는 데 있다(IV. x. 28). 그러나 교회는 스스로 어떠한 영구적인 법을 제정해서는 안되고 교회의 규례들의 용도와 목적을 교회의 건덕에 두고, 상황에 따라서 언제든지 변경시킬 수 있어야 하는 것이다(IV. x. 32).

(3) 사법적 권세와 권징

교회의 사법권은 교회의 영적 질서를 보존하기 위하여 강구된 것으로서 그리스도께서 교회에게 주신 열쇠, 곧 복음선포와 성례집행에 의존하며 주님께서 판결해 놓은 것을 인도하는 데 불과하다(IV. xi. 1, 2).

성도들에 대하여 매고 푸는 이 사법권을 통하여 교회는 출교한 자의 생활과 품행을 정죄하기 때문에 출교당한 자를 속박하는가 하면 회개하여 용서받은 자의 경우는 교회가 그를 공동체 안으로 영접하여 줌으로 풀어준다. 이는 교회가 예수 그리스도 안에서 소유하고 있는 연합에 그로 하여금 참여할 수 있게 해주기 때문이다(IV. xi. 2).

교회에 이같은 권징이 필요한 것은 교회가 올바른 상태를 유지하기 위함이고, 이 권징은 교회를 지탱하는 근육으로서 이것을 통하여 몸의 지체들이 각각 그 지체의 위치에서 서로 결합하게 하는 것이다(IV. xii. 1). 그리고 이 권징의 목적은 첫째로, 하나님의 명예를 욕되게 하지 않고 보전하기 위함이며, 둘째로, 공동체의 미덕이 악으로부터 보호되도록 하기 위함이고, 셋째로, 범죄한 자들이 회개하고 회복될 수 있도록 하기 위함이다 (IV. xii. 5).

그런데 교회가 권징을 할 때는 너무 급하거나 심하게 하지 말고, 하나님의 용서에 근거하여 온전하게 하고 죄인을 회개하도록 이끌어 주며, 회중들이 오염되지 않도록 하되 죄인이 교회에 대하여 회개한 증거를 보이고 그의 힘이 닿는대로 그가 이전에 교회에 끼친 누를 깨끗하게 씻어내 버린다고 하면 더이상 그를 문책해서는 안되는 것이다(IV. xii. 8).

권징의 또 다른 방법으로는 금식, 엄숙한 간구 및 겸비와 회개와 신앙을 나태내 보이는 여타의 행위들이 있는데 육체의 정욕을 죽이는 데는 금식이 효과적이다(IV. xii. 14, 15).

5. 교회의 일꾼들

(1) 일꾼들의 필요성

그리스도께서는 자기의 몸을 세우기 위해서 인간적인 방편인 사역자들을 임명하셨다(엡 4:10~13). 하나님께서는 자신의 백성을 일순간에 완전케 하실 수 있지만 그들이 오직 교회에서 교육을 받음으로써만 장성한 사람으로 자라나게 되기를 그는 원하신다. 인간적인 방편인 사역자들을 통하여 우리를 가르치며 다루시는 것이 하나님의 뜻이다(IV. i. 5).

하나님만이 교회 안에서 왕으로서 다스리셔야 한다. 그렇지만 그는 우리 가운데 가견적 모습으로 임재하여 계시지 않는다. 일꾼이 연장을 사용하여 자기의 일을 하는 것처럼 하나님은 사람들의 봉사를 활용하여 자기의 뜻을 우리에게 말로 명백하게 선포하시는 것이다(IV. iii. 1). 인간적인 방편은 우리를 겸손케 하는 데 있어서 최상의 가장 유익한 훈련이다. 왜냐하면 하나님의 말씀이 우리와 같은 사람들을 통해서 선포될지라도 하나님은 우리로 하여금 그의 말씀에 순종하는 데 익숙하시도록 하시기 때문이다(IV. iii. 1).

사람들 간에 사랑을 가장 적절하게 배양해 주는 비결은 사람들은 인간적 방편의 띠로 연합시키는 것이다. 즉 한 사람이 목사로 임명되어 나머지 사람들을 가르치며 생도된 자들은 한 입으로부터 공통된 가르침을 받을 때 상호간의 사랑과 교통이 깊어지는 것이다(IV. iii. 1). 이같은 인간의 봉사는 신자들을 한 몸으로 결합시켜 주는 중추적 힘줄이다. 그리스도께서는 일꾼들을 통하여 그의 은사들을 교회에게 분배해 주신다(IV. iii. 2).

(2) 성경에 나오는 교회 직분들

에베소서 4장 11절에 근거하여 사도들, 선지자들, 전도자들, 목사들 그리고 교사들이 교회를 가르치고 지도해야 마땅하다. 이 직분들 가운데 사도들, 선지자들, 전도자들은 초대교회 당시에 일시적으로 필요했던 비상직(extraordinary office)이고, 목사들과 교사들은 교회 안에 항존하는 일상직(ordinary office)이다(IV. iii. 4).

① **비상직**: 사도직은 복음을 선포하고 하나님 나라를 건설하는 일을 온 천하에 다니며 만민에게 행하는 직분이다. 어느 한 지역이나 족속이나 민족 만을 대상으로 하여 일하지 않고 온 세상 어디에서나 어느 족속이든 관계없이 가르치며 다스렸다. 그들은 지혜로운 건축자처럼 교회의 터를 닦았던 것이다(참조, 고전 3:10; 엡 2:20).

에베소서 4:11에 언급된 선지자들은 구약시대의 선지자들이 아니고 하나님의 특별한 계시를 받은 신약시대의 직분자들로서,

오늘날에는 희귀하거나 거의 존재하지 않는다. 스스로 선지자 요, 예언의 은사를 받은 것으로 주장하는 자가 광신주의자 가운데(예, 츠비카우의 예언자들) 있을 뿐이다.

그리고 누가, 디모데, 디도 등은 그 위엄과 권위에 있어서 사도들보다는 다소 떨어지나 직무에 있어서는 서로 비슷한 자들로 전도자들이 있다. 예수님이 파송했던 70인의 제자들도 그런 사람들이었을 것이다(눅 10:1). 이 직분은 비상직이지만 오늘날에도 때때로 세우시는데, 예를 들면 루터와 같은 사람이다(IV. iii. 4).

② 일상직: 목사들은 하나님의 말씀을 선포하고 가르칠 뿐만 아니라 권징과 성례집행, 경고, 권면 등 교회의 일들에 전반적으로 관여하나 교사들은 성경강해하는 일만을 주로 힘쓰고 참되고 건전한 교리가 성도들 가운데서 보전되도록 노력한다(IV. iii. 4). 그리고 장로들은 사람들 가운데서 피택되어 교회의 행정과 도덕적 견책과 권징시행 등의 책임을 맡는다(IV. iii. 8). 한편 집사직에는 두 종류가 있는데, 하나는 교회를 위해서 구제사업을 관리하는 직분이고, 다른 하나는 직접 가난한 자들을 돌보는 직분이다. 바울이 데모데에게 보낸 서신에 언급되어 있는 참 과부(딤전 5:9)는 후자에 속하는바, 여자들은 가난한 자들과 병든 자들을 섬기는 일 이외에는 다른 공직 직무를 행할 수가 없었다. (IV. iii. 9).

6. 성례

(1) 성례의 정의

하나님의 진리의 말씀은 그 자체로도 확고부동하지만 우리의 믿음이 너무나도 연약하여 잘 비틀거리기 때문에 각종의 방편, 곧 성례에 의하여 받쳐지지 않으면 안된다. 이 성례에는 우리가 교회의 공동체로 받아들여져 입문하는 문호에 해당하는 세례와,

그리스도와의 비밀한 연합관계를 나타내 보이는 가견적 표호(sign)인 성만찬이 있다. 세례는 우리가 받은 죄 용서와 그리스도의 죽음과 부활 및 축복에 참여하게 된 것을 표호로서 우리가 세례를 받는 것을 하나님 앞에서 우리의 믿음을 보이고 사람들 앞에서 우리의 신앙고백을 증명하기 위함이다(IV. xv. 1).

그리스도의 성만찬의 표호는 떡과 포도주이고 그 표호가 표현하는 실체는 우리의 생명 양식인 그리스도이시다. 이 가견적 표호가 그리스도와 우리와의 연합의 모습과 모형을 나타내 보이며(IV. xvii. 1), 우리는 성만찬을 통해서 그리스도와 한 몸을 이루어 성장하게 되는 것을 확신하게 된다(IV. xvii. 2).

(2) 성례의 기능

성례는 가견적 말씀이요, 우리의 믿음의 기둥이다. 그래서 우리의 믿음은 하나님의 말씀을 기초로 삼아 그 위에 서있지만, 성례가 첨가되는 때에는 믿음이 마치 기둥들에 의해 받쳐지는 것처럼 더욱 튼튼하게 서있게 되는 것이다(IV. xiv. 6). 하나님께서는 그의 거룩한 말씀 뿐만 아니라 성례를 통해서 우리에게 긍휼과 그의 은혜에 대한 약속을 제시하여 우리의 믿음을 지탱해 주고 자라게 하며 강화하고 증가시킨다(IV. xiv. 7, 12).

성례는 단순히 그리스도의 몸을 우리에게 나누어 주는 것만이 아니고 그의 살은 양식이요, 그의 피는 음료라고 한 약속을 인치며 확증하는 것이다. 그리스도께서 자신을 "생명의 떡"(요 6: 51)이라고 부르신 의도는 우리의 구원이 그의 죽음과 부활에 대한 신앙에 달려있다는 것 뿐만 아니라 우리가 그를 참되게 먹고 마심으로 마치 우리가 양식으로 먹은 떡이 우리 몸에 힘을 주는 것처럼, 그의 생명이 우리에게로 옮겨와 우리의 것이 된다는 것을 가르치기 위함이다(IV. xvii. 5).

성례의 본체는 그리스도와 그의 죽음 및 부활이며 성례가 의미하는 것과 그것의 본체로부터 나오는 효력은 구속, 의, 성화, 영생 그리고 기타의 축복들이다(IV. xvii. 11).

(3) 성례의 용도

우리가 예수를 그리스도로 공적으로 고백하여 교회의 회원이 되는 표로 받는 세례는 그리스도 안에서 우리가 죽고 새생명을 얻은 것을 알게 할 뿐 아니라 일평생 깨끗함을 받는다는 표이다 (IV. xv. 3, 5).

이로써 죄 용서와 의의 전가(轉嫁) 및 새생명을 얻게 하는 성령의 은혜가 약속되는 것이다. 또한 세례는 우리가 그리스도의 죽으심과 살으심에 접붙임이 되었을 뿐만 아니라 그리스도 자신과 연합되어 있음을 보여주는 표이다(IV. xv. 6).

그리고 우리가 반복적으로 때를 따라 먹고 마시는 성찬은 우리의 연약한 마음을 도와 하늘로 높이 올리워져 승천하신 그리스도를 생각케 하는 것이요(IV. xvii. 36), 사람들 앞에서 그리스도의 죽음을 선언하고 우리에게 그의 죽음을 기념하게 하는 것이며(IV. xvii. 37), 또한 우리의 삶에 순결과 거룩 뿐만 아니라 교회 공동체 안에서 사랑과 평화와 일치를 고취시킬 목적으로 베풀어지는 것이다(IV. xvii. 38).

요약하자면 세례를 통하여 그리스도 자신과 연합된 우리는 성찬에 참여함으로써 그리스도와의 신령한 교통을 누리게 되고, 또한 그의 몸이 하나이기 때문에 그 한 몸에 연합되어 참여하는 우리 모두는 서로 한 몸을 이루게 되고 서로 사랑으로 교통하게 되는 것이다. 그러기에 성례는 '사랑의 띠'(the bond of charity)라고 불리운다. 그리스도께서 자신을 우리에게 주심으로써 우리는 그 안에서 모두가 하나가 되고, 우리 자신을 서로 서로 내어주어 우리 몸의 지체인 형제를 진심으로 사랑할 수 있게 되는 것이다(IV. xvii. 38).

결 론

칼빈은 교회의 기초로 하나님의 말씀(케리그마)을 강조하고 교회를 힘있게 세우는 것으로 성례를 통한 성도들의 교통(코이노니아)과 섬김의 사랑(디아코니아)을 중요하게 여긴다. 그는 하나님의 보편적 교회를 성도의 교통(communion of saints)으로 뿐만 아니라 성도들의 어머니요, 학교로 정의하고 있어서 칼빈의 교회론은 철저하게 공동체적이다. 교회 간에서 말씀을 서로 나누고 지체 간에 사랑과 소유를 나누며 성령의 은사들을 나눔으로 교회는 교회답게 성장하고 성도들의 믿음이 더욱 견고하여져 하나님의 성전이 튼튼하고 아름답게 세워지는 것이다. 그러므로 그리스도를 머리로 하여 한 몸된 교회는 하나의 믿음, 소망, 사랑, 성령으로 하나로 더불어 살아야 한다.

제 13 장

그리스도와 부활

    자유주의 신학의 측면에서 본 예수의 부활은 추위에 매말랐던 초목이 봄볕에 새싹이 트는 것과도 같고, 억압과 착취로 시달린 민초들의 저항정신이 강물처럼 위력을 발하는 것과도 같으며, 죽은 자가 혼절상태에서 소생하는 것과도 같다. 이에 반하여, 보수주의 신학은 예수의 부활을 역사적 사건으로 인정하되, 그의 부활이 성도들에게 있어서는 그의 재림의 날에 있을 육체의 부활을 위한 보증으로 대개 이해되고 있으나 예수의 부활이 오늘 무슨 의미가 있는가에 대하여서는 별다른 관심이 없어 보인다.
    예수 그리스도와 성도들 간에는 성령과 믿음으로 말미암아 신비한 연합관계가 있어서 머리되신 그리스도와 지체인 성도들은 한 몸을 이루고 있기 때문에 그리스도의 죽으심과 부활은 성도들의 죽음과 부활로 곧바로 관련되어지는 것이다. 그래서 사도 바울은 이렇게 말한다. "그의 죽으심은 죄에 대하여 단번에 죽으심이요 그의 살으심은 하나님께 대하여 살으심이니 이와 같이 너희도 너희 자신을 죄에 대하여는 죽은 자요 그리스도 예수 안에서 하나님을 대하여는 산 자로 여길지어다"(롬 6:10~11). 그리스도가 죄에 대하여 죽었기 때문에 죄가 성도들을 주관할 수 없을 뿐만 아니라 성도들은 죄 가운데 계속 거할 수가 없으며(롬 6:2, 14) 따라서 성도들에게는 정죄가 없다(롬 8:1). 그리고 그리스도의 부활이 하나님께 대하여 항상 살아계심을 의미하는 것처럼, 즉 부활하신 그리스도는 죽음에서 일어나는 순간부터 영원토록 하나님 앞에서 항상 살아계신 것처럼, 죄에 대하여 그리스도와 함께 죽은 성도들은 하나님께 대하여 그리스도 예수 안에서 항상 살아있는 것이다. 그날, 곧 주 예수 그리스도께서 재림하실 그날에 성도들의 영광스런 육체의 부활이 있겠지만, 지금 오늘 성도들은 그리스도의 부활 생명을 덧입고 있는 것이다. 그러므로 성도의 부활은 오늘과 그날의 관점에서 그 의미를 이해하여야 한다.

부활의 오늘과 그날의 의미를 살핌에 있어서 먼저 하나님의 나라와 종말의 관점에서 예수 그리스도의 오심과 죽음을 생각해 보는 것이 좋다.

1. 예수의 오심의 종말론적 의미

마태는 그의 복음서에서 아브라함과 다윗의 자손 예수의 족보를 소개함에 있어서, 예수가 이 땅에 왕으로 오시되 하나님의 때가 차매 오셨음을 강조하였다. 예수가 아브라함과 다윗의 자손임을 족보를 통해 밝힌 것은 그의 왕되심을 소개하기 위함이고, 아브라함으로부터 예수까지를 14대씩 3시기로 나눈 것은 하나님의 주권적 섭리로 말미암은 때가 정확히 찼음을 의미한다. 그의 오심을 통해서 이 땅에 사실상 종말이 시작되고 하나님의 나라가 이루어진 것이다. 왕되신 그리스도가 육신의 몸으로 이 땅에 임하신 까닭이다. 그래서 마가는 "때가 찼고 하나님의 나라가 가까왔다"(막 1:15)고 말했다. 바울도 "때가 차매 하나님이 그 아들을 보내사 여자에게서 나게 하셨다"(갈 4:4)고 말했다.

이와 같이 예수의 오심을 통해서 이 땅에 종말과 하나님의 나라가 임함으로 해서 하나님의 백성들이 죄에서 자유케 되고 하나님의 나라가 그들 가운데 임하여 있게 되었다(눅 17:21). 이는 예수님에게 죄를 용서하는 권세가 있을 뿐 아니라(막 2:10) 그가 참 하나님이시요(요 1:1) 하늘과 땅을 창조하신 창조주이시며(요 1:3) 하늘과 땅의 권세를 가지신 분이고(마 28:18) 그래서 사단을 이기신 분이기(마 4:11) 때문이다.

예수의 이름이 '임마누엘'(사 7:14; 마 1:23)인 것도 예수 안에서 하나님이 자기 백성 가운데 임재하여 계심을 의미한다. 죄와 허물로 인하여 버림을 받을 수밖에 없는 자들을 하나님은 자기의 언약적 사랑 때문에 버리지 아니하시고 오히려 끝까지 사랑하시며 예수의 오심을 통하여 그들 가운데 거하신 것이다(요 1:14). 그래서 요한은 그의 복음서에서 육신을 입고 사람들 가운데 임하여 계신 예수는 하나님의 아들의 영광과 은혜와 진리를 충만했다고 소개하는 것이다(요 1:14 하반절). 그는 세상 죄를 해결하러 오신 어린양이시다(참조, 창 22:8).

그런데 예수님이 오셔서 자기 백성들에게 말씀하신 첫 마디는 '회개하라'이었다(마 4:17). 천국이 예수의 오심을 통하여 임한 까닭에 하나님의 백성된 자들은 회개하고 변화를 받아야 했다. 예수가 왕으로 오신 것은 자기 백성을 변화, 곧 개혁시켜 그 나라에 합당하게 하기 위함이었던 것이다.

2. 예수의 순종의 삶의 종말론적 의미

예수는 태어날 때부터 율법 아래 즉 율법에 순종하여 나셨다(갈 4:4 하반절). 그는 십자가상에서 죽으실 때 "다 이루었다"(요 19:30)고 말씀하실 만큼 율법을 철저하게 순종하여 성취하셨다. 그가 말씀하신대로, 그는 율법을 폐하러 온 것이 아니고 완전하게 하러 오셨다(마 5:17). 그래서 그는 모든 믿는 성도들에게 의를 이루기 위하여 율법의 성취가 되신 것이다(롬 10:4). 예수께서 율법에 순종한 것은 자신을 위해서라기보다는 성도들을 위해 영원한 구원의 근원이 되고(히 5:8) 의를 이루기 위함이었다. 그래서 예수는 세례를 받으시던 때에도 "우리가 이와 같이 하여 모든 의를 이루는 것이 합당하니라"(마 3:15)고 말씀하셨던 것이다. 이렇듯 예수께서 그의 삶을 통해서 율법을 성취하고 의를 이루심으로 우리를 위해 구원이 이루어진 것은 이제 예수를 믿는 우리에게 하나님의 자녀의 권세를 주기 위함이었다(요 1:12). 하나님의 자녀는 율법에서 자유하고, 오직 믿음으로 구원을 누린다. 예수 그리스도께서 육신을 입고 이 땅에 태어나신 까닭에 우리가 하늘로 올라가는 수고를 할 필요가 없고, 그가 죽은 자 가운데서 부활한 까닭에 음부로 내려가는 수고도 할 필요가 없듯이 우리가 하나님 나라의 영광에 참여하는 데 있어서 오직 예수를 믿어 그와 한 몸을 이루면 되는 것이다(롬 10:6~9).

그런데 예수 그리스도의 순종의 삶은 그에게 성령이 임하심으로 가능하였다. 그는 성령으로 잉태되었고, 세례받으시던 때에 그 위에 성령이 충만하게 임하였으며, 성령의 권능으로 사단의 시험을 또한 이기셨던 것이다. 예수님에게 성령이 임하신 것은 이사야 선지자에게 주신 하나님의 예언의 말씀이 때가 차매 성취된 사건이다(참조, 사 61:1; 눅 4:17, 21). 다시 말해서 예수에게 성령이 임하시어 그의 삶을 통해 그가 율법에 순종하여 의를 이루신 사건은 종말론적인 것이요, 하나님 나라의 시작인 것이다. 그러기에 그의 순종의 삶을 통하여 죄인된 우리와 하나님 사이의 막힌 담이 헐리고 우리는 믿음을 통하여 하나님과 화목되어 그의 나라의 시민권을 획득하게 된 것이다.

3. 예수의 죽으심의 종말론적 의미

예수의 순종의 삶은 그의 죽음심에서 절정을 이루었다. 그는 자기를 낮추고 복종하여 마침내 십자가상에서 죽기까지 철저하게 순종하였다(빌 2:8). 그는 자기의 죽음을 통해서 사람들의 죄를 인하여 바쳐진 희생제물의 역할 뿐만 아니라 하늘 성소에서의 대언(중보)사역을 위해 피로 자신을 성결케 하는 제사장의 역할을 성취하였다. 짐승들의 피로 드려진 구약의 희생제물은 하나님의 언약의 피의 예표로서, 그리스도의 피가 영원한 속죄를 이룰 것을 가리켰다(히 9:23~24). 그는 자기를 단번에 희생제물로 드려 죄를 없게 하시려고 세상 끝, 곧 종말의 때에 오셔서 죽으신 것이다(히 9:26).

예수 그리스도께서 본디오 빌라도 앞에서 로마의 형법에 의하여 정죄받음으로 우리가 받을 정죄와 형벌과 죄책을 대신 담당하심으로 우리를 죄에서 자유케 하시고 우리에게 정죄가 없게 하셨다(사 53:5, 12; 막 15:28). 그리스도께서 못 박히신 십자가는 우리의 저주가 그에게 전가된 것을 상징하며 그가 십자가에 달려 죽으심으로 그가 친히 저주를 받으신 것은 이로써 그 안에서 우리가 하나님의 의가 되게 하기 위함이었던 것이다(고후 5:21).

그리스도가 흘리신 피는 우리에게 대속적 희생이 되었고 우리의 부패를 씻어내는 물대야가 되었으며 그가 죽음의 권세에 자신을 내어줌으로써 우리를 사망에서 구출하여 우리 안에 있는 옛사람을 죽여 그 옛사람이 번성하거나 열매를 맺을 수 없게 하였으며, 그가 땅에 묻히실 때 우리도 그와 함께 죄에 대하여 장사하되 우리의 옛사람이 결정적으로 죽은 것이 되었다. 그리고 그가 십자가상에서 맛보신 고통은 마치 지옥에 내려간 것과도 같은 것으로서 그는 그 고통을 통해서 마귀의 권세와 사망의 공포와 지옥의 공포에 대하여 승리하여 우리가 그러한 것들을 두려워하지 않을 수 있게 하셨다.

그런데 우리를 위하여 십자가에서 고통 가운데 피흘려 죽으신 예수님은 우리에게 "자기 십자가를 지고 나를 좇을 것이니라"(마 16:24)고 명하셨다. 우리는 내면적으로 자기를 부인하고 옛사람을 죽이며 정욕을 억제할 뿐 아니라 현실의 삶에서 고난을 체험하며 그 고난을 사닥다리 삼아 그리스도의 죽음의 효력을 체험하여야 하는 것이다. 그리하여 십자가 상의 그리스도를 우리가 닮음으로 우리는 그리스도와 더불어 지금 성화되고 불멸과 영광을 향하여 나아갈 수 있게 된다.

4. 예수의 부활의 종말론적 의미

우리의 구원은 그리스도의 죽음에서 시작을 보고, 그의 부활에서 완성을 본다. 이는 그리스도의 죽음에서 죄가 폐기되고 사망이 멸절되었으며, 그의 부활을 통해서는 의가 회복되고 생명이 되살아났기 때문이다. 그래서 사도 바울은 "예수는 우리의 범죄함을 위하여 내어 줌이 되고 또한 우리를 의롭다 하심을 위하여 살아나셨느니라"(롬 4:25)고 말하였다. 우리는 그리스도의 죽음과의 교통을 통하여 우리 안에서 죄악이 정복되고 폐기되는 것을 체험할 뿐 아니라 그의 부활과의 교통을 통해서는 중생과 성화의 새 생명을 체험하게 되는 것이다. 그래서 칼빈은 우리가 성령으로 경험하는 중생과 성화가 신자 안에서 이루어지는 그리스도의 부활의 체현이요, 역사의 시간 속에서 마지막 부활에 참여하는 것이라고 말한다. 그는 로마서 8:11에서 "그의 영으로 말미암아 너희 죽을 몸도 살리시리라"는 구절을 설명할 때, "살아난다"는 말이 마지막 부활을 가리킬 뿐만 아니라 "육체의 남은 것들이 죽임을 당하는 동안에 하늘의 생명이 점차적으로 우리 안에서 새로워지게 되는 성령의 계속적 활동"을 가리킨다고 말하는 것이다.

칼빈에 의하면 우리가 그리스도의 부활을 통해서 누리게 되는 세 가지 혜택으로는 첫째, 사망에 대하여 우리의 믿음이 승리하는 것이요, 둘째, 새로운 생명을 현재 누리게 되는 것이며, 세째, 우리 자신의 육체의 부활에 대한 소망과 확신이다. 그의 부활로 말미암아 우리의 의가 회복되고 그래서 하나님과의 바른 관계가 다시 이루어져 화목을 누리게 된 것이다.

그러기에 그리스도의 부활의 열매들을 우리는 그리스도와의 신비한 연합과 교제를 통하여 믿음으로 지금 여기에서 충분하게 누리고 있는 것이다. 비록 이 열매들이 이 세상 편에서 볼 때에는 볼품없고 흐릿하지만 하나님과 천사들 앞에서 나타나는대로 볼 때에는 이미 완성된 것으로 볼 수 있다. 우리의 겉사람의 연약하고 부패해지는 상태와는 정반대로, 세상사람들의 눈에 보이지 않는 속사람은 현재적으로 참되고 강력한 방법으로 창조의 갱신과 부활의 약속에 참여하고 있다. 그러므로 그리스도의 재림시에 나타날 우리 몸의 부활을 온전하게 즐기게 될 것을 인내로 기다리는 것이다. 다시 말해서 우리가 그리스도의 부활에 현재적으로 참여하고 있음을 알므로 해서 미래에 있을 천국생활을 묵상하며 소망하는 것이다.

결 론

예수 그리스도가 이 땅에 육신을 입고 오심으로 해서 종말이 시작되었고, 하나님의 나라가 우리 가운데 임재하게 되었다, 특별히 그의 삶을 통한 순종과 죽으심과 부활을 통해서 하나님의 나라가 임하게 된 것이다. 이 하나님의 나라는 그리스도의 재림시 신천신지에서 최종적으로 완성될 것이기에 우리의 소망의 대상이기도 하고, 우리의 몸이 부활하여 온전하게 누리게 될 축복의 나라이지만, 이 하나님의 나라는 영적 통치 또는 개혁으로 간주되어야 한다. 이 개혁은 복음이 그리스도의 오심과 더불어 시작된 때에 이 땅 위에서 이미 시작되었고, 우리 안에서 영혼의 내적 영적 갱신으로 나타나 그리스도의 재림시에 일어나게 되는 개인과 세계의 전체적 혁신을 목표로 하여 지속적인 발전을 이룬다.

하나님의 나라, 곧 영적 통치가 복음선포를 방편으로 하여 이 땅에서 현재적으로 개인과 세상을 전체적으로 변화시키고 다가오는 종말의 때에 그 개혁의 완성을 목표로 하고 있는 까닭에 그리스도의 부활과의 교통에 참여하고 있는 우리는 그 개혁을 효과적으로 오늘 이 땅에서 체험하며 실천에 옮겨야 하는 것이다. 그러면서 그날에 있을 몸의 영광스런 부활과 신천신지를 대망해야 한다.

그런데 십자가의 죽음이 없는 부활은 없으므로 그날에 있을 우리의 부활을 위해서는 자기를 부인하는 일과 십자가를 지는 일에 먼저 힘쓰며, 또한 우리의 모든 삶의 영역에서 하나님의 영광을 위하여 검소하게 절제하여 살고, 율법과 선지가의 강령대로 이웃과 자연을 향하여 진실한 사랑을 실천하여야 하는 것이다. 이로써 우리 안에서 그리스도의 부활의 생명이 오늘 여기에서도 충만하게 나타나야 한다.

제 14 장

삼위일체 하나님의 종말론적 역할

서 론

　하나님이 하시는 일은 항상 삼위일체적이다. 성부와 성자와 성령이 서로 밀접하게 관련되어 일을 하신다. 예컨대 성부 하나님은 창세전에 성자 예수 그리스도 안에서 성도들을 선택하시고 성령 하나님은 그들을 인치신다(엡 1:4, 13). 창조사역에 있어서는 성부 하나님이 말씀으로 창조하시는가 하면(창 1:1, 3; 히 11:3), 예수 그리스도로 말미암아 만물이 창조되었으며(요 1:3; 골 1:16), 성령으로 또한 만물과 인간이 창조되었다(욥 26:13; 33:4; 시 104:30).
　특별히 구속사역에 관해서는 삼위 하나님이 언약적 관계에 있다는 사실이 현저하게 드러나 있다. "평화의 의논"(슥 6:13)으로 불리우는 구속언약은 하나님의 영원한 작정으로서 성부 하나님은 성자 하나님에게 모든 백성에 대한 권세를 주시어 성자로 하여금 그들에게 영생을 주실 수 있게 하셨다(요 17:2). 그래서 성부 하나님은 성자에게 아담의 죄의 오염이 전혀 없는(눅 1:35) 몸을 준비해 주시고(히 10:5) 메시야의 과업을 수행할 수 있도록 필요한 은사와 은혜들을 그에게 공급해 주시며(사 42:1, 2; 61:1) 그를 죽은 자 가운데서 부활시키고(시 16:8~11; 행 2:25~28; 엡 1:20) 그를 높이어 선택받은 자들의 선지자, 제사장, 왕으로서 하늘에서 가장 높은 자리에 있게 하여 주며(빌 2:9) 모든 족속과 나라로부터 '씨'를 모아 주시기로 언약하셨다(사 53:10; 시 22:27).

성자 하나님은 선택받은 자들의 구주가 되시고(히 13:20) 그들의 육체를 취하며(히 2:10~15; 4:15) 율법 아래서 살고 그들 대신에 죽음으로 죄에 대한 형벌을 받으며(갈 4:4~5) 그들의 선지자, 제사장, 왕으로 섬기되 그들이 부활과 변화와 영화의 단계들을 거쳐 그의 나라에 들어갈 수 있도록(요 6:39, 40, 54) 성부 하나님께 순종하기로 언약하셨다.

성령 하나님은 동정녀 마리아의 태 안에서 성자가 우리의 육체를 취할 수 있게 해 주고(눅 1:35) 성자에게 권능을 입혀 그가 육체 가운데 있는 동안 순종하며 살 뿐 아니라 십자가의 고통을 인내할 수 있게 하며(마 3:16; 사 42:1~3) 죽은 자 가운데서 성자를 일으키고(롬 8:11) 그리스도께서 성취한 구속을 선택된 자들에게 적용하여 주며(요 14:26; 엡 1:13, 14) 마지막 날에 그들을 일으켜 그리스도의 나라로 인도하기로(롬 8:11) 언약하셨다.

이렇듯 성부와 성자와 성령 삼위 하나님 간에는 언제나 각각 구별이 있으면서도 자원적인 언약관계에 따른 질서가 있고 서로 간에 의논과 협약이 있다. 그러므로 언약적 관계 측면에서 삼위일체 하나님의 종말론적 역할을 살피게 되면 종말의 본질을 성경적으로 깊이있게 이해할 수 있을 뿐더러 그릇된 비성경적 종말론을 바로잡을 수가 있는 것이다.

1. 성부 하나님의 종말론적 역할

구속언약에 따라 성부 하나님은 성자 하나님에게 육신의 몸을 입혀 이 땅에 보내시고 그로 하여금 택함받은 자들의 죄를 담당하게 하시며 사망과 사단을 물리치고 모든 육체에게 성령을 주시는가 하면 마침내 만물을 새롭게 하시는 일 등을 하심으로써 종말을 시작하실 뿐 아니라 성취하신다.

(1) 하나님이 자기의 아들을 보내셨다

인류의 시조인 아담과 하와가 사단의 미혹을 받아 자기의 판단을 내세워 하나님의 말씀의 권위를 거부하고 불순종함으로써 타락하고 범죄하였을 때(창 3:1~5) 하나님께서는 여자의 씨, 곧 여자에게서 낳은 자를 통하여 사단의 머리를 상하게 할 것을 약속한 바 있다(창 3:15). 하나님은 특별히 아브라함과 다윗의 계통을 통하여 때가 차매 여자, 곧 마리아에게서 메시야이신 예수가 태어나게 하였다(갈 4:4).

그리스도가 시간이 차매 태어나셨다고 하는 것은 역사의 위대한 중심점이 도착했다는 것을 의미하며 구약의 예언이 종말론적으로 성취된 것을 말한다.[1] 예수 그리스도가 태어남으로 말미암아 율법 아래 얽매어 있는 자들이 속량되고 하나님의 자녀의 명분과 권세를 하나님이 얻게 하셨다(갈 4:5). 즉 하나님의 자녀로서의 온전한 법적 권리를 얻게 하여 하나님의 후사로서 그리스도와 함께 장차 영광도 받게 하시는 것이다(롬 8:17).

이와 같이 성부 하나님은 때가 차매 여자의 몸에서 메시야가 육체를 입고 태어나게 함으로써 종말을 시작되게 하셨고, 율법 아래 있는 자들로 하여금 예수 그리스도를 믿음으로 하나님의 자녀의 권세를 얻어 최후의 영광을 소망할 수 있게 하시는 것이다.

---

1) 안토니 A. 후크마, 『개혁주의 종말론』(유호준 역, CLC, 1986), p. 30; 헬라어 토 플레로마 투 크로누는 시간이 온전히 성취 또는 완성되어 꽉 찬 것을 의미한다. 구약의 관점에서 바라볼 때 신약은 '성취된 때'이다. 그래서 예수님도 "때가 찼고 하나님의 나라가 가까왔다"(막 1:15)고 말씀하셨다.

(2) 하나님이 죄를 이기셨다.

때가 차매 자기의 아들을 이 땅에 사람의 육체를 입고 오게 하신 하나님은 예수 그리스도를 통하여 죄를 이기셨다. 아담은 사단의 미혹을 받아 타락하여 범죄하였고, 그로 말미암아 그의 후손인 모든 인류에게 죄와 사망이 전가되었던 것이다(롬 5:12). 아담 이후로 모든 사람은 실제적으로 한결같이 죄를 범하였고, 이로써 하나님의 영광의 나라에 들어갈 수가 없었다(롬 3:23).

그래서 하나님은 구약시대에 자기 백성을 저희 죄에서 구원하려고 제물을 준비해 주셨다. 날마다 번제를 드리게 하고 해마다 대제사장이 지성소에 송아지 피를 가지고 들어가 그 피를 뿌리게 하는 의식을 제정하셨으나(출 29:42; 30:10) 염소와 송아지와 같은 동물들의 제물이나 피를 가지고는 영원한 속죄를 이룰 수가 없어 날마다 해마다 제물을 반복하여 계속적으로 드려야 했다. 그러나 이제 때가 차매 하나님은 염소와 송아지의 피로 아니하고 예수 그리스도의 피로 영원한 속죄를 이루셨다(히 9:12).

하나님은 죄인된 우리를 위하여 예수를 죽음의 자리에 내어 줌으로써(롬 4:25) 그로 하여금 우리의 죄를 담당케 하셨으며(벧전 2:24) 다시는 죄를 위하여 더 이상 제사를 드릴 것이 없게 하셨다(히 10:18). 하나님은 예수의 언약의 피로 죄를 이제 단번에 이기신 것이다(히 9:20~22). 그리하여 하나님은 죄인된 우리를 자기 앞으로 인도하시어(벧전 3:18) 하나님의 자녀의 권세를 누릴 수 있게 하시는 것이다.

하나님은 그리스도를 믿음으로 말미암는 화목제물로 세우시어 은혜로 값없이 그리스도의 피를 인하여 죄를 간과하였고(롬 3:24, 25) 이로써 세상을 자기와 화목케 하셨다(고후 5:19). 때가 차매 하나님이 그리스도의 피로 영원한 속죄를 이루어 죄를 이기셨으며, 우리를 자기와 화목케 하시고 그의 앞으로 우리를 인도하시는 것이다.

(3) 하나님이 사망을 이기셨다.

 죄를 이기신 하나님은 죄의 삯인 사망(롬 6:23)까지도 그리스도를 통하여 이기셨다. 사망이 더 이상 그리스도를 주관할 수 없게 그를 죽은 자 가운데서 살리셨던 것이다(롬 6:9). 죄의 삯인 사망이 첫째 아담을 통하여 온 인류에게 임하였으나(롬 5:12) 만유의 주되신 하나님이 그 사망을 마침내 멸하여(고전 15:26) 우리 모두가 그리스도 안에서 삶을 얻게 하셨다(고전 15:21~22).

 아담 안에서는 모든 사람이 죽음을 당하였으나 그리스도 안에서는 삶을 얻는다. 이는 하나님이 모든 원수들 가운데 마지막으로 사망을 멸망시키시므로 자기의 통치권을 온전하게 확립하시고(고전 15:24~26) 만유를 복종시켜 다스리게 되기 때문이다(고전 15:28). 다시 말해서 하나님은 때가 차매 그리스도를 이 땅에 보내시어 십자가에서 못박혀 죽게 하시고 죽음에서 부활하게 하심으로써 만물을 새롭게 하시고(고후 5:17; 계 21:5) 새 시대, 곧 종말을 시작하신 것이다.

(4) 하나님이 사단을 이기셨다

 죽음이 세상에 들어온 것은 사실상 사단의 미혹을 통해서였기 때문에(창 3:19) 하나님이 죽음을 완전히 이기기 위해서는 죽음의 권세를 잡고 있는 사단 마귀를 멸하여야 했다. 하나님께서 예수 그리스도로 하여금 육체를 입고 이 땅에 오게 하시어 십자가에서 죽음을 당하게 하신 것은 그 죽음을 통하여 사단을 없이 하고 죽음의 공포 가운데 있는 자들에게 자유를 주기 위함이었다(히 2:14, 15). 평강의 하나님이 성도들의 발 아래 사단을 패배케 하신 것이다(롬 16:20).

 하나님이 사단을 이기신 사실은 특별히 복음전파와 관련이 있다. 구약시대에는 이스라엘을 제외한 세상 모든 나라들이 사실상 사단의 지배 아래 놓여 있어서 사단을 전적으로 추종하는가 하면(엡 2:2) 하나님을 알지 못하고서 무지와 오류 가운데 빠져

(행 17:30) 사단에게 속임을 당하고 있었다. 그러나 하나님은 예수가 이 땅에 오신 것과 때를 맞추어 사단을 결박하시었다.

하나님이 사단을 결박하고 이기셨다는 사실은 "이 세상 임금이 쫓겨나리라"(요 12:31~32)고 하신 예수의 말씀에 나타나 있다. "쫓겨나다' 는 단어는 헬라어로 에크블레데세타이인데, 이 동사는 계시록 20:3, "그(사단)을 무저갱에 던져 잠근다"에서 사용된 '던지다' 와 동일한 어근('발로')을 갖고 있는바 사단이 쫓겨난다는 말은 곧 하나님이 사단을 결박하신 것을 의미하는 것이다.

하나님이 사단을 결박하고 이김으로써 사단은 과거처럼 나라들을 속일 수 없게 되고 모든 나라들과 민족에게 복음이 전파되는 것을 결코 훼방하거나 막을 수 없게 되었으며 교회를 공격하는 데 한계가 있게 된 것이다.[2] 그래서 예수님은 말하기를 자기가 성령을 힙입어 사단을 이기심으로써 하나님의 나라가 이미 제자들 가운데 임하였다고 하시는가 하면(마 12:28) 사단이 하늘로서 번개같이 떨어졌으며 그래서 제자들에게 시단의 모든 능력을 제어할 권세가 주어져 있어서 사단이 결코 그들을 해할 수 없다고 말씀하신 것이다(눅 10:17~19). 그래서 예수의 제자들은 힘있게 복음을 전할 수가 있었고, 예수님은 그들에게 온 천하에 다니며 만민에게 복음을 전파하고(막 16:15) 모든 민족으로 제자를 삼아 그들을 가르쳐 지키게 하라(마 28:19,20)고 명령하셨는가 하면 바울은 담대하게 하나님 나라를 전파하였으나 아무도 그를 금하지 아니하였다(행 28:31). 이 천국 복음이 온 세상의 모든 민족에게 전파되어 만유가 회복될 때 마지막 날이 오게 되는 것이다(마 24:14).

(5) 하나님이 천국 시민권을 주셨다

아담의 불순종을 통해서 이 세상에 들어온 죄와 죄의 삯인 사망 그리고 사망의 권세를 잡고 있는 사단을 하나님이 이김으로

---

2) 후크마, 상게서, p.309.

써 복음이 힘있게 전파되므로 이 땅에 하나님의 나라가 이미 임하게 되었다. 하나님은 이스라엘의 왕, 아니 온 땅의 왕(시 29:10)이요, 영원한 왕권을 가지고 계시는 절대 주권자이시다(단 2:44, 45). 그 하나님이 죄와 사망과 사단을 이기심으로써 우리를 이제 흑암의 권세에서 건져 내어 자기의 아들의 나라로 옮겨(골 1:13) 그리스도와 함께 살리어 우리를 하늘에 앉히시었다(엡 2:5~6). 즉 하나님이 천국 시민권을 우리에게 주신 것이다(참조, 빌 3:20).

이로써 죄의 굴레에 얽매여 있던 우리의 옛 사람이 그 속박상태에서 벗어나 자유로이 하나님을 찬양하는 새 사람이 되었다. 즉 그리스도 안에서 새로운 피조물이 된 우리는 옛 세대를 청산하고 새 세대에 속하게 되었으며, 그래서 하나님을 즐거워하고 그와 함께 왕노릇하게 된 것이다(참조, 벧전 2:9). 그러므로 우리는 이 악한 세대를 본받는 대신에 오직 마음을 새롭게 하여 하나님의 뜻을 분별하고 살아야 한다(롬 12:1~2).

(6) 하나님이 성령을 보내셨다

성자 하나님이 성부 하나님의 택함받은 백성들에게 천국 시민권과 영생을 줄 수 있기 위해서는 성부가 성자에게 아담의 죄의 오염이 전혀 없는 몸을 준비해 주실 뿐만 아니라 메시야로서의 과업을 성취할 수 있도록 필요한 은사들을 공급해 주셔야 하는 것이다. 이사야 선지자를 통해서 하나님은 종말에 메시야에게 성령을 부어주실 뿐 아니라(사 61:1~2), 요엘 선지자를 통해서는 모든 사람들에게도 성령을 충만케 하시겠다고 약속하셨다(욜 2:28). 그러므로 성령의 부으심은 미래의 지평선 위에 일어날 종말론적 사건이었다.

때가 차매 하나님께서는 예수 그리스도가 성령으로 잉태되게 하셨다(마 1:18; 눅 1:35). 마태가 그의 복음서에서 맨 먼저 예수의 족보를 소개하되 의도적으로 14대씩 세 시기로 나누어 제시한 것은 하나님의 때가 온전히 찬 것을 의미하며 이 종말의 시작이 예수가 성령으로 잉태되는 사건을 통해서 가능하게 된 것을 가리킨다. 성령으로 잉태되어 탄생한 이 예수는 하나님이 예비하신 종말론적 구원인 것이다(눅 1:29~32). 이 예수가 세례를 받을 때 그리고 광야에서 시험을 받을 때 그 위에 성령이 충만하게 임하였으며(눅 3:21~22; 4:1), 그는 성령의 충만함 가운데서 그의 사역을 시작하셨는데(눅 4:14), 이것은 하나님이 이사야로 하신 예언의 말씀대로 되어진 종말론적 사건이었다. 그래서 예수님은 이사야서의 말씀(사 61:1, 2)을 읽으시고서 그 예언의 말씀이 "오늘날 너희 귀에 응하였느니라"(눅 4:21)고 말하셨던 것이다.

이렇듯 성령을 메시야에게 부어주심으로 종말론적 구원사건을 시작하신 하나님께서는 예수 그리스도의 부활과 승천사건 이후에 오순절날 예루살렘 교회에게 성령을 부어주셨다(행 2:1~4). 성부 하나님은 그의 약속대로 정한 때에 교회 위에 성령을 부어주심으로써 종말론적 새 세대의 막을 올리신 것이다.

성령이 하나님의 종말론적 선물이라는 사실은 하나님께서 우리에게 성령을 부어주시어 흑암, 곧 사단의 권세에서 해방되어 그리스도의 생명의 나라로 옮겨주신 것에서 나타났다(골 1:13). 다시 말해서 하나님께서 그의 교회에게 허락하신 성령으로 말미암아 교회가 새로운 존재양식에 참여하게 되고 내세의 능력들을 지금 맛보게 된 것이다. 즉 내세의 능력들이 성령을 통해서 오늘 교회에게 임한 것이다.[3]

(7) 하나님이 심판하신다

성령을 종말론적 선물로 오순절날에 교회에게 주신 하나님은

---

3) Geerhardus Vos, "The Eschatological Aspect of the Pauline Conception of the Spirit," *Biblical and Theological Studies* (Princeton Theological Seminary, 1912) : 222~223; Herman Ridderbos, *Paul: An Outline of his Theology* (Grand Rapids: Eerdmans, 1975), p. 87.

교회로 하여금 그 선물을 받기 위하여 힘껏 구하고 찾으며(눅 11:9~13) 간절히 기다리라(눅 24:49)고 미리 말씀하셨고, 실제로 그는 구하는 자에게 언제나 성령을 충만하게 부어주셨다(참조, 행 2:38; 4:31). 이 성령의 선물은 회개와 믿음의 역사와 병행하는 것이다(행 2:38).

그러기에 이제 하나님은 어디든지 사람들을 다 명하여 회개하라고 하셨는가 하면 천하를 공의로 심판하실 날을 작정하셨다(행 17:30~31). 이 심판은 사실상 하나님의 독생자의 이름을 믿지 않는 자들에게 이미 임하였다(요 3:36). 즉 우리의 죄를 위하여 죽으시고 우리의 칭의를 위하여 부활하신 예수 그리스도를 믿기를 거부한 자들에게 하나님의 심판이 임한 것이다. 그러나 역사의 종말에 최후의 심판이 있을 것을 성경은 여러 곳에서 말하고 있다(롬 2:5, 6; 마 16:27; 25장의 열 처녀 비유와 양과 염소 비유).

하나님은 그리스도가 재림하시는 그날에 최종적으로 심판하신다. 재판장이신 하나님 아버지께서는 사람을 외모로 보시지 않고 각 사람의 행위대로 판단하시어(벧전 1:17) 각 사람의 최종적 운명을 나타내시고 각 사람이 받게 될 보상과 형벌의 정도를 나타내시며, 또한 각 사람에게 하나님의 심판권을 행사하시어 자기 백성들에게는 구원의 은혜를, 자기 원수들에게는 정죄의 공의를 나타내심으로써 자기의 영광과 주권을 선포하신다.[4] 그리고 하나님이 최종적 승리와 역사 속에서의 자기의 구속사역의 최종적 성취를 이루시는 것이다. 그 후에는 새 하늘과 새 땅이 도래하게 된다(벧후 3:13).

(8) 하나님이 만물을 새롭게 하신다

현세대의 종말에 하나님이 최종적으로 각 사람을 그 행한대로 심판하시는데, 그날까지는 현재의 하늘과 땅이 보존될 것이나(벧후 3:7) 그후에는, 즉 그리스도께서 재림하시는 날에는 만유

---

4) 후크마, 상게서, p. 341.

가 새롭게 회복되는 것이다(행 3:21). 다시 말해서 새 하늘과 새 땅이 도래하게 되는 것이다.

하나님이 지금의 우주를 새롭게 하신다고 하는 것은 루터파들이 생각하는 것처럼 현재의 우주가 완전히 소멸되고 질적으로 전혀 다른 우주를 재창조한다는 의미가 아니다.[5] 그것은 현재의 우주와 동질이나 영화롭게 갱신된 우주의 창조를 의미한다.[6] 다시 말해서 장차 종말에 현재의 창조세계가 전혀 새로운 세계가 되는 것이 아니라 모든 죄악과 부패와 오염으로부터 이 우주가 자유케 될 것임을 의미한다.

하나님은 그가 최종적으로 심판하시는 날에 모든 창조세계를 죄와 사단의 영향력으로부터 구속하여 영화롭게 갱신하시는 것이다(계 21:7). 하나님은 그 새하늘과 새땅에 거처를 정하시고 부활한 성도들과 사귐을 가지시며(계 21:3) 성도들은 그리스도로 더불어 왕노릇함과 동시에(계 20:6; 22:5) 하나님을 섬기며(계 22:3) 즐겁게 찬송한다(계 19:1~4).

(9) 하나님만이 그리스도의 재림의 시간을 아신다

하나님께서 이 세상을 심판하시며 온전히 갱신하시게 되는 것은 그리스도의 재림의 날에 하신다. 이 세상에 대한 심판과 만유를 새롭게 하는 것이 하나님의 권한에 속하는 까닭에 그리스도의 재림의 날과 때도 성부 하나님의 고유의 권한이다. 그래서

---

5) 박형룡, 교의신학 제7권(내세론) (은성문화사, 1975), pp. 356f.

6) 후크마는 현존 우주의 갱신을 주장함에 있어서 다음과 같은 이유들을 제시한다. 첫째로, "새 하늘과 새 땅"을 지칭하는 "새"가 헬라어로 네오스가 아니고 카이노스이다. 전자는 기원이 전혀 새로운 것인데 반하여, 후자는 질에 있어서 새로운 것이다. 둘째로, 현재의 육체와 부활의 육체 사이에 연속성과 불연속성이 있는 것처럼, 현존우주와 갱신된 우주 사이에도 연속성과 불연속성이 있다. 셋째로, 현존우주가 완전히 멸절된다고 하면 그것은 곧 사단의 승리를 의미한다. 왜냐하면 사단의 목적이 바로 현존우주를 파괴하는 것이기 때문이다(후크마, 상게서, pp. 375~376; 참조, 박형룡, 상게서, pp. 357~358).

예수의 재림의 날과 때는 하늘의 천사들이나 성자도 모르고 오직 아버지 하나님만이 아신다(마 24:36)고 말하는가 하면 만유를 회복시키는 때와 기한이 아버지의 고유한 권한에 속한다고 예수님은 말하였다(행 1:6).

예수님이 하신 말씀들 가운데는 그의 재림이 금방 있을 것처럼 보이는 경우도 있다.[7] 그같은 말씀들의 경우는 전형적인 예언자적 원근통시법(prophetic foreshortening)에 해당되는 것으로서 예수는 자기의 부활과 재림을 함께 연결시켜 그의 부활이 어떤 의미에서는 능력 중에 임하는 하나님 나라의 도래를 가리키며, 자기의 재림의 확실성에 대한 보증인 것이다.[8] 이렇듯 예수님께서는 가까운 미래의 사건인 부활과 먼 미래의 사건인 재림을 통시적으로 연결하여 함께 보시고 말씀하시므로써 교회로 하여금 항상 깨어있게 하시고 계속적으로 복음을 전달할 수 있게 하시는 것이다.

그러나 예수님은 자기의 재림이 먼 미래의 불확실한 시점에 있을 것을 말씀하셨다. 마태복음 13장에 나오는 가라지 비유, 겨자씨 비유, 누룩 비유 등은 예수의 재림이 상당한 세월의 기간이 경과한 후에야 있게 될 것을 암시하고 있으며, "이 천국복음이 모든 민족에게 증거되기 위하여 온 세상에 전파되리니 그때야 끝이 오리라"(마 24:14) "그러나 그날과 그때는 아무도 모르나니 하늘의 천사들도 아들도 모르고 오직 아버지만 아시느니라"(마 24:36), "그런즉 깨어있으라 너희는 그날과 그시를 알지 못하느니라"(마 25:13), "그러므로 너희도 예비하고 있으라 생각지 않은 때에 인자가 오리라"(눅 12:40)고 하신 말씀들은 재

---

7) "여기 서있는 사람 중에 죽기 전에 하나님의 나라가 권능으로 임하는 것을 볼 자들도 있느니라"(막 9:1); "이 세대가 지나가기 전에 이 일이 다 이루리라"(막 13:30); "이스라엘의 모든 동네를 다 다니지 못하여서 인자가 오리라"(마 10:23).

8) 후크마, 상게서, p.160; Herman Ridderbos, *The Coming of the Kingdom* (Philadelphia: Presbyterian and Reformed, 1962), pp. 461~468, 503~507, 519~521.

림의 시기의 불확실성을 말함과 동시에 교회가 영적으로 깨어있어 재림의 시기와 관계없이 그를 영접할 준비가 항상 되어있어야 할 것을 의미한다.

예수님께서 자기의 재림의 시기에 대하여 아무도 모르고 아버지만이 아신다고 말씀한 것은 삼위 하나님 간의 질서의 측면에서 이해되어져야 할 것이다. 사실 예수님은 아버지께서 모든 계시를 자기에게 주셨다고 하셨고(마 11:27) 그는 본래 태초부터 하나님 아버지와 함께 하나되어 계셨으며(요 1:1, 18; 10:30) 언약관계에 계셨었다(슥 6:13). 그리고 영원한 작정과 창조사역 및 모든 구속사역이 모두 삼위 하나님에 의하여 전적으로 이루어졌고 성령은 모든 것 곧 하나님의 깊은 것이라도 통달하신다(고전 2:10). 그러므로 "아들도 모른다"는 말과 "아버지의 권한에 속한다"는 말은 성부 하나님의 부르심을 받은 성자 예수님 자신만이 성부의 계획과 뜻을 확실하게 알고서 행할 수 있다는 것을 말함과 동시에 아버지 하나님을 높이고 예수님 자신을 낮추고 계심을 보여주며(참조, 요 14:28; 빌 2:6~7) 한편으로는 세상 사람들을 향하여 깨어있으라고 하는 경고이기도 한 것이다.[9]

2. 성자 하나님의 종말론적 역할

성부 하나님이 성자 예수님을 사람의 몸으로 이 땅에 보내심으로써 종말이 시작되고 그를 십자가에서 죽게 하실 뿐 아니라 부활하게 하심으로 말미암아 죄와 사망 및 사단을 이기셨는가 하면 그의 재림 때에 심판권을 그에게 주시는 까닭에 성자 하나님의 종말론적 역할은 성부의 종말론적 역할과 밀접하게 관련되어 있다. 그가 육신의 몸을 입고 이 땅에 오신 사건을 통해서 종말이 시작되었는가 하면 그의 재림을 통해서는 그 종말이 완성

---

9) George E. Ladd, *A Theology of the New Testament*, (Grand Rapids: Eerdmans, 1974), p. 208.

되고 또한 만유의 회복과 심판이 있게 될 것이므로 성자의 종말론적 역할은 결정적으로 그리고 실제적으로 중요한 의미가 있는 것이다.

(1) 그리스도를 통해서 하나님의 나라가 역동적으로 임하였다

"때가 찼고 하나님의 나라가 가까왔다"(막 1:15)고 예수께서 하신 말씀을 보면, 예수 그리스도께서 성령으로 충만하여(막 1: 10, 12) 사람들 가운데 오심으로 해서 종말이 사실상 시작되고 하나님의 나라가 역동적으로 임하였음을 알 수 있다. 이로 보건 대 예수의 오심과 역사의 종말과 하나님 나라의 도래가 함께 시작되고 그의 재림과 종말의 성취와 그 나라의 완성은 함께 있게 되는 것이다. 다시 말해서 하나님의 나라는 예수의 인격과 사역 및 삶을 통하여 이미 역동적으로 임하여 악을 이기며 그 악으로부터 인간을 구출하여 하나님의 구속적 지배(redemptive rule) 아래 있게 하고 장차 그의 재림을 통하여 새 하늘과 새 땅에서 최종적으로 완성되는 것이다. 이와 같이 하나님의 나라는 역사 안에서의 성취(fulfillment within history)와 역사 끝에서의 완성(consummation at the end of history)이다.[10] 그러므로 하나님 나라의 현재적인 측면과 미래적인 측면은 예수의 종말론적 역할을 통하여 결코 분리될 수 없게 연결되어 있는 것이다. 즉 예수의 초림과 복음전파를 통해서 종말과 하나님 나라가 시작되었는가 하면 계속되는 복음전파 사역과 그의 재림을 통해서 종말과 하나님 나라가 완성되는 것이다.[11]

① 그리스도의 오심 자체를 통하여

그리스도께서 이 땅에 오심으로 해서 하나님의 나라가 임하고 하나님의 약속이 성취되며 새로운 시대가 열린 것이다(막 1:

---

10) George E. Ladd, *The Presence of the Future* (New York: Harper and Row, 1964), p. 218.

11) H. Ridderbos, *The Coming of the kingdom*, p. 468.

15). 때가 찬 까닭에 예수가 여자에게서 '여자의 씨'(창 3:15)로 나셨고(갈 4:4) 그 영원한 대제사장(히 4:14)[12], 약속된 그 선지자(행 3:20~24)[13], 그 왕(마 2:2)[14], 그리고 임마누엘(마 1:20~23)[15], 고난의 종(마 16:21)[16], 그 인자(막 10:45)[17]로 오심으로써 그는 역사의 중심점, 아니 최정점이 되셨다. 그리하여 이 역사의 중심적 사건인 예수의 오심을 통하여 과거의 모든 것이 성취되어질 뿐 아니라 미래의 모든 것도 결정되는 것이다.

하나님은 그의 구속역사 가운데서 그리스도를 통하여 죄와 사망과 사단을 단번에 이기시고 세상을 자기와 화목시키셨으며(고후 5:19) 성령 안에서 의와 평강과 희락을 허락하였다(롬 14:17). 예수 그리스도의 오심을 통해서 가난한 자에게 복음이 선포되고 소경이 빛을 얻게 되고 압제당하는 자에게는 자유가 보

---

12) 히 4:14, "우리에게 큰 대제사장이 있으니 승천하신 자 곧 하나님 아들 예수시라." 이 예수의 고난과 순종을 통하여 영원한 구원이 성취되고(히 5:8), 그가 우리의 영원한 대제사장으로서 하늘 지성소에 들어가심으로 말미암아(히 6:20) 우리가 하나님의 보좌로 나아갈 수 있게 되는 것이다(히 7:19; 10:19~22).

13) 행 3:20~24은 신명기 18:15, 18~19에 예언된 바, "주 하나님이 너희를 위하여 너희 형제 가운데서 나같은 선지자 하나를 세울 것"이라는 말씀에 따라 예수님이 바로 그 선지자임을 베드로가 확증하고 있다.

14) "유대인의 왕으로 나신 이가 어디 계시뇨"(마 2:2). 이 말씀은 예수가 구약에 예언된 그 왕, 곧 다윗의 후손으로서 영원히 왕노릇하실 분임을 의미한다(참조, 마 27:11; 렘 23:5; 30:9; 슥 9:9).

15) "그 이름은 임마누엘이라 하라"(마 1:23)는 말씀은 이사야서 7:14의 예언이 예수님에게서 응하였음을 보여준다. 예수의 오심을 통하여 하나님이 자기 백성 가운데 그들과 함께 임재하신 것이다.

16) 예수가 고난의 종이 되신 것은 이사야의 예언(사 53장)의 종말론적 성취이다.

17) 인자라는 호칭은 다니엘서 7:13에서 온 것으로, 예수님이 신적 존재로서 능력과 영광 중에 오시어 이 세상을 심판하는 주님으로 나타나실 것과 종말 때에 하나님의 백성의 진정한 대표가 되실 것을 가리킨다. 참조, Seyoon Kim, *The Son of Man as the Son of God* (Grand Rapids: Eerdmans, 1985), pp. 27~36; 김세윤, 『구원이란 무엇인가』 (성경읽기사, 1987), p. 31.

장되었다(눅 4:17~21). 그가 오심으로써 하나님 나라가 그의 제자들 가운데 임재하게 되었던 것이다.[18]

② 그리스도의 인격 자체 속에서

하나님의 왕국은 예수 그리스도의 인격과 불가분의 관계에 있다. 그래서 그리스도의 이름과 하나님의 왕국이 동일시되고 있는 경우가 있다. "보소서 우리가 모든 것을 버리고 주를 좇았사오니 그런즉 우리가 무엇을 얻으리이까"(마 19:27)라고 물은 베드로의 질문에 대한 예수님의 대답이 마태복음 19:29에는 "내 이름을 위하여" 버린 자마다 영생을 상속하리라고 되어 있으나, 마가복음 10:29에는 "나와 복음을 위하여"로, 누가복음 18:29에는 "하나님의 왕국을 위하여'로 되어 있다.

그런가 하면 사도행전에서 빌립은 "하나님의 왕국과 예수 그리스도의 이름에 관한 복음을 전하는 자"(행 8:12)로 소개되어 있고, 바울은 "하나님의 왕국을 전파하며 주 예수 그리스도에 관한 것을 가르치는 자"(행 28:31)로 소개되어 있다.[19] 이로 보건대 하나님의 성령의 충만과 권세를 입은 예수님을 통해 하나님의 왕국이 벌써 우리 가운데 임함으로써(마 12:28; 눅 11:20) 역사의 새로운 장이 열린 것이다.

③ 천국 도래의 표적들: 천국의 현재성

예수님은 광야의 시험에서 성령의 권능으로 사단에 대한 승리를 얻으심으로써 사단을 결박하셨다. 이로써 그가 귀신들을 내쫓으신 것을 하나님 나라의 현현과 임재에 대한 증거가 되는 것

---

18) "하나님의 나라는 너희 안에 있느니라"(눅 17:21)는 말씀에서 "너희 안에"는 헬라어로 엔토스 휘몬인데, "너희들 가운데"(among you)를 뜻한다. 즉 하나님의 나라가 예수의 오심을 통하여 현재적으로 제자들 가운데 임재하며 예수를 영접하는 자마다 그의 나라에 현재적으로 들어가게 된다는 것을 의미한다.

19) 후크마, 상게서, pp. 64~65.

이다(마 12:28). 그런 까닭에 이제 모든 나라들에게 복음이 전파될 수 있게 되었다. 이같은 사실은 70인의 제자들이 복음전파 사역을 마치고 돌아와 예수님에게 보고하기를 "주의 이름으로 귀신들도 우리에게 항복하더이다"고 하자 예수님은 "사단이 하늘로서 번개같이 떨어지는 것을 내가 보았노라"(눅 10:17~18)고 대답하신 것에 나타나 있다. 이렇듯 예수가 사단에 대하여 승리하고 귀신들의 세력을 물리침으로써 복음이 힘있게 모든 민족에게 선포됨으로써 하나님의 나라가 현재적으로 그리고 역동적으로 임한 것이다.[20] 예수는 또한 최종적으로 모든 정사와 권세와 능력을 멸하시고 나라를 하나님 아버지게 온전히 바치실 것이다(고전 15:24).

하나님의 나라가 임했다는 또 다른 표적은 예수와 그의 제자들에 의하여 행하여진 기적들이다(마 11:4~5). 이 기적들은 단지 표적에 지나지 않으며, 기능상 잠정적인 것으로서 왕국의 최종적 완성을 의미하지 않는다. 그러나 마지막 날에는 질병도, 죽음도, 가난도 없게 된다(계 21:4).

그리고 하나님 나라가 임했다는 또 다른 표적은 복음전파(마 11:5)와 예수님이 죄사함을 주신 사건이다(막 2:10). 복음전파는 역사의 완성을 준비하는 방편이다. 그런데 복음 자체이신 예수님은 또한 자신을 영원한 속죄제물로 드리심으로 죄를 없게 하려고 세상 끝에 나타나신 것이다(히 9:26). 그는 많은 사람의 죄를 담당하려고 제물로 드려졌고, 최종적 구원을 위하여 재림하실 것이다(히 9:28). 그의 영원한 제사를 통하여 우리가 거룩하게 되며(히 10:10) 영원히 우리를 온전하게 해주셨다(히 10:14). 이로써 그리스도의 인격과 사역(말씀 선포와 이적과 대속적 죽음)을 통하여 종말과 하나님의 나라가 현재적으로 임하게 된 것이다.

---

20) G. Ladd, *The Presence of the Future*, p.157.

(2) 그리스도가 천국을 유업으로 주셨다

그리스도의 오심과 함께 도래한 하나님의 나라는 현재적일 뿐 아니라 미래적이다. 성도가 죽는 때 그는 하늘의 나라로 안전하게 인도된다(딤후 4:18).[21] 즉 하나님의 나라를 유업으로 받는다. 예수와 함께 십자가에 못 박혔던 강도에게 예수와 함께 낙원[22]에 가는 것이 허락된 사건(눅 23:43)이나 바울의 소망이 육체를 떠나 그리스도와 함께 있게 되는 것(빌 1:21~23), 또는 우리의 땅에 있는 장막집이 무너지면 하늘에 있는 영원한 집을 얻게 되리라는 소망(고후 5:6~8) 등은 우리 성도들이 죽는 날 하나님의 특별한 축복된 처소에서 무한한 축복상태를 그리스도와 함께 누리게 될 것을 뜻한다. 이 하늘의 기쁨을 그리스도가 우리에게 유업으로 주시는 것이다. 그런데 그리스도를 알지 못하는 자들은 이 낙원을 유업으로 얻지 못한다(고전 6:9).

(3) 그리스도 안에서 우주적 구원이 이루어진다

역사는 마지막 최종점을 향하여 움직인다. 역사의 이 최종점에는 그리스도의 재림, 성도의 부활, 심판, 신천신지가 있다. 모든 창조세계와 우리의 몸이 완전히 새로워진다, 하나님의 지배와 통치 아래 온전히 복종하여(고전 15:27) 우리 성도들이 죄와 부패로부터 완전히 해방되는 것을 목표로 한다(롬 8:21).[23]

우주와 그 안에 있는 모든 만물이 이처럼 참된 영광과 구속을 얻어 자유를 누리게 되는 것은 그리스도 안에서 이루어진다(엡

---

21) "주께서 나를 모든 악한 일에서 건져내시고 또 그의 천국에 들어가도록 구원하시리니"(딤후 4:18)에서 '구원하시리니'는 헬라어로 소세이(미래형)이다. 이는 바울이 미래적인 하나님의 나라를 염두에 두고 있음을 시사한다.

22) "낙원"은 죽은 성도들이 그리스도와 함께 누리게 중간상태를 가리킨다(참조, G. Ladd, *A Theology of the New Testament*, p. 553).

23) Herman Ridderbos, *Paul and Jesus* (Philadelphia: Presbyterian and Reformed, 1958), p. 77.

1:9~10). 이는 그리스도로 말미암아 죄에 대한 승리(히 9:26), 사망에 대한 승리(고전 15:21~22) 그리고 사단과 악한 세력들에 대한 승리(눅 10:18)가 이루어지는 까닭이다. 또한 만물이 그리스도로 말미암아 그리고 그를 위하여 창조되었기 때문이다 (골 1:19~20).

즉 그리스도가 구속주이실 뿐 아니라 창조주이시기에 그 안에서 우주적 구원이 장차 이루어지는 것이다.

(4) 그리스도가 재림하여 심판하신다

본래 하나님 아버지가 재판장이시나(벧전 1:17; 롬 14:10) 아버지께서는 모든 심판을 아들에게 맡기신 까닭에(요 5:22) 그리스도 예수 안에서 최후 심판을 행하시는 것이다. 그래서 예외적으로 최후 심판의 자리가 "하나님의 심판대"(롬 14:10)로 표현되기도 하지만 통상적으로는 "그리스도의 심판대"(고후 5:10)로 표현되며 그리스도는 그의 중보의 자격으로 심판주가 되신다 (마 25:31, 32; 딤후 4:1).

예수 그리스도께서 이처럼 특별히 심판권을 부여받게 되는 것은 그가 자기를 지극히 낮추시어 육신의 몸으로 이 땅에 오신 것(빌 2:5~10; 요 5:27)과 그가 죽으실 뿐 아니라 부활승천하여 하늘과 땅의 모든 권세를 받은 것(마 28:18) 때문이다.[24] 의로운 재판장되신 그리스도가 그날에 성도들에게 의의 면류관을 주시지만(딤후 4:8) 각 사람마다 행한대로 심판하신다(롬 2:5~6; 고후 5:10; 계 22:12). 이로써 인간의 최종적 상태가 드러나게 되는 것이다.

3. 성령 하나님의 종말론적 역할

성자가 성부의 뜻에 순종하여 여자에게서 태어나고 사단의 시

---

24) 박형룡, 상게서, pp. 324~326.

험을 물리치며 모든 율법에 철저하게 순종하여 살 뿐 아니라 마침내 십자가에서 죽으시고 부활하시어 인류를 위한 구원을 성취하였으나 이같은 구원의 성취는 성령으로 가능하였다. 성자 예수가 성령으로 잉태되고 성령으로 충만하여 능력 가운데서 사단의 시험을 이기며 또한 모든 율법에 순종할 수 있었고 그는 성령으로 부활하였던 것이다.

이 성령은 그리스도의 승천 후에 교회 가운데 임하시었고 하나님의 택한 백성들의 새 생명의 근원이 되었는가 하면 양자의 권리를 증거하고 종말의 첫열매가 되었으며 성도들의 보증이 되고 성도들을 하나님의 소유된 백성으로 인치시며 장차 육체의 부활에 관여하시고 모든 성도들을 새 하늘, 새땅으로 초대하시므로 역사의 종말을 완성하시는 것이다.

(1) 성령이 예수 위에 임하여 그 속에서 활동하셨다

성령이 예수 그리스도 위에 종말론적으로 강림하실 것에 대하여는 이사야서에 이미 예언된바 있다. "여호와의 신 곧 지혜와 총명의 신이요 모략과 재능의 신이요 지식과 여호와를 경외하는 신이 그 위에 강림하시리니"(사 11:1). "주 여호와의 신이 내게 임하셨으니 이는 여호와께서 내게 기름을 부으사 가난한 자에게 아름다운 소식을 전하게 하려 하심이라"(사 61:1). 이 약속된 성령이 예수 위에 임하심으로써 그는 지혜와 지식과 경건으로 충만하고 권능 가운데서(눅 4:14) 회개의 복음을 전파할 수 있었다(막 1:15).

그는 때가 찼음을 인식할 뿐 아니라(막 1:15 상반절) 구약의 예언이 자기에게서 성취된 것도 알고 있었다. 그래서 이사야서 61:1~2을 읽으시고서는 "오늘날 너희 귀에 응하셨느니라"(눅 4:21)고 말씀하였던 것이다. 이와 같이 성령이 예수 안에서 역동적으로 활동하신 까닭에 여호와의 은혜의 해가 사실상 선포되고 가난하고 눌린 자들에게 자유와 구원이 베풀어지며(마 11:5; 눅 7:22), 예수는 공의와 정직으로 세상을 심판하시는 것이다

(사 11:4). 그러므로 예수 위에 성령이 역동적으로 임한 것은 종말론 사건인 것이다.

(2) 성령강림을 통해서 종말이 도래되었다

예수 그리스도 안에서, 예수 그리스도를 통해서 역동적으로 성령이 역사한다는 것이 종말론의 독특한 성격인바 그 성령께서는 예수 그리스도가 부활승천하자 하나님이 요엘 선지자를 통해서 약속한대로(욜 2:28) 오순절에 예루살렘교회 위에 강림하였다(행 2:1~4). 그런데 베드로는 요엘의 예언을 인용함에 있어서 "그 후에"라는 말을 "말세에"(행 2:17) 즉 "마지막 날들에"로 의역함으로써 오순절 성령강림이 종말의 도래를 준비하는 사건임을 밝히고 있다. 다시 말해서 베드로가 의미하고 있는 바는 우리가 이제 종말에 살고 있다는 것이다. 성령강림 사건은 말세의 도래, 곧 말세가 지금 시작되었다는 것을 알리는 중대한 사건이다. 그러므로 성령께서 교회 안에 충만하게 임재하신 것은 종말론적 새 시대의 막이 실제적으로 오른 것을 의미한다.

누가복음 11:13에 "너희 천부께서 구하는 자에게 성령을 주시지 않겠느냐", 누가복음 24:49에 "내가 내 아버지의 약속하신 것을 너희에게 보내리니" 그리고 사도행전 1:4에 "아버지의 약속하신 것을 기다리라" 등의 말씀을 종합해 보면, 성령은 종말론적 선물이요, 새 세대를 개막하시는 분이시다. 성령은 하나님의 교회에게 권능을 입혀 복음의 증인이 되게 함으로써 새 세대를 여신 것이다(행 1:8).

(3) 성령은 새 생명의 근원이다

구약에서 성령은 이스라엘 백성의 미래적 새 생활의 근원이라고 가르친다. 성령이 이스라엘 백성에게 임하면 갈한 자가 물을 마시는 것과도 같고 마른 땅에 시냇물이 흐르는 것과도 같으며 시냇가의 버들같이 새 생명을 얻는가 하면(사 42:2~4) 이스라엘 백성이 정결케 되고 굳은 마음 대신 살처럼 부드러운 마음을 갖게 된다(겔 36:25~26). 즉 성령이 임하면 이스라엘 백성이 새 생명을 얻게 되는 것이다(겔 37:14).

그런데 신약의 경우를 보면 성령은 모든 신자들 각 개인 안에 지금 내주하고 있고(롬 8:9) 이 성령이 내주하시면 그의 영으로 말미암아 우리의 죽을 몸이 살아난다(롬 8:11). 즉 우리의 종교적, 윤리적 삶의 모든 영역에서 생명의 근원으로서 역동적으로 일하시는 것이다.[25] 바울에게 있어서 성령과 종말론의 연관관계성을 보면 미래의 능력이 성령을 통하여 현재 속으로 들어와 그 힘을 발휘하는 것을 의미한다. 즉 미래적 새 존재양식에 참여하여 미래의 능력과 축복들을 지금 여기서 우선적으로 약간 맛을 본다는 것이다. 바로 이러한 이유 때문에 바울은 성령을 첫열매 (고전 15:20), 또는 보증(고후 1:22)이라고 부른다.

(4) 양자의 권리를 증거한다

하나님이 우리 가운데 보내신 성령은 우리 마음 가운데서 역사하여 하나님을 아버지라고 부르게 한다. 즉 하나님이 참으로 우리의 아버지이시며 우리는 그의 자녀로서 온전한 권세를 가지고 있다는 것을 성령이 우리에게 확신시켜 주는 것이다(갈 4:4~6). 성령은 친히 우리의 영으로 더불어 우리가 하나님의 자녀인 것을 증거한다(롬 8:16). 여기서 '증거한다'는 동사는 현재형인 바, 이는 성령의 역할이 현재적으로 우리의 삶 속에서 계속되고 있음을 가리킨다.

특별히 바울은 같은 문맥에서(롬 8:19) 온 피조세계가 하나님의 아들들의 나타나는 것을 기다린다고 말하고 있는데, 이는 양자의 특권과 축복을 아직 우리가 충분하게 누리지 못하고 있고 다만 약간만 누리고 있음을 뜻한다. 그래서 우리가 '몸의 구속'을 기다리고 있다고 말한다(롬 8:23). 이 '몸의 구속'은 육체가 부활할 때 모든 육체적, 세속적 제한성으로부터 자유케 되는 것

---

25) Geerhardus Vos, *The Pauline Eschatology* (Princeton University Press: 1961), p. 58.

을 의미한다. 그러므로 우리가 온전한 양자권을 누리는 것은 아직 소망의 대상인 것이다.[26] 완전한 양자권은 그리스도가 재림하시고 우리가 부활할 때 온전히 누리게 되는 권세이다. 우리의 양자됨에 관한 한 현재의 성령의 활동은 단지 시작에 불과하며 성령의 완성된 사역은 아직도 미래의 일인 것이다. 여기서 우리는 이 종말론적 세대의 특성인 '이미'(already)와 '아직 아니'(not yet) 사이의 긴장상태를 발견하게 된다.[27]

(5) 성령은 첫열매이다

바울이 말하는 바 "피조물 뿐 아니라 또한 우리 곧 성령의 처음 익은 열매를 받은 우리까지도 속으로 탄식하여 양자될 것 곧 우리 몸의 구속을 기다리느니라"(롬 8:23)는 구절에서 성령이 첫열매로 언급되고 있다.[28] 성령이 추수의 시작인 것이다. 성령은 하나님이 우리 인간에게 종말론적으로 주는 첫열매의 선물인 바, 그 선물을 주신 다음에 그 선물의 사역을 통하여 양자의 권세가 따라오고 또한 신령한 몸이 주어지는 것이다.

후크마의 해석에 의하면, "구약시대에 첫열매들이란 장차 있을 대추수의 첫시작을 가리켰듯이 신자들이 성령을 받는다는 것은 장차 주어지게 될 더 좋은 것들의 첫맛을 보는 것과도 같다. 지금 우리에게는 성령이 임재하여 있다. 그러나 재림 때에는 우리가 풍성한 추수 곧 우리 몸의 부활을 포함하는 충만을 누리게 될 것이다"[29]라고 말한다.

(6) 성령은 성도들의 보증이다

신자들에게 지금 현재적으로 임재하여 내주하고 있는 성령은

---

26) H. Ridderbos, *Paul: An Outline of his Theology*, pp. 203~204.
27) 후크마, 상게서, p. 87.
28) 투 프뉴마토스는 동격의 소유격으로 이해하는 것이 좋다(참조, 후쿠마, 상게서, p. 88).
29) 후크마, 상게서, p. 88.

신자들이 마지막 날에 얻게 될 구원의 완성에 대한 보증이다. 성령을 첫열매로 지칭하는 것은 현재의 영적 축복이 잠정적이요, 부분적임을 의미하나 성령을 우리의 보증이라고 하는 것은 우리의 구원의 최종적 성취의 확실성을 의미한다.[30]

바울이 그의 서신들에게 사용하고 있는 보증(아르라본)은 전체 금액 중에서 일부분을 지불하고 법적 권리를 우선 이전받는 효력의 '예치금'(deposit), 계약의 효력을 발생케 하는 '보증금'(earnest-money) 등의 의미를 가지고 있는 바[31] 성령이 장차 성취될 하나님의 약속들을 현재적으로 보증하시는 분이라는 뜻이다(고후 1:22). 또한 성령은 우리가 장차 천상적 존재상태에 들어가게 될 것을 보증하는 분이요(고후 5:5) 우리의 미래의 영광의 기업, 곧 하나님의 복스런 미래의 약속들의 성취에 대한 보증이다(엡 1:14). 그러므로 바울에게 있어서 성령의 선물은 종말의 실현인 동시에 종말의 재확인이며 성령을 지금 소유하고 있다는 것은 종말론적 환희의 일부분이 지금 경험되고 있으나 동시에 그 일부분은 아직도 미래적인 것임을 의미한다.

(7) 성령이 성도들을 인치신다

"인을 친다"는 것은 어떤 것을 다른 것과 구별하여 소유권을 표시한다는 것을 의미한다. 그러므로 성령으로 인치심을 얻었다는 것은 성도들이 세상사람들로부터 하나님의 소유로 구별되었으며, 하나님이 자기의 소유된 백성으로 주장하신다는 것을 가리킨다. 고린도후서 1:22에서 성령의 인치심과 보증되심이 평행을 이루고 있다. 그리고 에베소서 4:30에는 성령 안에서 성도들이 구속의 날에 이르기까지 인치심을 받았느니라고 말씀되어 있다. 이로 보건대 성령께서 성도들을 인치셨다는 사상은 하나님의 백성된 우리가 그의 소유가 되었다는 것을 의미하는 동시에 하나님이 우리를 계속해서 보호하시고 우리의 구원을 최종적으

---

30) 후크마, 상게서, p. 90.
31) Thomas S. Green, *A Greek-English Lexicon*.

로 완성시켜 준다는 것을 뜻하기도 한다. 즉 우리 성도들은 마지막 구속의 그날까지 하나님의 소유된 백성으로 남는다는 것이다. 따라서 성령의 인치심이란 우리가 그리스도 안에서 우리의 기업을 최종적으로 확실히 얻게 될 것을 의미한다.

(8) 성령이 성도들을 부활시킨다

성도들의 새 생명의 근원이신 성령은 그리스도의 부활사건에 능동적으로 역할하였는가 하면 우리의 부활에도 역시 능동적으로 관여하신다. 로마서 8:11에서 바울이 의미하는 바에 의하면 하나님은 예수를 위하여 성령을 통하여 행하신 것을 성도들을 위해서도 동일하게 행하신다. 즉 성령의 역사로 말미암아 그리스도 예수가 얻은 부활의 영광스런 상태를 장차 종말의 그날에 우리의 육체가 누릴 수 있도록 하기 위하여 성령께서 우리를 죽은 자들로부터 일으키신다는 것이다. 그런 의미에서 또한 성령은 우리의 보증이시다.

성도들의 부활에 성령이 직접 관여하고 있다는 사실은 고린도전서 15:42~44에 나타나 있다. "육체의 몸이 신령한 몸으로 다시 살아난다." 여기서 '신령한 몸'(소마 프뉴마티콘)은 성령으로 온전히 지배를 받는 상태인 종말론적 상태의 몸을 가리킨다.[32] 성령은 육체의 부활을 가능케 하는 능동적 역할을 담당하고 있을 뿐만 아니라 부활 이후의 그 육체를 지탱하고 인도해 주는 것이다.

리더보스의 말에 의하면 성도들의 현세의 삶 속에서 역사하는 성령의 성화사역은 육체의 부활의 시작으로 볼 수 있다.[33] 이런 의미에서 성령은 성도들의 부활에 대한 현재적 첫열매이며 보증이다.

---

32) G. Vos, *Pauline Eschatology*, pp. 166~167.
33) H. Ridderbos, *Paul: An outline of his Theology*, p. 551.

(9) 성령이 성도들을 신천신지로 초청한다

그리스도께서 재림하고 성도들이 부활하여 심판을 받게 되는 때, 하나님께로부터 신천신지가 임하며 하나님이 만물을 새롭게 하신다(계 21:2, 5). 그때 하나님은 저희와 함께 거하시고 저희는 하나님의 백성이 되며 하나님이 친히 함께 계셔서(계 21:3) 저희와 더불어 세세토록 왕노릇하시게 된다(계 22:5). 성부 하나님과 어린양 예수 그리스도가 보좌에 앉아있는 그 성전은 (계 22:1) 영광과 생명이 충만하고(계 22:1~5) 거기에는 어린양의 피로 씻은 예복을 입은 자만이 허락되는데(계 22:14) 그곳으로 성령이 부활한 성도들을 초청하여 충만한 생명을 누릴 수 있게 한다(계22:17).

결 론

성부 하나님이 그리스도 예수 안에서 성령과 더불어 의논하여 작정하시고 삼위 하나님이 각기 독특한 방식으로 창조사역에 참여하시는가 하면 또 섭리하시듯이 역사의 종달과 관련하여서도 서로 연락되어 삼위 하나님은 일하신다. 서로 간에 친밀한 언약 관계에 있는 성부와 성자와 성령은 서로 모든 것을 아시고 더불어 일하시는 것이다. 그래서 성부가 성자와 성도들에게 성령을 부으셔서 종말을 시작하셨고 그 성령을 통하여 성자와 성도들을 부활하게 하시는가 하면 성자가 성령의 권세를 힘입어 죄와 사망과 사단을 이기고 우주적 구원을 이루며 심판하시는 때에 성령이 어린양 예수의 보좌로 부활한 성도들을 츠청하시는 바, 이 모든 종말론적 사건은 삼위 하나님의 치밀한 계획 속에서 이루어진다.

그런데 이 종말론적 사역에 있어서 삼위 간의 질서 때문에 재림의 때와 날은 성부의 고유의 권한에 속하고 그 정한 때에 성자가 재림하시어 심판하고 성령이 성도들을 부활하게 하여 신천신지로 초청하는 바 각각에게는 고유하고 독특한 사역이 있다. 그래서 예컨대 예수님이 재림의 날에 관하여 "그날과 그때는 아무도 모른다"(마 24:36)고 하신 말씀에서 아버지 하나님을 높이고 자신을 낮추는 모습을 볼 수가 있다. 그러므로 아버지의 고유권한에 속한 문제에 대해서는 피조물인 우리로서는 더욱더 겸손해야 하고 다만 깨어있어야 할 뿐이며, 인위적으로 날자를 계산하여 예수의 재림의 시기를 정하는 것은 삼위 하나님의 언약적 관계와 종말론적 역할에 비추어 볼 때 비성경적이고 비신앙적이다.

제 15 장

오늘의 한국교회와 윤리의식
- 권위회복을 통한 질서구현 -

요즈음은 교회와 세상을 막론하고 권위가 크게 실추되고 질서가 무너져 윤리 부재현상을 실감케 한다. 제6공화국의 권위주의적 통치에 의한 비리와 기성교회의 교권주의에 근거한 교단운영에 따른 부패로 말미암아 정치나 교회가 권위를 상실하였고 이로 인하여 질서가 무너졌다.

이같은 비리와 부패를 처리하고자 여러 방면에서 민주화운동이 격렬하게 지금까지 그칠 줄을 모른다. 우리의 길거리는 최루탄, 화염병, 돌멩이 등으로 마비되는 일이 다반사이고, 학생들이 학문연구의 기회를 잃는가 하면 교수들이 삭발당하는 비극도 있다.

교회 내에서는 정치권력에 깊이 유착되었던 지도급 성직자들을 비난하는 소리가 크다. 또한 만인제사직의 교리에 근거하여 모든 교인들이 평등하다고 주장하고 여성도 남자와 동등하게 성직을 받아야 마땅하다고 주장하여 권위에 도전하고 있다.

이로써 오늘의 세대는 권위와 권위주의를 혼돈하고 있으며 질서와 평등관계를 파악하지 못하고 있는 듯이 보인다. 이러한 때에 한국교회가 지녀야 할 윤리의식과 이 교회가 지향해야 할 윤리적 단계는 어떤 것이어야 할 것인가를 삼위 하나님간의 윤리와 하나님이 창조하신 세계 및 여러 제도를 통해서 살피고 케리그마와 코이노니아 및 디아코니아와 관련하여 그 방법론을 개진하고자 한다.

1. 삼위 간의 윤리

성경이 제시하고 있는 하나님은 삼위일체이시다. "본질과 권능과 영원성에 있어서 동일한 삼위가 단일한 신격(神格) 안에 있으니 성부 하나님과 성자 하나님과 성령 하나님이시다. 성부는 아무에게서 기원하지 않으시고 나시지도 않으시며 나오시지도 않으시나 성자는 성부에게서 영원히 나시고 성령은 성부와 성자에게서 영원히 나오신다"(웨스트민스터 신앙고백 II장 3항). 삼위 하나님은 본래 본질에 있어서 뿐만 아니라 속성에 있어서도 동일하다. 문자적으로 동등하시고 평등하시며 하나이시다. 삼위가 각기 스스로 존재하시는 하나님이시다.

그러나 삼위 간에는 차서(次序), 즉 질서가 있다. 약속도 있고 책임도 있으며 순종도 있다. 예컨대 성부가 삼위 중 으뜸이요, 성자가 다음이며 성령이 그 다음이다. 그래서 성자는 성부에게 전적으로 순종하여 하나님 아버지의 뜻을 이루고 그 이름을 영광스럽게 하는 데 헌신한다. 또한 그는 성경에 계시된 말씀의 한계 안에서 철저하게 성부에게 순종한다.

그런가 하면 성령은 성자가 이 땅에서 하신 말씀과 그가 성취해 놓으신 구속사역에 근거하여 활동하시며 그의 뜻에 순종하신다.

그리고 성부는 성자와 성령을 사랑하시며 그들에게 하신 약속을 책임지신다. 이렇듯 삼위 간에는 권위와 질서가 약속과 책임 및 순종에 기초하여 온전히 이루어져 있는 것이다.

2. 하나님의 창조사역에 나타난 윤리

하나님의 지혜와 능력과 솜씨 및 영광을 찬란하게 드러내고 있는 창조의 세계에는 조직과 질서가 있다. 모든 것이 선하고 보기에 아름다운 것은 그같은 조직과 질서 가운데 하나님의 지혜와 능력이 나타나 있기 때문이다.

창세기 1장에 보면, 하나님이 빛을 만들기 전에는 땅이 혼돈하고 공허하며 어두움이 뒤덮고 있었다. 하나님이 빛을 만드셔서 빛과 어두움을 구별하시므로 질서가 생겨났다. 그래서 하나님이 보시기에 좋았다. 하나님은 둘째 날에 하늘의 궁창을 만드시고, 셋째 날에는 물과 뭍이 각기 드러나게 하셨는가 하면 뭍에서는 채소가 나오게 하셨다. 넷째 날에는 해와 달과 별들을 만드시어 낮과 밤을 주관하며 운행하게 하셨고, 다섯째 날에는 공중에서는 새가 날게 하시고 물에서는 큰 물고기가 생육하고 번성하여 충만하게 하셨다. 여섯째 날에는 땅에 생물을 종류대로 나게 하였고, 끝으로 이 모든 것들을 다스리게 사람을 자기의 형상대로 창조하셨다.

하나님의 6일 간의 창조사역을 보면, 첫째 날과 넷째 날, 둘째 날과 다섯째 날 그리고 셋째 날과 여섯째 날 간에는 서로 관련이 있다. 첫째 날, 둘째 날과 셋째 날의 사역이 환경에 해당한다면 넷째 날, 다섯째 날, 여섯째 날의 사역은 그 환경에 대한 주역(主役)들인 셈이다. 그리고 6일 간의 모든 사역은 인간의 풍요로운 삶을 위한 환경으로서 하나님의 선하심에 대한 증거인 것이다. 이렇듯 하나님의 창조사역에는 순서와 조직 및 질서와 조화가 있다. 그래서 하나님의 세계는 선하고 아름다운 것이다. 이 세계가 인간을 위한 윤리의 규범을 간접적으로 제시하고 있는 것이다.

3. 하나님이 만드신 제도에 나타난 윤리

하나님이 만드신 제도들 가운데는 부부중심의 가정과 그리스도를 머리로 한 교회 및 일반 사회가 있다.

(1) 부부중심의 가정제도에 나타난 윤리

하나님이 천지를 창조하시고 사람이 행복하게 살 수 있도록 하고자 에덴에 아름답고 풍요로운 동산을 만드셨다. 거기에는 보기에 아름답고 먹기에 좋은 나무와 생명나무가 있었는가 하면 각종의 들짐승과 공중의 새들이 짝을 이루어 즐기며 지냈다. 부족함이 없고 참으로 좋은 곳이었으나 아담에게는 배필이 없으므로 삶에 즐거움이 없었다. 그래서 하나님이 여자를 만들어 주셨던 것이다.

여자는 남자와 가장 잘 어울리는 적합한 짝이다. 하나님의 형상으로 남자처럼 지음받은 까닭에 남자와 본질과 인권(人權)에 있어서 동등하다. 그러나 남자가 먼저 지음을 받은 까닭에 남녀간에는 순서와 질서가 있다. 이 순서와 질서에 근거하여 하나님은 남자에게 가장적(家長的) 권위를 주셨고(고전 1:3) 동시에 가정을 부양할 책임을 주셨다(엡 5:28, 19). 대신 여자에게는 남자에게 순종할 의무를 주셨다. 여자는 남자에 대해 권위를 행사할 수가 없다(딤전 2:12). 사단의 미혹을 받아 하와와 아담이 타락했을 때 부패하여져 여자가 남자를 주관하려 한 점(창 3:16)으로 미루어서도 여자가 남자에게 순복하는 것이 창조의 질서임을 알 수가 있다. 그런 까닭에 남녀는 본질과 권리에 있어서 평등하나 순서와 질서가 있는 것이다.

(2) 교회에 나타난 윤리

모든 교회의 회원은 다같이 그리스도의 지체로서 존귀한 존재들이요, 왕이며 제사장들(벧전 2:9)이다. 그래서 각자 그리스도의 공로를 힘입어 하나님의 보좌로 담대히 나아가 죄 용서의 은혜와 영생을 받아 누릴 수가 있다.

　그러나 교회 안에는 선지자, 사도, 목사, 교사, 장로, 집사 등 여러 종류의 직분들이 있다. 이 직분은 아무나 함부로 얻지 못한다. 이 직분은 신적(神的) 권위를 가지고 있다. 그래서 이들에게 겸손히 순복해야 한다(벧전 5:5). 그리스도의 성도들은 교회에서 본질상 평등하지만 직분상 권위가 부여된 자들이 있고 지체의 질서상 순복의 의무가 있는 자들이 있다. 이 권위를 무시할 것 같으면 하나님이 친히 그같은 교만에 대하여 대적하신다(벧전 5:5).

(3) 사회제도에 나타난 윤리

　이 세상에는 세상적 통치권을 하나님께로부터 위임받은 정치적 권세자가 있다. 옛날에는 대개 왕으로 불리웠으나 지금은 대통령 또는 수상 등으로 불리우고 있다. 그 외에도 장관이나 고급 관리들이 있다. 이같은 직분과 거기에 따르는 권세들은 하나님이 세우신 것이다(롬 13:1; 벧전 2:13~17). 그래서 그 권세를 원칙적으로 우리는 거스릴 수가 없다. 존경하고 두려워해야 하는 것이다(롬 13:7). 사도 베드로는 관리들이 까다롭고 고약하여 애매히 고난을 가할지라도 그러한 관리들에게까지 순복하라고 권하였다(벧전 2:18).

4. 윤리적 목표를 위한 방법론

　이상에서 살핀 대로 삼위 하나님과 그가 만드신 창조세계 및 제도에는 질서와 순서가 있으며, 권위와 순종의 윤리적 관계가 있다. 이같은 질서와 조화가 구현되는 곳에 아름답고 선하며 풍요로운 삶이 보장된다. 이같은 윤리적 목표를 지향하기 위하여 교회가 우선적으로 힘써야 할 세 가지는 케리그마와 코이노니아 그리고 디아코니아이다.

(1) 케리그마(kerygma)

어두움과 죽음의 그늘에 앉은 자들에게 빛을 주러 오신 예수님과 그의 뒤를 이은 제자들이 그 시대를 치료하기 위하여 힘쓴 것은 복음의 선포 곧 케리그마였다. 이 복음선포를 통하여 예수님과 그의 제자들은 사단의 권세를 물리치고 하나님의 질서와 자유의 나라를 건설하였던 것이다.

하나님의 말씀인 복음이 그 권위를 상실할 때—사실상 계몽주의 사상의 영향으로 복음의 진리가 상대화되었고 오늘 한국의 일부 신학계에서는 성경이 참고문헌(reference)으로 격하되어 있다—결국 하나님이 멸시를 받게 되고, 따라서 진정한 권위와 질서가 상실된 것이 교회 역사의 현실이다. 초대교회에서 복음의 말씀이 힘있게 증거될 때 교회와 세상이 구원과 생명을 회복한 것으로 미루어 보아 참된 복음선포만이 이 땅에 바른 윤리를 회복시킬 수가 있다.

(2) 코이노니아(koinonia)

성령의 신령한 은사들을 교회의 지체들 간에 나누어 가짐으로 피차 힘을 얻게 되는 바, 코이노니아를 통하여 지체들 간에 조화가 구현될 수가 있을 것이다. 성령을 통한 성도들의 교제야말로 교회의 본질인데, 이같은 교제는 작은 모임의 성경공부나 단기간의 수련회 등을 통하여 효과적으로 가질 수가 있다. 또한 규칙적인 가정예배가 좋은 방편이기도 하다.

(3) 디아코니아(diakonia)

아무리 복음이 힘있고 참되게 선포되고 성도간에 교제가 이루어지고 있는 것처럼 보일지라도 오직 사랑으로 서로 종노릇하지(갈 5:13) 아니하면 지체간의 윤리가 제대로 확립될 수가 없다. 내용있는 구제활동과 남을 나보다 낫게 여기는 예수의 마음을 소유하는 것이 섬김을 위한 효과적 방편이다.

결 론

　세상과 교회 등 모든 삶의 영역에서 민주화를 통하여 살기 좋은 환경이 이루어지는 것은 우리 모두의 희망이다. 그러나 권위가 상실되고 질서가 파괴된 민주화는 더 큰 불행을 우리에게 가져다 준다. 권위주의와 권위를 혼동하고 평등과 질서와의 관계를 파악하지 못하여 권위에 도전하며 불순종하는 것은 폭력의 악순환을 초래할 뿐이다.

　삼위 하나님에게 있는 질서와 순종의 관계, 하나님의 창조세계에 있는 질서와 순서, 하나님이 만드신 제도에 나타난 바 권위와 순복의 관계 등은 우리가 지향해야 할 윤리적 단계를 보여주고 있다. 이 땅에서 허물어져 가는 윤리의식을 바로잡기 위해서는 권위있게 복음을 선포하며 성령의 은사를 나눠갖고 사랑으로 서로 종노릇해야 한다.

제 16 장

크리스천의 사회참여의
당위성과 한계

하나님은 믿음의 사람 아브라함과 그 후손에게 세상의 후사, 곧 상속자가 되리라는 약속을 주셨다(롬 4:13). 하나님은 아브라함과 언약을 맺으실 때 가나안 땅을 영원한 기업으로 주고 그와 그의 후손들의 하나님이 되어 영생을 누리게 하실 것을 약속하셨던 것이다(창 17:8). 그런가 하면 하늘과 땅의 모든 권세를 가지신 예수님께서 그의 제자들에게 모든 족속으로 가서 제자를 삼으라고 명령하신 바 있다(마 28:18, 19). 디로 보건대 크리스천은 이 세상에 대하여 책임적 존재인 것이다. 크리스천이 사회에 참여하는 것은 성경적으로 당연하다. 그러므로 사회참여의 당위성과 성격을 먼저 성경적으로 살폈다. 그런데 사회참여의 방법론과 관련하여 민중신학은 크게 문제가 있기 때문에 민중신학적 사회참여 방법론을 왜 경계해야 하는가를 다루었다.

1. 크리스천의 사회참여의 성경적 당위성과 성격

크리스천의 사회참여가 성경적으로 당연하다는 사실은 하나님이 인간을 자기의 형상대로 만드신 것과 에덴동산에서 땅을 경작하며 보존하라고 하나님이 인간에게 명하신 것, 모세를 통하여 주신 율법에 규정되어 있는 언약법과 희년제도 그리고 신약성경에 말씀되어진 바 성령의 사역과 관련된 믿음의 실천 등에 분명하게 나타나 있다.

(1) 하나님의 형상과 주관권

하나님께서는 형상대로 사람을 남자와 여자로 창조하시고 그들에게 복을 주시며 "땅에 충만하라 땅을 정복하라 모든 생물을 다스리라"(창 1:28)고 말씀하셨다. 하나님은 자기의 형상대로 창조된 인간에게 땅과 모든 생물에 대한 주관권(主管權)을 허락하셨다.

하나님의 형상대로 창조된 우리 인간은 하나님의 자녀로서 아버지 하나님을 참으로 닮아 그를 힘써 본받아 그의 의롭고 거룩한 성품을 우리의 현실생활을 통해서 재현해야 한다. 월레스(Ronald S. Wallace)에 의하면 칼빈이 말하는바 인간이 하나님의 형상으로 창조되었다고 하는 것은 순결과 의 가운데 창조주의 은혜를 의지하여 살고 그의 말씀을 통해서 또한 피조물이 드러내고 있는 영광을 통해서 하나님과 더욱 깊은 교통을 나누며 자기의 동료 피조물 및 환경에 대하여 참으로 질서있는 관계를 가지고 사는 것(『칼빈의 기독교생활 원리』 나용화 옮김, CLC, p.138), 즉 기독교적 사랑을 통해서 힘없는 자들에게 하나님의 값없는 은혜를 나타내 보이고 가난한 자들에게 하나님의 섭리적인 돌보심을 나타내며 고아와 과부들을 기꺼이 돌보아 주는 것 등을 의미한다(상게서, p.141). 이렇듯 하나님의 형상으로 창조된 인간에게는 그의 은혜와 사랑에 근거하여 정치사회적 질서에 대해 책임을 지는 것이다.

(2) 에덴동산과 문화적 사명

하나님께서는 에덴에 동산을 설치하시고 그가 지으신 사람을 거기 두시고 그 땅을 쟁기질하여 경작케 하며 보존케 하라고 명령하셨다(창 2:15). 즉 육체적 노동을 통하여 하나님의 지으신 땅이 효과적으로 생산할 수 있도록 하신 것이다.

그리고 선악과를 금하는 명령을 통하여 하나님의 법에 순종하므로 하나님과의 교제를 풍성하게 나누어 영생을 누릴 수 있게 하셨다. 또한 부부관계라고 하는 사회의 기본단위를 통하여 질서있는 사회생활을 함으로써 문화를 창달케 하였다(창 2:16~18). 사람과 사람간의 질서있는 사회생활의 최상의 모형인 남녀간의 결혼관계는 인간이 사회적 책임의 존재임을 의미한다.

(3) 율법과 사회적 책임

하나님께서 모세를 통하여 주신 언약법(출 20:22~23, 33)과 희년제도(레 25:8~12)는 하나님의 백성에게 사회적 책임이 있음을 분명하게 밝히고 있다. 이 언약법에는 우선 우상숭배가 철저하게 금해져 있는바(출 20:23; 22:20; 23:24, 32, 33) 그 이유는 이방종교의 기본정신이 이기주의적 탐욕에 근거한 것으로 공동체 의식이 크게 결여된 미신이기 때문이다. 그래서 이 언약법은 하나님과의 진실한 관계를 가진 백성이 그들의 내면적인 신앙을 일상적인 사회생활에서 공의와 사랑에 근거한 선한 행실로 나타낼 것을 요구한다.

믿음의 선한 행실은 그 성격에 있어서 사회적이다. 우선 종이 안식년에는 자유를 얻게 되는 것이라든지, 종이 큰 상처를 입은 경우 그 대가로 자유를 얻는 것, 가난한 자의 재판을 공평하게 할 것, 안식년에는 가난한 자가 땅의 소산을 먹게 하는 것 등은 하나님의 백성에게 사회적 책임이 있음을 밝히는 명령들이다.

안식년 제도가 인권의 자유에 강조점이 있다고 하면, 희년제도는 정치적 경제적 정의실현에 강조점이 있다. 모든 사람이 정치 경제적으로 자유를 누리며 자기의 기업을 되찾으므로 하나님의 공동체가 균형잡힌 삶을 회복한다. 이 희년제도를 배경으로 한 말씀이 누가복음 4:18, 19이다.

그러나 여기서 유의할 것은 하나님의 언약적 사랑에 대한 신앙과 성령의 하나되게 하시는 사역이 없이는 이 언약법과 희년 제도가 제대로 실천될 수 없다는 점이다. 하지만 이 법도와 규례를 행할 때 하나님의 백성이 이 땅에서 안전히 거할 수 있게 되는 것이다(레 25:18).

(4) 성령과 사회적 책임

율법에 나타난 하나님의 의의 형상을 이 땅 위에서 반영하는 삶이란 우리 자신을 위해서라기보다는 하나님과 이웃을 위하여 사는 데 관심을 두는 것이다. 하나님을 순전하게 사랑하는 것과 우리의 이웃들을 순결하고 의롭게 대하고 각 사람에게 자기의 몫에 해당하는 것을 돌려주는 것을 의미한다. 즉 하나님께 대한 우리의 헌신과 사랑이 우리의 동료들에 대한 사랑과 선행으로 표현되어야 하는 것이다. 그런데 하나님과 우리의 이웃에 대한 사랑은 자기부인(自己否認)을 통해서 이기적 사랑이 완전히 제거되고 겸손하게 될 때에만 가능하다. 이는 성령의 사역을 통해서만 가능하다.

그러기에 누가복음 4:18, 19의 말씀에서도 성령이 임하심으로써 복음과 자유를 가난하고 눌린 자들에게 선포할 수 있는 것으로 말씀되어 있다. 사도행전에서도 성령이 임하심으로 예루살렘교회가 모든 물건을 서로 통용(通用)할 수 있게 되었고(행 2:4, 44) 이웃을 내 몸같이 사랑하는 일은 성령을 좇아 행하므로 가능하다고 바울은 말한다(갈 5:14, 16). 다시 말해서 크리스천은 성령의 능력을 덧입어 이웃에 대한 사회적 책임을 성실하게 감당할 수 있어야 하는 것이다.

(5) 정치와 종교

"가이사의 것은 가이사에게 하나님의 것은 하나님께 바치라"(마 22:21; 막 12:17; 눅 20:25)는 말씀에 근거하여 종교가 정치와 사회문제에 참여하는 데 소극적이었다. 그러나 예수님의 이 말씀은 정교분리(政敎分離)를 가르치는 것이라기보다는 정치권력에 아부하는 세력들에게 오히려 하나님께 온전히 헌신할 것을 사실상 강조하는 것으로써 우리의 모든 삶이 하나님께만 바쳐져야 할 것을 의미한다. 우리의 모든 삶의 영역의 통치권자가 하나님이시기에 정치 경제 사회 문화 등에 하나님의 통치가 미쳐야 하는 것이며, 하나님께 이 모든 것이 드려져야 하는 것이다. 그러기에 십자가의 복음이 전파됨으로써 온 세계가 갱신되고 만물이 질서를 회복하게 되며 이같은 갱신과 회복이 사회적 정치적 생활에서 나타나야 한다고 칼빈은 주장했다(월레스, 상게서 p. 144).

칼빈에 의하면 이 세계는 하나님의 세계이므로 정치, 경제, 노동 등 각종 문화활동의 목적은 복음으로 죄악을 억제하면서 삶의 구조를 변혁시켜 이 사회 속에서 하나님을 섬기는 데 있다. 그리스도의 복음을 믿는 믿음으로 자기를 부인하며 정치적 정의를 실현하고 경제적 균등 재분배를 위하여 검소와 절제의 삶을 살아서 사회가 변화되도록 하는 것이 곧 하나님을 섬기는 길이다. 개인의 삶 뿐만 아니라 모든 삶의 구조와 자연 및 문화를 변혁시키는 능력이 복음에 있기 때문에 크리스천은 복음과 성령을 통하여 사회의 모든 영역에 참여하는 것이다(참조, 로버트 E. 웨버, 『기독교문화관』, 이승구 옮김, 엠마오, pp. 156~167). 칼빈이 강조하는 바에 의하면 복음과 성령의 능력을 힘입어 크리스천이 자기를 부인하고 절제와 검소의 삶을 살므로써 죄를 이기고 정치적 정의와 경제적 균등 재분배를 실현할 수 있다.

2. 크리스천의 사회참여의 신학적 문제점
-사회참여에 대한 민중신학의 방법을 중심으로-

크리스천의 사회참여가 성경적으로, 신학적으로 당연하지만 아무리 목적이 선하여도 그것을 위한 수단과 방편에 문제가 있어서는 안된다. 1980년대에 우리의 신학계에 크게 영향을 미친 민중신학의 신학적 특징, 구조악 이해 및 그 신학의 사회참여 방법론에는 크게 문제가 있으므로 민중신학적 사회참여는 경계하지 않을 수가 없다.

(1) 민중신학의 신학적 특징

역사를 지배자와 피지배자, 가진 자와 못가진 자 간의 역학관계로 이해하는 민중신학에 의하면 그리스도의 대속적(代贖的)인 죽음은 정치적 살해로, 그리스도의 부활은 인권의 회복으로 간주된다. 그래서 민중의 죽음이 바로 예수의 죽음이고, 민중의 혁명적 사건들이 그리스도의 부활과 동일시되며 기독교를 믿는다는 것은 민중의 봉기사건들을 믿는 것이나 다를 바 없다.

안병무에 의하면 인간성 안에 내재하는 예수의 사회적 혁명정신이 성령이며 그러기에 이 성령은 예수의 사회참여의 역할의 현존이자 기성체제를 전체적으로 중단시켜 파괴하는 행위 자체를 가리킨다. 한편 사람의 가장 깊은 곳에 나면서부터 산 채로 간직하고 있는 총체적 생명을 민중신학은 하나님으로 이해한다. 예컨대 사회 밑바닥 계층인 창녀의 썩은 자궁에서 태어나는 생명이 하나님이요, 한국의 전통적 가족관계에서 볼 때 밑바닥에서 가장 힘든 일을 해야 했던 맏며느리가 바로 하나님이다.

이같은 주장을 하는 민중신학에는 성경이 말하고 있는 창조주 하나님, 곧 역사를 초월해 계시면서도 역사를 주장하시는 살아계신 인격적 하나님에 대한 이해가 없다. 뿐만 아니라 우리를 위해 십자가상에서 율법의 저주와 형벌을 담당하시고 죽으셨다가 우리의 칭의(稱義)를 위하여 죽은 자 가운데서 살아나신 구속주 예수님이 정치권력에 의하여 살해당한 자로만 이해되고 있다. 또한 인격적인 진리의 영이신 성령님이나 사죄의 은총과 평화의 복음을 민중신학은 알지 못하고 있는 것이다. 단지 혁명적 해방자 예수만을 알고 있을 뿐이다.

(2) 민중신학의 구조악 이해

민중신학은 죄를 구조악(構造惡)의 관점에서 이해한다. 사회에 존재하는 구조적 갈등 또는 악한 구조가 죄이다. 즉 강대국에 대하여 정치 경제적으로 종속되고 이같은 종속관계에 있어서 일부 권력층과 재벌이 결탁하여 형성한 지배계층의 이데올로기적인 악한 힘 때문에 힘없는 민중은 살인, 절도, 강간 그리고 종교규례의 위범(違犯)과 같은 죄들을 범하지 않을 수 없게 되어 있다고 보는 것이다. 따라서 민중신학의 주장에 의하면 이 구조악이 가난과 사회적 불의와 억압의 궁극적 원인이다.

구조적으로 불의한 사회에서는 아무도 홀로, 그리고 스스로 순수하게 살아남을 수가 없기 때문에 우선적으로 사회구원이 먼저 이루어지지 않고서는 결코 개인구원도 있을 수가 없는 것이다.

이 사회구원을 위해서는 정치 경제구조의 국제적 종속상황에서의 해방이 우선되어야 한다는 것이 민중신학의 주장이다. 그러나 죄에 대한 이같은 민중신학의 이해에는 대적자요, 훼방자인 인격체로서의 사단에 대한 인식이나 이기주의적 탐욕의 뿌리가 되는 바알종교적 우상숭배에 대한 경각심이 전혀 없다.

(3) 민중신학의 사회참여

죄를 정치, 경제, 사회적인 구조적 갈등으로 이해하고 가진 자들과 지배자들 때문에 가난한 자들과 눌린 자들이 인권(人權)과 생존권(生存權)을 상실당한 것으로 간주하는 민중신학이 주장하는 사회참여는 민중적 혁명 내지는 봉기이다. 민중신학의 성경적 전거인 출애굽 사건에 대한 서남동의 해석에 의하면 그것은 정치, 경제, 사회적 노예해방 사건으로써 모세의 지도 아래 폭력을 방편으로 하여 일어난 애굽의 억압적 지배체제에 대한 히브리인들(가난하고 힘없는 자들)의 저항적 봉기이다. 그러기에 민중신학적 사회참여는 민중을 정치적으로 의식화시켜 계급투쟁에 적극적으로 그리고 의식적으로 참여케 하고 현재의 기득권자들의 정치체제에 대항하여 투쟁하고 보복하며 부와 권력을 재분배하는 것이다.

이로써 인권회복과 소외된 민중이 인간으로 대접받을 수 있는 새로운 사회질서를 민중신학은 목표로 한다. 그러나 성경은 비폭력적인 적극적 저항을 인정하지만 폭력적 저항이나 보복을 가르치고 있지 않다.

3. 크리스천의 사회참여, 왜 경계하는가

크리스천의 사회참여는 성경적으로 당연하지만 민중봉기에 의존하는 폭력적 보복에 의한 정치적 항거나 부와 권력의 재분배는 용납될 수가 없다. 정치적 의식화를 통한 계급투쟁적인 사회참여는 그 방법에 있어서 성경적으로 뿐만 아니라 일반적인 통념으로도 용납될 수가 없다.

특별히 살아계신 창조주 하나님도, 십자가에서 피흘려 죽으시고 부활하신 구속주 예수님도, 자기를 부인하게 하여 절제와 검소의 삶을 살게 하시는 보혜사 성령님을 인격적 하나님으로 인정하지 아니할 뿐만 아니라, 삼위 하나님의 주권적 통치와 섭리 및 은혜의 사역을 민중신학은 믿지 않는다. 그러나 이같은 성경적인 믿음이 없이는 사회참여를 위한 온전한 동기가 사실상 전혀 마련될 수 없기 때문에 민중신학적인 사회참여를 경계하지 않을 수가 없는 것이다.

제 17 장

복음주의적 입장에서 본 민중신학

서 론

　민중신학의 사상적 실체를 한국교회와 세계교회 앞에 구체적으로 소개하기 시작한 『민중과 한국신학』(영문판의 경우는 Minjung Theology)이 출판된 지 이제 10년이 되었다. 그동안 민중신학과 관련하여 각종 서적들과 수많은 논문들이 국내외에서 발표되어 왔고, 민중신학은 다각적으로 평가를 받아왔다.
　그러나 지난 10년 동안에 민중신학이 목표한 바 민중에 의한 민중을 위한 정치는 그 한계성을 노출한 반면, 소련을 중심으로 한 동구권의 급격한 정치적 변화로 말미암아 민중신학의 해석학적 도구인 맑스주의도 재평가되지 않을 수 없게 되었다. 뿐만 아니라 포스트 모더니즘(post-modernism)과 종교다원주의 사상이 감리교회 등에서 강력한 반발에 부딪히고 교회가 뉴에이지 운동(New Age Movement)의 반(反) 기독교성을 점차 깨닫기 시작함으로써 이같은 반 성경적이고 반 기독교적인 사상이나 운동과 직접 간접으로 깊이 연관되어 있는 민중신학에 대하여 한국교회는 다시 생각하지 않을 수 없게 되었다.

그래서 민중신학의 역사와 신학적 배경, 그것의 성경관과 성경해석 방법론, 민중개념 그리고 민중신학자들의 신학사상을 살피고, 그 신학이 끼친 영향을 고려하되 복음주의적 입장에서 민중신학을 전반적으로 평가하고자 한다.

1. 민중신학의 역사

남미의 해방신학은 정치 경제적으로 미국에 크게 종속되어 있는 남미의 구조적 상황을 맑스주의적 시각으로 인식하면서 1970년을 전후하여 시작되었다. 이에 비하면 한국의 민중신학은 실제적으로 1979년부터 시작되었다. 1972년 유신헌법 제정 이후에 근대화운동이라는 미명 아래 강요되어온 열악한 노동조건과 군부독재의 악정으로 인한 인권침해의 구조적 상황을 인식하면서 여기에 남미의 해방신학 등의 영향을 받아 시작된 것이다. 해방신학의 '해방'이 '종속'에 대한 반대말이듯이, 민중신학의 '민중'은 '군사독재'에 대한 반대말이다. 이와 같이 민중신학은 1970년대 초엽에 군사독재 아래서 억압받은 신학자, 학생, 노동자, 언론인, 교수, 농민, 작가 그리고 지식인들이 정치적으로 체험한 것을 신학적으로 성찰하여 체계적으로 표현한 것이다.[1]

민중신학은 열악한 근로조건과 부의 불균등한 분배에 항거하여 1970년 11월 13일에 분신자살한 전태일 사건과 박정희 대통령의 임기를 연장하기 위해 만들어진 10월 유신헌법에 대한 항거에 뿌리를 두고 있다. 그리고 사회적 정치적 개조를 위한 투쟁을 통하여 민중이 주체적으로 참여하는 참된 민주정치를 염원하는 수많은 글들을 발표하면서 민중신학은 그 싹이 트기 시작했다. 그때 발표된 글들이 "1973년 한국 기독인 선언"(1973년

---

1) Kwang Sun Suh "Minjung and Theology in Korea: A Biographical Skectch of an Asian Theological Consultation," *Minjung Theology*, ed. Yong Bock Kim (Singapore: The Christian Conference of Asia, 1981), p. 18.

5월), 서남동의 "예수, 교회사, 한국교회"(1975년 2월호 『기독교사상』), "민주회복을 위한 구속자 선언"(1975년 2월 21일), 안병무의 연설 "민족, 민중, 교회"(1975년 3월 1일) 그리고 "정의구현 카톨릭 전국사제단 선언"(1975년 3월 10일) 등이다. 여기서 '민중'이라는 용어를 정치신학적 개념으로 사용하기 시작했다.

그러나 민중신학이 그 사상적 틀을 형성할 수 있도록 계기를 마련해 준 것은 김지하의 문학활동이었다.[2] 김지하에 의하면 "민중의 싸움은 민중이 자신의 운명의 열쇠를 그들 자신의 손에 쥐기 위하여 정의와 자유가 약속된 가나안을 목표로 하는 것"이며,[3] 김지하의 사상적 주제는 예수와 맑스를 결합한 '신과 혁명의 통일'이었다. 그는 맑스에게서 사회적 억압이 인간의 구원에 장애물이 된다는 것을 배웠으며, 예수에게서는 인간의 존엄성을 옹호하는 휴머니즘을 배웠다고 한다.[4] 이러한 김지하의 문학활동은 서남동에게 크게 감동을 주었다.

그러나 민중신학이 신학적 작업을 구체화하게 된 것은 1979년에 한국신학연구소가 『신학사상』 특집 봄호(24호)를 출간하고, 이 특집에 기초하여 1979년 10월 22일까지 서울에서 아시아 기독교협의회(Christian Conference of Asia)의 후원을 받아 민중에 관한 신학 연구모임을 갖게 되면서부터이다. 이때 발표된 논문들이 영문으로는 "Minjung Theology"라는 이름으로 싱가폴에서 그리고 국내에서는 『민중과 한국신학』을 KNCC 신학연구위원회가 편집하여 각각 1981년과 1982년에 출판하였다. 이로써 민중신학은 국내외에서 그 상징적 모습을 드러내게 되었다. 그리고 1983년에 발표된 서남동의 『민중신학의 탐구』가 민중신학의 모습을 더 확실하게 보여주었고, 같은 해에 안병무가

---

2) 김지하, 『김지하 전집』 1권(도쿄, 한양사, 1975년)에 실린 "양심선언"과 시적 메모인 "장일담"이 대표적인 글들이다.
3) 상게서, p. 9.
4) 상게서, p. 14.

번역편집한 『사회학적 성서해석』은 민중신학의 신학적 배경과 그것의 성경해석 방법론이 어떤 것인가를 보여주었다. 서남동이 1984년에 갑자기 죽음에 따라 그의 신학사상을 정리하는 가운데 민중신학은 그 모습을 더욱 확실하게 드러냈다. 한편 전경련이 민중신학을 비판적으로 평가한 책인 『한국민중신학의 조명』(크리스천아카데미 편, 1984)과 많은 복음주의 신학자들의 비판적인 글들을 통해서 민중신학은 도전을 받기도 하였다.

2. 민중신학의 신학적 배경

민중신학은 군사독재라고 하는 한국의 정치현실에 대한 상황적 인식으로부터 시작되었지만 그것이 신학적 틀을 형성하게 된 것은 유럽과 미국에서 발전된 여러 신학사상들과 남미의 해방신학 그리고 일본의 몇몇 신학자들의 사상적 영향 때문이다.

(1) 신카톨릭 사상

남미의 해방신학자들이 자기들의 혁명사상을 신학에 도입함에 있어서 바티칸 제2차 공의회를 등에 업었듯이, 한국의 민중신학자들은 억눌린 민중의 인권을 위해 투쟁함에 있어서 교황 레오 13세의 '노동헌장'(Rerum Novarum, 1981년)과 바티칸 제2차 공의회를 주관한 교황 요한 23세의 회칙들 곧 '어머니와 교사'(Mater et Magistra)와 '땅에는 평화'(Pacem in Terris)에 의하여 동기를 부여받았다.

그런가 하면 라너(Karl Rahner)에게서 '형제의 성례'(the sacrament of the brothers)와 '익명의 기독교인'(anonymous christians) 개념을 배웠다. 즉 하나님이 우리의 이웃 가운데 성육신되었으므로 민중은 누구나 기독교인으로 동일시 될 수 있다는 사고(思考)를 얻었다.[5] 그리고 한스 큉

---

5) 서남동, 『전환시대의 신학』(한국신학연구소, 1976), p. 76, 78.

(Hans Küng)의 '개방적 교회통합운동' 개념을 통하여 기독교 신앙을 한국의 민중종파들과 통합하는 것을 시도하였다.[6]

(2) '하나님의 선교'(Missio Dei) 개념

교회로 하여금 사회참여에 적극적 동기를 부여한 것은 WCC의 '하나님의 선교' 개념이다. 특별히 웁살라총회(1968년)는 본회퍼와 세속화신학의 영향을 받아 교회를 권장하여 인간사회의 향상을 위해 혁명적 활동에 참여하고 사회적 평등을 위한 투쟁에 연대감을 형성함으로써 교회의 일치를 도모하도록 하였다.[7] 그리고 방콕대회(1973년)는 "우리의 경제적 정의, 정치적 자유, 문화적 갱신을 위한 투쟁이 하나님의 선교를 통해 세상을 전체적으로 해방하는 요소임을 안다"[8]고 선언하였다. 이로써 WCC에서는 "하나님이 억눌린 사람들을 정치 경제적으로 자유와 여유를 얻게 하여 인간화시키는 활동"을 '하나님의 선교'로 이해하였다.[9]

(3) 서구의 신학사상

민중신학에 영향을 미친 서구의 현대신학은 대체로 다음의 네 가지로 분류된다.

첫째로, 틸리히(Paul Tillich)의 실존신학을 꼽을 수 있다. 틸리히는 하나님은 존재 자체이며 참된 실재는 지금 여기에서 파악되어야 한다고 주장하였다. 이 사상의 영향을 받은 서남동은 이 하나님이 우리의 이웃과 소위 세속적인 것들, 예컨대 먹고 마시는 일상생활, 정의실천, 가난하고 억눌린 자들을 위한

---

6) 서남동, "두 이야기의 합류", 『민중과 한국신학』(한국신학연구소, 1982), p. 271.
7) Herold E. Fey, ed., *The Ecumenical Advance* (Philadelphia: The Westminster Press, 1970), p. 421.
8) International Review of Missions 62(1973), p. 199.
9) 서남동, 『민중신학탐구』(한길사, 1983), p. 19.

탄원 등을 통해서 알려질 수 있다고 한다.[10]

둘째로 본회퍼의 세속화신학을 통하여 우리의 이웃에 대한 봉사활동을 기독교신앙과 동일시 하는가 하면 인간은 이웃에 대한 자선행위를 통해 스스로 구원할 수가 있다고 민중신학은 주장한다.[11]

셋째로, 떼이야르 드 샤르뎅(Pierre Theilhard de Chardin)의 과정신학이 있다. 이 신학은 인간이 경제적 또는 진화론적 발전과정의 중심에서 역할을 하게 되어 있다고 보며 역사의 진전 자체가 하나님이요, 인간은 우주 또는 신의 자기발전 과정에 지나지 않는다고 말한다.[12]

넷째로, 몰트만의 희망의 신학에게서 크게 영향을 받았다. 몰트만은 민중에 대해 율법을 배울 수도 없고 행할 수도 없는 무학(無學)의 무능력(無能力)한 '오클로스'라고 정의하고,[13] 민중이 메시야왕국의 주체이며 민중의 투쟁 속에 있는 희망은 민중이 그들 자신의 역사의 주체가 될 때에 비로서 나타날 수 있다고 보았다.[14]

(4) 남미의 해방신학과 일본의 신학

남미의 해방신학이 경제적 종속과 사회적 불의가 원인이 된 구조악에서 출발하여 사회구조의 근본개혁과 사회주의적 민주주의 건설을 목표로 하고, 사회경제적 분석과 혁명적 투쟁 및 가

---

10) Paul Tillich, *Systematic Theology*, vol. I (Chicago: The University of Chicago Press, 1951), pp. 183~186, 243; 참조: 서남동, 『전환시대의 신학』, pp. 384~388.

11) Dietrich Bonhoeffer, *Letters and Papers from Prison*, ed. Eberhard Bethge (NY: MacMillan Publishing Co., 1972), pp. 226, 227; 참조, "신학사상"(1979년 봄), p. 116.

12) 『신학사상』 24(1979 봄): pp. 116, 123.

13) 몰트만, "민중의 투쟁 속에 있는 희망", 『기독교사상』(1975년 4월), p. 122.

14) 상게서, p. 135.

난한 자들과의 연대감을 통하여 그 목표를 성취하려 한 방법론 등이 민중신학에 영향을 주었다.[15]

그리고 아라이 사사구와 다가와 젠조의 일본신학이 민중신학에 결정적인 영향을 주었다. 민중신학은 아라이의 『예수의 행태』(서남동 옮김)와 다가와의 『원시 그리스도교 연구』(김명식 옮김) 등을 읽고서 민중을 정치신학적 의미로 사실상 사용하게 되었다.[16] 특별히 다가와는 민중을 지배계층과 항상 대립되는 계층으로 이해하였고, 예수를 소개함에 있어서 당대의 억눌린 자들을 위한 저항적인 정치적 혁명가로 보았다.[17]

3. 민중신학의 성경관과 성경해석 방법론

(1) 성경관

서남동은 성경을 이해함에 있어서 성령의 감동으로 기록된 하나님의 계시요 말씀으로 보지 아니하고, 인간을 해방할 목적으로 일어난 역사적 사건들을 기록해 놓은 문헌들에 불과한 것으로 본다. 그러므로 민중신학의 경우, 성경은 계시가 아니고 신학의 전거(references) 즉 참고자료에 지나지 않는다. 더욱이 유일한 참고자료가 아니고 단지 여러 자료들 가운데 하나에 불과하다. 다시 말해서 교회의 역사적 사건들이나 사회 경제적 사건의 한국민중 전통도 신학의 전거인 것이다.[18] 사실상 한국의 사회, 문화, 경제의 역사적 전개과정에서 보여지는 민중전통이

---

15) Jose Miguez Bonino, *Doing Theology in a Revolutionary Situation* (Philadelphia: Fortress, 1980), pp. 107~108; Gustavo Gutierrez, *A Theology of liberation* (NY: Orbis Books, 1973), pp. 26~27.

16) 참조, 『신학사상』 24(1979), p. 119.

17) 가다와 젠조, 『마가복음서』(도쿄: 신교출판사, 1972), pp. 244~246; 『예수라는 사나이』, 김명식 옮김(한울림, 1983), pp. 13~14.

18) 서남동, 『민중신학의 탐구』, p. 184.

기본자료들이고, 교회사와 사회적 사건들에 대한 성경의 기록들은 이차적인 자료들로서 단지 민중신학이 신학의 성격을 지니게 할 목적으로 고려된 것 뿐이다. 즉 한국민중의 사회적 정황이 민중신학의 틀이고, 그 틀을 보조하여 주는 것이 성경이다.

문익환에 의하면, 전통적 영감교리는 관념론의 폭군이기 때문에 이 영감교리를 파기하지 아니하면 앞 세대들의 결정에 무조건적으로 맹종할 수밖에 없게 된다고 말한다.[19] 이 점에서 죄의 회개와 용서를 강조하는 누가는 민중 본래의 메시지를 지배자들의 이데올로기적 종교로 변질시켜 놓은 것으로 생각되고 있으며, 기독교 복음의 중심주제들을 체계화하고 구원론적으로 틀을 잡아 기술한 바울의 경우는 실제를 이론으로 바꿔놓은 것으로 오해되고 있는 것이다.[20]

요약하자면, 민중신학은 한국의 가난한 민중의 삶의 정황으로부터 출발하여 성경을 참고자료(전거)로 삼는 까닭에, 정통적인 구원교리, 완전영감의 절대규범의 계시와 초자연적 초월주의가 민중을 길들이기 위해 사용된 지배계층의 언어로 곡해되고 있다. 그래서 서남동은 성경을 신학의 절대적 규범으로 간주하기를 거부한다.[21]

(2) 성경해석 방법론

민중신학의 성경해석 방법론은 멘덴홀(George H. Mendenhall)과 고트발트(Norman K. Gottwald) 등에 의하여 발전된 사회학적 해석학이다. 이 해석학은 성경본문의 삶의 자리(Sitz im Leben)를 탐구하려 하며, 마찬가지로 경제 사회 정치조직의 틀 안에서 오늘의 사람들에 대하여 먼저 이해하고, 그 이해를 토대로 하여 성경에 나오는 옛 사람을 이해하려고 한

---

19) 문익환, "한국의 구약신학의 과제", 『기독교 사상』(1971년 3월), pp. 93~94.
20) 『신학사상』, 24, p. 127.
21) 서남동, 『민중신학의 탐구』, pp. 152, 184.

다.²²⁾ 종교에 대한 사회학적 접근의 기본명제는 첫째, 모든 종교가 사회적 환경에서 생겨난 까닭에 그 환경의 영향을 받았다는 것이고, 둘째, 종교가 차례로 사회적 구조의 형성에 영향을 미쳤다는 것이다. 그래서 고트발트는 고대 이스라엘의 종교를 혁명적 기원을 가진 계급갈등으로 이어져 온 오랜 사회.역사의 기능으로 보았던 것이다.²³⁾ 그리고 멘덴홀은 봉기모델(revolt model)을 전제하여 옛 이스라엘이 주로 도시국가 지배자들에 대항한 원주민인 가나안 사람들로 구성되었었다는 가설을 제안하였다. 즉 애굽에서 도망나온 노예들로부터 충동을 받아 가나안의 하류계층들 사이에서 농민봉기가 일어났다고 한 것이다.²⁴⁾ 그래서 고트발트도 자기들을 착취한 정치적 배분에 대항하여 봉기를 일으킨 가나안 농민들이 바로 이스라엘 지파였다고 보았다.²⁵⁾

일본에서는 다가와와 아라이가 사회학적 성경해석을 시도하였다. 다가와에 의하면 예수는 지배계급과 교조적 신앙에 대항하여 민중을 위해 살고 싸우며 일하다가 그 지배집단에 의하여 살해당한 역설적 사나이였으며,²⁶⁾ 아라이에 의하면, 민중은 대체적으로 로마의 권세자들과 대지주들에 의하여 경제적으로 착취당하고 바리새인들에 의하여 종교적으로 사회적으로 차별을 당한 사람들이다.²⁷⁾

---

22) George H. Mendenhall, "The Hebrew Conquest of Palestine", *The Biblical Archaeologist*, vol. XXV(1962, 3), p. 66.
23) Norman K. Gottwald, "Sociological Criticism of the Old Testament", *The Christian Century* (April, 1982), p. 477.
24) Jacob Milgrom, "Religious Conversion and the Revolt Model for the Formation of Israel", *Journal of Biblical Literature* 101/2(1982), p. 169.
25) Norman K. Gottwald, *The Tribes of Yahweh* (NY: Orbis Books, 1985), p. xxii.
26) 다가와 겐조, 『예수라는 사나이』, pp. 13~14, 38, 260.
27) 아라이 사사구, 『예수의 행태』, 서남동 옮김(기독교서회, 1976), p. 86.

서구와 일본에서 발전된 사회학적 성경해석은 남미의 해방신학이 한국에 소개되면서 민중신학자들의 관심을 불러일으켰던 것이다. 그래서 민중신학은 이같은 사회학적 성경해석에 근거하여 역사를 지배계층과 피지배계층 사이의 역학적 갈등관계로 이해하며,[28] 민중에 대해서도 사회학적으로 해석한다.

안병무의 해석에 따르면, 적어도 마가시대에는 '암 하아레츠'(땅의 사람들)가 하나의 사회계층적 신분을 가리키되 경멸의 대상을 의미했으며, 지리적으로는 갈릴리가 '암 하아레츠'를 상징하고 있다. 마가는 '오클로스'(무리)라는 헬라어 단어를 선택하여 히브리어 용어인 '암 하아레츠'를 가리키고 있는데 안병무에 따르면, 마가복음에서 '오클로스'는 부도덕한 생활형태나 천박한 직업 때문에 그들의 사회에서 정죄당한 이른바 '죄인'들을 가리킨다. 자기들의 직업 때문에 어쩔 수 없이 안식일을 범한 까닭에 그들은 죄인이 되었고 소외되었으며 예배에도 참여할 수 없었고, 그래서 죄인으로서 멸시당했다. 이 정죄당하고 소외된 '오클로스' 계층이 예루살렘 성전의 지배계층과 대립되어 있다.[29]

박준서에 따르면, 구약의 '하비루'는 혈연집단이 아니라 가난하고 착취당한 유랑자 집단을 총칭한다. 이 집단은 가나안의 온 지역에 흩어져 사는 반 애굽세력으로서, 정치적으로 지배계층에 속하지 아니하고 기존 지배권력에 대항하는 집단이었으며, 강제 노역하는 노예들, 또는 무법한 약탈자들, 강도집단, 사회적으로 소외당한 하층인간들로 묘사되었다. 박준서의 주장에 의하면, '하비루'는 아무런 지위도 없이 경제적으로 가난하고 사회적으로 소외당하며 정치적으로 힘이 없는 사람들에 대한 총칭이다.[30]

문희석에 따르면, 미가서 2장 8절의 '내 백성'은 예루살렘의

---

28) 참조, 『신학사상』 24, p. 113.
29) Byung Mu Ahn, "Jesus and the Minjung in the Gospel of Mark," *Minjung Theology*, pp. 143~144.
30) 박준서, "구약에 나타난 하나님", 『민중과 한국신학』. pp. 133~139.

부유한 지배계층에 대하여 대립관계에 있는 모레셋(Moresheth)의 농촌사람들로서 사회적 불의와 착취에 희생당한 무산자들이다.[31]

서남동에 따르면, 구약의 '아나윔'(가난한 자, 또는 겸비한 자)과 신약의 '프토코이'(가난한 자)는 가난과 억압과 착취와 차별 등을 몸으로 경험하여 가슴에 한이 맺혀있는 자들이다. 문자 그대로 거지들로서 다른 사람의 도움이나 구제가 없이는 살아갈 능력이 전혀 없는 사람들이다.[32]

이상에서 살펴본 대로, 민중신학자들의 사회학적 성경해석에 따른 민중의 개념은 정치 경제 사회적으로 착취되고 소외되며 억압을 당한 무산계층으로서 집권세력에 정치적으로 대립하는 세력 내지는 집단을 가리키고 있는 것이다.

이렇듯 멘덴홀과 고트발트가 주장한 봉기모델 가설은 한국의 농민봉기 사건들이나 3.1 독립운동과 8.15 해방, 4.19 의거와 5.18 광주민중항쟁과 같은 역사적 사건을 한국민족을 위한 하나님의 구원사역으로 해석할 수 있는 기초를 놓아 주었다.[33] 그리고 예루살렘과 갈릴리 사이의 계층적, 지역적 갈등가설을 주장한 다가와의 해석은 오늘날 한국의 지역갈등을 해석하는 데 열쇠를 제공하고 있는 것이다.

4. 민중신학의 주요한 사상들

민중신학의 신학적 배경과 성경관 및 성경해석 방법론을 통해서 미루어 알 수 있는대로 민중신학이 성경을 기초로 하여 출발하는 대신에 오늘의 한국의 정치상황에서 출발하고 성경을 역사

---

31) Hee Suk Moon, "An Old Testament Understanding of Minjung", *Minjung Theology*, pp. 131~133.
32) 서남동, 『민중신학의 탐구』, pp. 109~110, 399.
33) 참조, Nam Dong Suh, "Historical References for a Theology of Minjung", *Minjung Theology*, p. 158.

적 문법적으로 해석하는 대신에 사회학적으로 해석함으로써 정통적인 신학사상과 크게 차이가 있다. 그래서 서남동은 삼위일체, 그리스도의 보혈의 은혜에 의한 구속, 은혜의 방편으로서의 성례 등 기독교의 전통적인 교리들에 대하여 가난한 민중을 억압하는 교조화된 억측들이라고 주장한다.[34]

(1) 삼위일체 하나님

서남동에 의하면, 하나님은 '본성에 앞서는 존재 자체'이며 모든 존재들을 실재하게 해주는 존재의 힘이다.[35] 여기서 그가 말하고자 하는 것은 하나님에 대한 객관적 지식을 어떠한 방편을 통해서도, 심지어 성경을 통해서도 우리가 알 수 없다는 것이다.[36] 단지 사랑으로 존재하는 하나님을 알 수 있다고 말한다. 다시 말해서 이웃을 사랑하면 하나님을 알게 된다는 것이다.[37] 그런가 하면 안병무와 송기득은 하나님이 존재의 힘으로서 일상생활과 역사의 방식으로 존재한다고 말한다. 즉 하나님을 인간의 역사적 사건과 동일시한다.[38]

이렇듯 민중신학은 하나님의 인격성이나 초자연성을 무시하고 사랑의 실천이나 역사적 사건으로서의 하나님의 존재방식을 강조한다. 그래서 인격적 하나님(personal God) 대신에 인간적 하나님(human God)을 말하여,[39] 신과 인간을 구별하는 것을 거부한다. 결국 민중신학의 경우, 민중이 하나님인 것이다.[40] 민중신학은 도시 근로자들과 시골 농민들의 얼굴에서 하나님이 발

---

34) 서남동, 『민중신학의 탐구』, p. 305.
35) 서남동, 『전환시대의 신학』, p. 117.
36) 상게서, pp. 26, 27.
37) 상게서, p. 78.
38) 안병무, 『역사와 해석』(대한기독교출판사, 1984), p. 71; 송기득, 『인간』(한국신학연구소, 1984), p. 33.
39) 송기득, 『인간』, p. 24.
40) 서남동, 『민중신학의 탐구』, p. 53; 김지하, 『밥』(왜관: 분도출판사, 1984), pp. 49, 50.

견될 수 있다고 가정한다. 그러한 민중을 섬기는 것이 바로 하나님을 섬기는 것이라고 민중신학은 말하고 있는 셈이다.

여호와 하나님에 대한 신앙을 사실상 부인하고 있는 민중신학은 그리스도 예수를 신앙의 대상으로 생각할 수 없다.[41] 그러기에 이웃을 위하여 헌신적인 삶을 산 사람, 민중의 사회적 전기, 아니 민중 자신이 예수인 것이다.[42] 선한 사마리아인의 비유에 나오는 강도만난 사람(눅 10:30)과 같이 지배체제로부터 소외당한 주변 사람들(marginals)이 곧 예수이다.[43]

그러므로 민중신학의 입장에서 보면, 신앙의 대상으로서 신격화된 예수는 부르조아의 예수이고, 예수를 하나님으로 믿는 것은 바보스런짓에 지나지 않는다.[44] 민중신학이 아는 예수는 반로마항쟁의 정치범으로 살해당한 자이고, 인간성의 회복 특히 소외된 계층의 인권을 위해서라면 여하한 권위적 규범이나 질서라도 서슴없이 폐기해 버리는 메시야적 혁명가이다.[45]

한편 서광선에 따르면, 성령은 민중의 인권회복을 위하여 사회참여를 요구하는 영이요, 인류와 사회와 역사를 위하여 십자가 상에서 죽임을 당하는 희생적 사랑이며, 따라서 민중운동 속에 성령이 존재한다.[46] 인간성 안에 내재하는 사회적 혁명정신, 곧 기존체제를 전체적으로 중단시켜 파괴하는 사회참여 정신이 바로 성령인 것이다.[47] 그러기 때문에 그들은 혁명적 인간화를 위한 정치적 결단이 성령이라고 주장한다.[48]

이상에서 살펴본 대로 민중신학은 성경이 가르치고 있는 삼위

---

41) 참조, 서남동, 『민중신학의 탐구』, pp. 188, 189.
42) 참조, 『민중과 한국신학』, pp. 180~181, 382~384.
43) 서남동, 『전환시대의 신학』, pp. 75, 76.
44) 송기득, 『인간』, p. 441.
45) 상게서, pp. 437, 438; 참조, 안병무, 『해방가 예수』(현대사상사, 1979), p. 14; 서남동, 『민중신학의 탐구』, p. 54.
46) 서광선, "민중과 성령", 『민중과 한국신학』, pp. 314, 316.
47) 안병무, 『해방자 예수』, pp. 146, 150, 151.
48) 김용복, "민중의 사회전기와 신학", 『민중과 한국신학』, p. 385.

일체 하나님을 알지 못하고 인간의 비참한 현실의 밑바닥에 존재하는 하나님, 인권운동가인 예수 그리고 혁명정신으로서의 성령을 알 뿐이다.

(2) 죄와 구원

민중신학자들이 이해하는 전통적 개념의 죄는 지배계층이 자기들의 지배권세를 정당화시키기 위하여 당대의 종교 지배집단을 통해 약자계층인 무산자들에게 붙여준 딱지, 즉 둘러씌워진 누명이요, 지배계층의 이데올로기를 대변하는 언어에 지나지 않는다.[49] 그래서 민중신학은 '죄'라는 용어를 거부하고 '한'(恨)에 관심을 갖는다. 즉 지배체제에 의하여 범죄당한 민중의 가슴 깊은 곳에 쌓인 의로운 분노, 곧 고통스런 신음을 강조한다.[50]

그런 까닭에 민중신학은 죄를 개인의 종교적 차원에서가 아니고 구조악의 관점에서 이해한다. 가난과 억압과 사회적 불의의 궁극적 원인이 경제구조의 국제적 종속상황에 있으며, 그 구조악을 인하여 민중이 한을 품게 되었다고 본다. 이와 같이 힘없는 민중은 살인, 절도, 강간 그리고 종교상의 죄들을 범하지 않을 수 없게 되어 있으므로 사실상 민중에게는 죄가 없다고 주장한다.[51]

그러기에 민중신학의 경우, 민중을 구조악으로부터 구출하여 인간답게 살 수 있도록 해주는 것이 바로 구원이다.[52] 그리고 가난한 민중과의 연대적 일체감에 기초한 더불어 삶(life-together)의 형제적 사랑이 구원에 이르는 길이다.[53] 그러나 민중의 한을 푸는 실제적 방편은 기득권을 가진 특권계층에 대한

---

49) 서남동, 『민중신학의 탐구』, pp. 105, 107.
50) 상게서, p. 107.
51) 상게서, pp. 102, 202; 참조, "기독교 농민선언"(1982년 3월 18일).
52) 송기득, 『인간』, pp. 247~248.
53) 민영진, "민중신학의 전승사적 위치와 평가", 『한국민중신학의 조명』(대화출판사, 1983), pp. 12, 49.

보복과 폭력에 의존하여 부와 권력을 재분배하는 것이다.⁵⁴⁾

(3) 교회와 천년왕국

민중신학의 관점에서 보면 사회 구조악의 희생자들이 교회의 구성원이다. 그래서 서남동은 갈릴리의 '오클로스' 또는 '암 하 아레츠'(가난한 땅의 사람들)만이 예수의 집단에 속하였다고 말한다.⁵⁵⁾ 실제적으로 말하자면 카톨릭 농민회, 각종 도시산업선교회, KNCC의 인권위원회, 목요 기도회, 갈릴리 교회 등 도시 근로자들과 농민들의 의식화운동과 인권을 위해 반 정부투쟁을 하다가 투옥된 자들을 위한 기도모임과 같은 현장교회가 교회인 것이다.⁵⁶⁾

그런 까닭에 민중신학에 의하면, 교회는 가난한 자들에게 그들의 인권을 회복시켜 줄 수 있도록 정치 경제적 구조악을 타파하기 위하여 싸워야 한다. 그리고 그같은 구조악을 근원적으로 가능케 한 남북분단의 현실을 종식시키기 위해 남북통일 과업에 헌신해야 한다.⁵⁷⁾ 그러므로 근본적으로 교회의 기능은 민중의, 민중에 의한, 민중을 위한 민주적 사회를 건설하는 데 있다.⁵⁸⁾ 이 민주적 사회가 바로 민중신학이 말하는 천년왕국이다.⁵⁹⁾ 즉 소외되고 멸시받는 민중이 사람으로 대접을 받을 수 있는 새로운 질서의 사회가 천년왕국이요, 민중신학이 말하는 교회이다.⁶⁰⁾

---

54) Young Hak Hyun, "A thelolgical Look at the Mask Dance in korea", *Minjung Theology*, pp. 50~51.
55) 서남동, 『민중신학의 탐구』, p. 14.
56) Nam Dong Suh, "Toward a Theology of Han", *Minjung Theology* p. 57; 김용복, 민중의 사회전기와 신학, 『민중과 한국신학』, p. 386.
57) 서남동, 『민중신학의 탐구』, p. 139.
58) 안병무, 민족, 민중, 교회, 『민중과 한국신학』, pp. 24~25.
59) 서남동, 『민중신학의 탐구』, p. 58.
60) 안병무, 『해방자 예수』, p. 183.

5. 민중신학의 영향

민중신학은 지난 10여년 동안에 다방면에서 영향력을 발휘하였다. 정치적으로는 5.18 광주민중항쟁과 6.29선언을 이끌어냈다고 볼 수 있다. 이로써 만족할 만한 수준에 도달한 것은 아니지만 정치 민주화가 현저하게 가시화되었고, 남북한이 UN에 동시가입 하는가 하면 지방자치제가 실시되는 등 민중신학이 정치에 미친 영향은 대단하다고 말할 수 있을 것이다.

한편 종교적으로는 보수주의 교회에 큰 도전을 불러일으켰다. 한국의 보수주의 교회들은 간하배 교수가 지적한 대로, 구미 복음주의자들의 영향을 받아 복음을 실천하기보다는 그것을 방어하는 데 주로 힘을 기울여 왔다.[61] 또한 박형룡의 내세론에 영향을 받아 저 세상(타계)만을 강조하면서 개인적인 영적 체험을 가르쳤을 뿐 사회구조 개혁에는 거의 관심을 갖지 아니했다.[62] 박형룡은 현재의 지상생활을 사후의 내세로 가는 예비과정 내지는 임시 정거장으로 이해하였다.[63] 그러나 민중신학의 도전을 받게 됨으로써 복음전도와 사회참여를 다같이 균형있게 중요시하게 되었다. 또한 경우에 따라서는 정부에 대하여 비판적이게 되고, 시민 불복종운동의 필요성도 인식하게 되었다.

이상에서 말한대로, 민중신학이 정치적으로 뿐만 아니라 종교적으로도 긍정적인 영향을 끼친 점이 인정되나 포스트 모더니즘과 종교다원주의를 위한 터전을 제공하기도 했다. 민중신학은 민중의 사회전기와 민담을 신학의 원자료로 삼고 있고, 안보논리와 성장독재 이데올로기를 내세운 획일주의적 군사문화에 저

---

61) Harvie M. Conn, "Theologies of Liberation: Toward a Common View", *Tensions in Contemporary Theology*, ed. S. N. Gundry and A. F. Johnson (Chicago: Moody Press, 1979), p. 418.
62) 참조, 서남동, 『민중신학의 탐구』, p. 196.
63) 박형룡, 『내세론』(은성문화사, 1977), pp. 70~72, 98~99, 114.

항하는 가운데 발전되어 왔다. 이런 점에서 개인의 상이성 (difference)과 특수성(particularity)을 인정하고 개인의 이야기를 서술방법론으로 채택하고 문화제국주의를 배격하는 포스트 모더니즘을 민중신학이 전개해 온 셈이다. 또한 민중신학이 한국의 전통적인 증산도, 천도교, 미륵불교를 높이 평가한 점에서 종교다원주의를 용납한 것이다.[64] 그리고 민중신학이 인격적 하나님 대신 인간적 하나님(human God)을 주장하고 있는 점에서 '모든 사람이 하나님'임을 내세우고 있는 뉴에이지 운동에 유리한 국면을 제공해 주고 있다.

그러므로 민중신학이 정치적으로 민주화운동에 가시적인 성취를 이루고 보수주의 교회에 균형잡힌 신학발전의 기회를 제공한 점에서는 긍정적인 영향을 끼쳤다고 볼 수 있다. 그러나 반 기독교적이고 반 성경적인 사상 또는 운동으로 평가되고 있는 포스트 모더니즘과 종교다원주의 및 뉴에이지 운동에게 유리한 국면을 조성한 점에서는 악한 영향을 남긴 것이다.

6. 민중신학에 대한 평가

민중신학은 억눌리고 소외된 민중의 혁명적인 관점을 참되고 유일한 신학적 관점으로 전제하고서 출발한 계급신학(a theology of class)이다. 이 민중의 관점을 유일하고 절대적인 원리로 삼은 까닭에 민중신학의 해석학적 표준은 정치적 선택 (political option) 곧 이데올로기이며, 이로 말미암아 성경을 환원주의적으로 읽게 되는 것이다.

그래서 민중에 대한 사회학적 해석에 있어서 성경적으로 균형을 이루지 못하고 있다. 예컨대 '암 하아레츠'(땅의 사람들)의 경우 구약성경에서는 유대의 온전한 시민권을 가진 자유롭고 재

---

64) 참조, 서광선, 『한국신학과 포스트 모던 신학』, 크리스천신문 (1992년 5월 23일) 9면.

산도 있는 건장한 농민을 지칭하며(왕하 11:13~18), '오클로스'(무리)의 경우도 유대인 군중과 예루살렘 평민을 가리켜 사용되기도 한다(요 7:11). '하비루'(히브리인)의 경우는 하나님의 특별한 선민으로서(욘 1:9; 빌 3:5) 힘있는 방백으로 불리운 바 있다(창 23:6). 그리고 성경의 '가난한 자들'이란 사회, 경제적으로 소외되고 가난한 사람들만을 의미하는 것이 아니라 영적으로 경건한 사람들로서(시 86:1~2; 마 5:3) 하나님의 말씀인 영적 양식을 필요로 하는 자들이다(시 119:67, 71).[65]

민중신학은 민중을 순박하고 무죄한 사람들 내지는 지배계층에 억눌려 한을 품은 사람들로 보고 있는데, 이와 같이 지배와 피지배의 갈등관계를 지나치게 강조하고 민중봉기 가설에 근거하여 성경의 '암 하아레츠'와 '오클로스'를 해석하려고 할 때 사실상 맑스주의 색채를 띤 민중이 부각될 뿐이다.[66]

또한 지배계층에 대항하여 인권회복 투쟁에 참여하는 모든 민중은 비록 그리스도와 그의 복음을 전혀 들어보지 못하였고 그리스도에 대한 신앙을 고백하지 아니하였을지라도 기독교인으로 불리울 수 있고,[67] 민중운동의 선각자나 지도자는 예수로 불리울 수 있게 되는 것이다.[68]

한편 민중신학은 사회정의, 구조악으로부터의 해방, 새로운 평등주의 사회건설에 주로 관심을 가짐으로써 의(義)의 수평적 차원(정의와 사랑)만을 강조하고 수직적 차원(칭의와 은혜)을 무시한다. 그러나 그리스도의 피로 말미암은 죄용서와 하나님의 주권적 은혜와 신실성을 믿는 믿음이 없이는 의의 행동의 주요 내용인 형제 사랑을 위한 동기가 전혀 마련될 수가 없다. 의의

---

65) 나용화, 『현대신학평가』(기독교문서선교회, 1991), pp. 384~385.
66) 전경연, "민중신학의 평가", 『한국민중신학의 조명』, p. 73.
67) Nam Dong Suh, "Historical References for a theology of Minjung", *Minjung Theology*, p. 165.
68) 참조, 서남동, 『민중과 한국신학』, pp. 275, 195.

수평적 차원은 수직적 차원과 함께 균형있게 강조되어야 하는 것이다.[69]

그러므로 민중신학이 지적하고 있는 민중의 정치, 사회, 경제적 고통의 현실을 오늘의 한국교회가 간과허서는 결코 안된다. 그러나 살아계시어 천지를 창조하고 지금도 역사를 섭리하시는 인격적 하나님이신 여호와의 유일성과 이 세상을 사랑하시어 중보자로 보냄받아 오신 예수 그리스도의 대속적 죽음과 영광스런 부활 및 그의 신성 그리고 우리가 하나님의 자녀임을 확신케 하고 진리를 깨닫게 하시는 성령의 구원사역과 인격성에 대한 민중신학의 왜곡된 해석은 용납될 수가 없다.

---

69) 참조, TWNT vol. 2, pp. 200, 213, 214.

제 18 장

뉴에이지 운동을 아십니까?

"뉴에이지(New Age) 운동을 아십니까?"
"글쎄요. 처음 들어보는 것 같습니다."
"들어보기는 했으나 그것이 무엇인지 잘 모릅니다."
"그것이 무슨 새로운 이단사상인가요?"

대체로 사람들은 뉴에이지 운동이 무엇인지에 대하여 잘 모르고 있다. 그러나 "시중에서 최근에 널리 읽히고 있는『성자가 된 청소부』,『꼬마 성자』,『배꼽』을 읽어보셨거나 그러한 책들에 대하여 들어보셨습니까? 그리고 요가와 단전호흡, 기(氣)에 대하여 들어보셨습니까?"라고 물으면 대체로 "예"라고 대답할 것이다. 그리고 이어서 대답하기를 "그 책들을 읽어보니 아주 재미있고 유익하며 요가를 해보니 아주 건강이 좋아졌습니다"라고 덧붙일 것이다.

그리고 "최근에 상영되거나 방영된 영화와 드라마 가운데 '사랑과 영혼', '사랑의 기쁨', '미녀와 야수'를 보셨습니까?"라고 물으면 상당수의 사람들이 "아주 재미있게 보았습니다"라고 대답할 것이다. 청소년들의 경우는 "조지 윈스턴의 '디셈버'를 아는가? 크리스천 릴흘드의 '허공의 자리', '관젤리스', '엔야'를 들어보았는가?"라고 물으면 "듣기에 부담이 없고, 마음이 편안해지며 정서적으로 안정을 얻는 데 크게 도움이 됩니다"라고 많은 청소년들이 대답할 것이다.

이상에서 소개한 것들이 바로 뉴에이지 운동이다. 많은 분들이 뉴에이지 운동이 무엇인지를 잘 모르고 있으나 뉴에이지 운동의 서적과 영화와 드라마 그리고 음악이나 요가 등 건강요법은 잘 알고 있으며, 읽고 보고 듣고 또 몸소 체험하였다. 뿐만 아니라 우리에게 별다른 해독이 없고 오히려 유익하다고 생각하고 있다.

그러나 이러한 생각과 판단은 술이나 아편을 사용하거나 마셔 본 사람이 "기분 좋다"고 하는 것과 비슷하며, 데카르트라고 하는 철학자의 유명한 말, "나는 생각한다. 고로 나는 존재한다"라는 말을 좋게 여기는 것과도 같다. 술을 마셔보면 기분이 좋다. 아편도 사용해 보면 기분도 좋고 병도 낫는 것 같다. 데카르트의 명언은 우리의 존재를 확인시켜 주는 계기가 되는 것으로 생각하기도 한다. 그러나 알콜중독이나 마약중독이 되고 나면 치료하기 어렵게 된다. 그리고 데카르트의 영향을 받아 성경의 신적 권위와 살아계신 하나님의 존재를 부인해 버린 오늘의 서구사회의 영적, 도덕적 부패와 타락은 성경에 나오는 탕자의 비유에서 아버지의 품을 떠나 허랑방탕하여 완전히 전락해 버린 그 탕자의 경우처럼 너무나 심각하여 위독하기 짝이 없는 것이다.

데카르트의 말을 잘 음미할 필요가 있다. "나는 생각한다"는 말은 성경은 진리가 아니므로 믿을 것이 못된다고 판단하고 성경의 진리됨과 그것의 신적 권위를 부인하는 악한 사상이다. 그리고 "나는 존재한다"는 말은 모든 진리의 판단의 표준은 나 자신이며, 확실성의 표준도 하나님이 아니라 나 자신으로부터 출발한다고 하는 악한 인본주의 사상이다. 그러므로 데카르트의 말은 성경과 하나님을 정면으로 그리고 전면적으로 부정하는 악한 반 기독교적, 반 성경적 사상이다.

지금 우리 가운데 널리 보급되기 시작한 뉴에이지 운동이 바로 이러한 것들(술, 아편, 데카르트의 사상)과도 같다. 겉으로는 달콤하고 유익하며 좋아보이지만 반 기독교적, 반 성경적, 반 윤리적이다. 우선 『성자가 된 청소부』, 『꼬마 성자』, 『배꼽』의 경우를 예로 들어 간단하게 뉴에이지 운동의 반 기독교적 특성을 소개해 보겠다.

"성자가 된 청소부"는 북인도 히말라야 산중 마을에서 태어난 침묵의 성자 바바 하리 다스(Baba Hari Das)가 1980년에 쓴 책으로 영어로는 "Sweeper to Saint"이다. 바바 하리 다스는 1953년부터 지난 40년 간을 완전히 침묵 속에서 요가 수행자로 살아왔으며 1971년에 미국으로 이민하여 컬리포니아에서 살고 있다. 이 책에는 일곱의 글들이 있는데 청소부로 태어나 성자가 된 사람, 감자농사를 짓다가 생의 집착에서 벗어난 사람, 온갖 역경을 거쳐 비로소 자기 내면에 신이 존재한다는 사실을 깨달은 사람들의 이야기이다. 바바 하리 다스에 의하면 기독교는 마음에 평화를 주지 못하는 집착과 욕망의 종교로서 자기 만족이나 환상에 불과하다. 그래서 『성자가 된 청소부』라는 글 가운데서 유명한 기독교 의사가 자기의 친구들과 더울러져 매일 밤 마약담배를 피우는가 하면 그 의사는 신앙심 강한 학교선생에게 허리 신경통 치료를 위하여 마약담배를 권하는 등, 열두 명을 끌어들여 집단적으로 마약을 피우되 토요일 밤에는 두 배나 되는 독한 마약담배를 피우는 것으로 그는 소개하고 있다. 그리고 십자가를 마약담배 파이프로 그려놓은 삽화까지 곁드리고 있다.

이에 반하여 글의 주인공인 청소부 자반은 인도사회에서 가장 낮은 천민계급에 속하지만 그는 사실 매우 위대한 존재이다. 겉으로 보기에는 검은 피부색에 감자코를 가진 하찮은 사람으로서 그는 인생의 쓴 맛과 위험과 고통을 겪는 가운데 인생의 모든 집착을 벗어버리고 모든 사람을 욕심없이 사랑할 때 그는 성자, 아니 신이 된다. '깨달음의 동굴'이라는 일곱 번째 글에서 결론되어 있는 대로 "참된 사랑은 신(神)과 같은 것이오. 신 속에서 우리 모두는 하나이고 언제까지나 하나로 남아있을 것이오. …눈을 뜨고 육체가 아니라 육체 속에 담긴 신을 보시오"라는 말에 바바 하리 다스의 사상이 농축되어 있다.

　집착에서 벗어나 초연한 마음으로 사람들 사이에서 살아가는 방법을 터득하면 참된 평화를 얻게 되며, 이로써 신이 된다는 것이다. 그의 말에 의하면 "신은 마음 속에 살아 있습니다. 신은 다른 곳에 존재하는 것이 아니라 당신 자신이 곧 신입니다. 당신은 신이요, 당신은 신 안에 존재합니다. 당신 자신을 받아들이고 타인을 받아들이고 세상을 받아들이십시오, 그리하면 당신은 모든 것이 사랑으로 충만해 있음을 발견할 것이며, 사랑이 곧 신입니다." 그러므로 사랑으로 봉사하는 청소부가 바로 신이다.

　『꼬마 성자』라는 책은 마이클 에반스 등 이슬람교의 여러 신비주의자들에 의해 쓰여진 18개의 글들을 모아놓은 것이다. 옮긴이의 말을 보면 이 책의 특징이 무엇인지를 금방 알 수 있다. 이 책은 신과의 합일 내지는 신에의 사랑을 가르친다. 우리들의 신은 바로 지금 여기에 계신다. 그것은 자기 발견으로 통한다. 신은 사실은 성자, 아니 "약간은 어수룩하고 어딘가 결점이 있는 듯한" 보통의 사람 즉 인간을 사랑하고 용서할 줄 알며 이웃을 행복하게 하는 사람이다. 맹목적인 향락주의와 이기적인 물질추구로 병들어가고 있는 이 세상에서 인간다운 인간으로 삶을 사는 것이 바로 신과의 합일이라고 가르치고 있다.

　이같은 사상이 전형적으로 『꼬마 성자』라는 첫번째 이야기에 잘 나타나 있다. 『꼬마 성자』의 이야기의 줄거리는 대강 이러하다. 오랜 전통을 간직한 한 사찰에 큰 스승이 한 사람 있었고, 그에게는 많은 제자들이 있었으며 그 제자들 중에 특별히 사랑하는 '오른이'라는 꾀다놓은 보릿자루 같고 우둔해 보이는 제자가 있었다. 다른 제자들이 이 오른이를 질투하는 것을 짐작하고 있던 큰 스승은 제자들에게 한 가지 시험문제를 냈다. 그것은 이러했다. 새가 가득 찬 새장에서 새 한 마리씩을 꺼내어 아무 사람도 보지 않는 곳에 가서 그것을 죽여 가지고 해질녘까지 되돌아 오는 것이었다. 해질 무렵 오른이를 제외한 모든 다른 제자들은 시험문제대로 새를 죽여가지고 왔으나 오른이는 뒤늦게 새를 산 채로 가져 왔다. 그의 대답은 이러하다. "스승님, 제가 가는 곳마다 어디를 찾아 가든지 그곳에는 신이 계셨습니다. 신께서 보고 계시므로 이 새를 죽일 수가 없었습니다." 그의 대답은 사실상 인간과 신이 한 몸임을 의미한다. 모든 것이 신이요, 사람도 신인 것이다.

"어떤 관념도 믿음도 갖지 말라… 믿음이란 모든 두려움과 공포에서 비롯하는 것이다." "종교에, 교회에 함몰되어 버린 사람은 신과 친해질 수 없다"는 등 비기독교적인 말을 담고 있는 『배꼽』이라는 책에는 "기도는 나약한 자들이나 하는 것. 기꺼이 명상에 도전하라…. 신에게 모든 것을 맡겨버리고 나서 도대체 무엇을 할 수 있을까?" "하나님이란 것 역시 우리의 교활한 발명품이다." "옳고 그른 것, 모든 구분을 버리라"는 등 참으로 반성경적인 악한 교훈이 가르쳐져 있다.

이상에서 본 가르침들은 "모든 것은 하나이다." "모든 것은 신이다." "당신도 신이다. 고로 당신 자신을 예배하라"는 뉴에이지 운동의 삼대 전제들을 잘 반영하고 있는 것이다.

1. 뉴에이지 운동의 정의

"신은 마음속에 살아있습니다. 신은 다른 곳에 존재하는 것이 아니라 당신 자신이 곧 신입니다"라고 가르치는 뉴에이지 운동은 그 이름이 제시하고 있는 대로 새로운 시대의 서광이 비치고 있음을 주장한다. 즉 유신론적(有神論的)이고 오직 예수님만이 유일한 구주요, 그리스도로 신봉하는 유기독론적(唯基督論的)인 기독교 중심의 시대가 이제는 그 종말을 고하고 오직 인간만이 사실상 최고의 존재로서 그 가치를 발휘하는 인본주의와 형제사랑의 시대가 열리고 있다고 말한다.

이 뉴에이지 운동이라는 이름은 기독교시대가 끝나고 새로운 시대, 곧 인간이 자기의 가치와 능력과 사랑의 힘을 발휘하는 시대가 시작되고 있음을 의미한다. 인간이 자기의 마음을 잘 다스리고 모든 집착과 욕심을 버리며 잠재력을 계발하고 사랑으로 서로 섬기기만 하면 개인과 사회가 건강하고 좋아지게 될 것이라고 주장하면서 인간을 집착과 욕망의 종이 되게 하고, 인간의 잠재력 계발을 철저하게 억압한 기독교는 이제 이 땅의 역사에서 사라져야 마땅하다고 보고 있는 것이다.

뉴에이지 운동의 기수인 마릴린 퍼거슨(Marilyn Ferguson)이라는 여자는 『물병자리 음모』(Aquarian Conspiracy)라는 책을 썼는데, 물병자리는 별들의 자리에 대한 이름으로서 물고기자리를 대신하게 되어있다고 말한다. 그녀의 주장에 의하면 물고기자리는 물고기로 상징되는 기독교시대를 가리키는 별자리인데, 지난 2,000년 동안 이 지구는 이 물고기 모양의 별자리에 영향을 받고 있었기 때문에 기독교가 세계의 역사와 문화를 지배하였으나 이제는 그 별자리 대신에 물병모양의 별자리가 이 지구에 영향을 미치는 시기가 도래하고 있어서 인간의 초능력이 발휘되는 새로운 시대, 곧 인본주의 시대가 열리게 되어 있다고 한다.

이 새로운 시대(New Age)가 정확하게 언제 시작되는지를 예측하기 어렵지만 점성가들의 주장에 의하면 각 시대는 2,200년을 지속되며 100년 안팎의 오차가 있을 수 있다고 한다. 그런데 쉘리 맥클레인(Shirley Maclaine, 미국의 인기 연예인으로 대표적인 뉴에이지 운동가)과 같은 많은 뉴에이지 신봉자들은 물병자리의 시대가 이미 도래했다고 주장한다. 그들의 눈에는 물고기자리의 힘을 입은 기독교가 그 시대적 역할을 다하고 이제는 역사의 무대에서 완전히 사라져가고 있는 것이다.

하나님이 창조주이시요, 우주의 섭리자이시며 역사의 주관자이심을 믿을 뿐만 아니라 하나님의 아들 예수 그리스도로 말미암아 인류가 구원을 받게 되었고 예수 그리스도를 통하여 이 땅에 하나님의 나라가 건설되는 것으로 믿는 기독교시대는 끝나고 인간의 잠재력, 아니 초능력을 계발함으로 이 땅에 건강하고 행복한 사회가 건설되는 새로운 시대가 도래했다고 주장하는 것이 바로 뉴에이지 운동이다. 물고기 모양의 별자리시대, 곧 기독교 시대는 끝나고, 물병모양의 별자리시대, 인간시대가 이제 열렸다고 보고 인간의 능력(잠재력) 계발에 박차를 가하는 한편 인간의 발전에 저해요소가 되어 왔고 인간을 집착과 욕망의 노예가 되게 한 것으로 여겨진 기독교를 배척하는 것이 바로 뉴에이지 운동이다.

2. 뉴에이지 운동의 기원과 발생원인

(1) 뉴에이지 운동의 기원

뉴에이지 운동은 인간이 사단의 미혹을 받아 하나님께 불순종하여 하나님을 떠나 하나님 없이 인간 스스로 살려고 한 최초의 타락 이래로 다양한 형식을 빌려 전개되어 왔다. 이 운동은 인간이 지식과 능력에 있어서 하나님과 같이 되고자 하여 본래의 하나님을 제거하고 그 자리에 인간이 앉는 사상이다. 가인이 여호와 앞을 떠난 사건이나 그의 후손들이 여호와 하나님 없이 스스로 도시를 형성하여 각종 악기와 농기구 등을 만들어 살려고 한 것이나 바벨탑 사건 그리고 아브라함 시대의 갈대아 우르사람들이 우상숭배에 기초하여 도시문명을 발달시킨 것, 이스라엘 백성이 시내광야에서 금송아지 형상을 만들어 그 앞에서 먹고 마시며 춤을 춘 것, 사사시대 이후로 사람들이 바알과 아세라 우상숭배 뿐만 아니라 접신술, 강신술 등 이방풍속을 따른 사건들을 통해서 구약에서도 하나님을 대적하는 사상과 운동이 반복적으로 일어났다.

신약시대와 그 이후의 교회시대에서는 영지주의(靈知主義, Gnosticism)와 여러 모양의 신비주의 등의 형식으로 하나님을 대적하는 사상과 운동이 계속되어 왔다. 그러나 이 뉴에이지 운동의 사상적 기원을 실제적으로 추적해 보면 스웨덴의 과학자요, 신비주의자인 스위든버그(Emanuel Swedenborg, 1688~

1688~1772)에게로 거슬러 올라간다. 그는 젊은 나이에 의사가 되었으며, 나중에는 과학자로서 우주의 기원에 관해 성운설(Nebular hypothesis)을 주장했고, 야금(冶金)분야에서 결정학(結晶學, Crystallography)과 광물학(Mineralogy)의 개발에 선구적인 역할을 해냈다. 그러나 그는 그가 천사들이라고 생각한 영물(靈物)과의 밀접한 교제를 갖는데 인생의 나머지 부분을 다 바쳤다. 그는 물질이나 과학을 부인하지 않고, 대신 보이지 않는 천계(天界)와 영계(靈界)의 우월성을 강조하였으며 능력과 생명의 궁극적 원천은 입신(divine influx)이라고 했다.

스위든버그의 신비주의는 독일의 내과의사 메스머(F. Mesmer, 1734~1815)가 개발한 최면술(mesmerism)과 연결된다. 이 연결작업은 유니테리안주의자였다가 힌두교적인 신비주의자가 된 에머슨(Ralph W. Emerson, 1803~82)에 의해서 되어졌다. 그리하여 스위든버그와 메스머와 에머슨의 이론과 사상이 심령술이라는 형태로 접합되었다. 이 심령술에 의하면 사람이 죽은 후에도 살아있음을 과학적으로 입증할 수 있고, 영매(靈媒, medium)를 통하여 죽은 사람과 산 사람이 접촉할 수 있다. 이 심령술이 접신술과 점성술과 연결되고 이로써 힌두교, 불교, 도교 등 동양의 종교사상들이 서양으로 유입될 수 있는 길이 열렸다.

그런데 뉴에이지 운동이 실제적으로 활성화되기 시작한 것은 1965년에 미국정부가 아시아인 이민 입국금지 조항을 폐지함으로써 인도의 힌두교 선생들(그루, Guru)의 많은 수가 미국으로 이민해 와서 그들의 사상과 영술(靈術)을 보급한 데서 기원되었다. 그래서 지금 미국에서는 미국인의 23%(1978년도 갤럽조사)가 영혼환생을 믿고 있다. 그리고 미국의 많은 학교들과 상위권 100위 안에 드는 대부분의 회사에서는 요가와 초월명상, 심리제어훈련, 인간 잠재력 계발훈련 등이 실시되고 있다.

(2) 뉴에이지 운동의 발생원인

뉴에이지 운동이 최근 1970년부터 활발해지게 된 원인은 첫째로 현대사회가 인간성(humanity)을 상실한 데 있다. 어떤 극소수의 사람들은 잘 먹고 잘 입고 잘 살지만, 이 지구상의 많은 사람들은 식량과 주택과 에너지 부족으로 인하여 궁핍하며 실제로 죽어가고 있는데, 사실상 현대의 과학이나 기술이 별다른 효력이 없고 현대의 정치는 지역이기주의에 빠져있다. 1960년대의 쿠바위기, 월남전쟁, 미소의 냉전기류, 새로운 핵전쟁의 가능성 등으로 인하여 이 지구는 불안과 위기감이 팽배하였다. 노동자들은 파업과 태업을 일삼고, 학생들은 정부와 권위에 대항하였으나, 젊은이들은 마약과 알콜에 중독됨으로써 사회적 위기감이 더욱 고조되었다. 그래서 인간성의 계발에서 인류역사의 소망을 발견하려고 한 것이다.

두 번째 원인은 서구의 교회가 영적 권세를 잃고 있기 때문이다. 교회들이 세속화되면서 초자연과 기적에 대한 신앙을 잃었음은 물론이고, 성경의 가르침들의 깊은 의미들을 제대로 파악하지 못하고 몰이해하여 참된 기독교윤리나 문화를 성취하지 못하였으며, 하나님의 섭리와 간섭하시는 능력을 알지 못하게 되었기 때문이다. 요약하자면, 하나님의 살아계심과 일하심을 교회가 믿지 아니하고 윤리적으로 병들어 교회로서의 권세를 상실하게 되자 종교적 진공상태를 메우기 위해 뉴에이지 운동이 일어난 것이다.

세 번째 원인은 현대인들의 즉석 해답형 사고방식-즉석에서 해답을 얻고 즉각적인 만족을 얻으며 즉석에서 음식을 얻는 것 등을 요구하는 의식구조 때문이다. 현대인들은 자기훈련(self-discipline)이나 규범적 권위(예, 계명)을 싫어하고 더럽고 (dirty) 위험하며(dangerous) 힘든(difficult) 일을 회피하며 안이하고 감각적인 것을 좋아한다. 그런데 뉴에이지 운동은 아무 것도 요구하는 것이 없다. 침묵이나 명상을 통하여 인간성을 회복하면 되기 때문이다.

네 번째로 궁극적인 원인은 사단의 계략 때문이다. 사단은 인간을 속여 인간 안에 신성이 있기 때문에 하나님도, 예수 그리스도도 필요없고, 인간 스스로 하나님이 되어 살 수 있다고 충동질한다. 이 충동질 때문에 뉴에이지 운동이 발생한 것이다.

3. 뉴에이지 운동의 신조들

(1) 새로운 시대가 열린다

뉴에이지 운동가들은 지난 2,000년간 이 세계를 지배해 온 바물고기모양의 별자리의 시대인 기독교시대가 우리에게서 지나가고 물병모양의 별자리의 시대인 새로운 인간중심의 시대가 열리고 있다고 주장한다. 물고기자리의 기독교시대는 인간의 기운이 크게 제한을 받아 그 잠재력과 초능력이 제대로 발휘되지 못하고 인간이 자기 중심적인 욕망에 집착되어 살아왔으나, 새로운 물병자리시대는 인간이 자기의 잠재력을 발휘하고 형제애를 중심으로 행복하게 살아가게 될 것으로 기대되고 있는 것이다.

뉴에이지 운동은 오늘의 상황을 위기로 볼 뿐만 아니라 좋은 기회로 본다. 핵무기 경쟁, 굶주림, 생태계의 파괴 그리고 정치적 불안정이 인류의 숨통을 조이는 가운데서 뉴에이지 운동은 전세계적인 평화, 화해, 일치의 새로운 시대의 여명을 내다본다. 이 새로운 시대의 여명은 치료하는 힘을 가진 에너지를 우리가 명상이나 귀신을 부르는 영매(channelling)를 통해서 붙잡음으로 가능케 된다고 한다.

(2) 만물은 하나이다

자연과 만물과 인간들은 부분으로 존재하는 것처럼 보이지만 사실은 모든 것이 상호관계적(interrelated)이고 상호의존적(interdependent)이며 상호침투적(interpenetrating)이어서 하나로 통합(integration)되어 전체(wholeness)를 이루고 있기 때문에 모든 것은 하나(all is one)라고 뉴에이지 운동은 주장한다. 자연과 인간과 신 간에 구별이 없으며 경계가 없다. 많은 자아(selves)들이 있는 것이 아니라 하나의 자아(one self)만이 있는 것이다. 이것을 고차원의 자아(the higher self)라고 부른다. 이것은 초인격적 자아로서 우리로 하여금 다른 자아들과 일체가 되도록 해 준다. 예컨대 개나 돼지, 또는 꽃, 나무, 자동차, 기계 등과 하나되는 감정을 갖게 해 준다.

(3) 만물은 신이다
뉴에이지 운동은 무엇이든지 존재하는 것은 신이라고 주장한다. 신이 아닌 것이 전혀 없다. 모든 것이 하나요, 그 하나는 바로 신이다. 그러나 그 신은 인격적 존재가 아니고 비인격적인 에너지, 힘, 또는 의식(consciousness)이다. 이것은 본래 힌두교의 브라만(Brahman)이요, 도교의 도(道)이며, 내재하는 능력이다.

(4) 인간은 신이다
"만물은 신이다"라는 사상으로부터 "인간은 신이다"라는 인식은 자연스러운 귀결이다. 뉴에이지 운동의 목표는 인간존재의 밑바닥에 잠자고 있는 그 신(the god)을 일깨우는 것이다. 그래서 영향력있는 뉴에이지 운동가인 스와미 묵타난다(Swami Muktananda)는 "네 자신에게 무릎을 꿇어라. 네 자신을 경배하고 예배하라. 신은 네 안에 있다"라고 말하는 것이다. 그러므로 "인간은 신이다"라는 말은 사실상, "나도 신이고, 당신도 신이다"라는 뜻이다. 실제로 쉘리 맥클레인이라는 미국 여배우는 어떤 세미나에서 "나는 신이다"라고 주장하고, "당신은 다른 어떤 신을 경배할 필요가 없다. 왜냐하면 당신이 바로 신이기 때문이다"라고 말했다.

"인간은 신이다"라고 하는 이같은 가르침은 소외당한 민중과 천민계층(Dalit) 그리고 비인간화된 자들에게는 희망의 서광일 것이다. 왜냐하면 억눌려 비천하고 무가치한 존재에서 영광스런

신의 위치로 자기가 올려졌기 때문이다. 그러나 나도 신이고 당신도 신이라면, 다른 사람의 말을 들을 필요가 없고 하고 싶은 대로 할 수 있으며 원하는 것은 다 가질 수 있을 것이다. 인간은 얼마든지 비도덕적일 수도 있고 죄가 인정될 수가 없게 된다. 이는 자기 자신이 신이요, 법 자체이기 때문이다.

(5) 의식은 변화한다

모든 것은 하나이고 모든 것이 신이며 당신도 신이라고 하면 인간은 누구나 자신을 신으로 실현시켜야 마땅하다. 그래서 뉴에이지 운동가들은 인간의 잠재력 계발에 힘을 써 왔다. 매슬로우(Abraham Maslow)와 같은 심리학자들의 주장에 의하면, 모든 사람들은 자신들의 내면 속에 엄청난 잠재력을 가지고 있고 이 잠재력은 여러 가지 훈련방법에 의하여 계발될 수 있으며 각 사람마다 자기의 환경을 극적으로 변화시킬 수 있고 자기실현과 자기성취가 인생의 당연한 목표인 것이다.

이 잠재력 계발은 자연스럽게 이루어지기도 하지만 초월명상, 요가, 마약, 바이오 피드백, 최면술, 적극적 사고(positive thinking), 성교기술(maritalarts), 마인드 컨트롤(mind control) 등 다양한 방법들을 통해서 시도된다. 그리고 이 잠재력 계발을 통하여 인간의 의식이 변화되어 고차원의 자아(the higher self) 곧 전적인 깨달음의 상태에 이르게 된다. 이때에는 선과 악의 절대적 규범을 초월하여 무엇이든 해도 괜찮으며 그 일은 언제나 선하고 옳다고 여기게 된다. 살인을 행하여도 문제가 되지 않는 것이다. 그래서 쉘리 맥클레인은 주장하기를 "인류가 결코 선악이 실제로 존재하지 않는다는 것을 깨닫기까지는 평화가 절대로 없을 것"이라고 했다.

(6) 모든 종교들은 하나이다

뉴에이지 운동에 의하면, 만물이 하나이고 만물이 신이며 인간이 신이기 때문에 예수, 부처, 노자, 크리쉬나(Krishna)와 같은 위대한 종교지도자들은 본질적으로 동일한 것을 체험하고 가르쳤을 것으로 본다. 진리를 향해 가는 길을 여러 개 있을 수 있으나 그 길들은 한 곳으로 모인다고 하는 것이다.

그래서 스팽글러(David Spangler)는 『예수의 물병자리 복음』(1907년)에서 예수가 12살 때부터 공생애의 시작 때까지 잃어버린 시간 동안 인도에 가서 힌두교의 교법사의 발 아래서 비법을 공부하여 가지고 팔레스틴으로 되돌아 왔다고 주장하여 기독교의 뿌리에 힌두교와 불교의 사상이 놓여 있는 것으로 서구인들이 믿게 하려고 했다.

그리고 힌두교와 불교의 윤회설(reincarration)은 뉴에이지 운동의 주요한 사상이다. 사람의 영혼들이 죽음과 재탄생을 통해서 이 사람에서 저 사람으로 옮겨간다고 주장한다. 쉘리 맥클레인은 인간이 육체를 떠날 때 영혼은 에너지가 되었다가 후에 다른 형태로 환생하게 된다고 말한다. 뉴에이지 운동이 이 윤회설을 주장하는 것은 전생(前生)에서의 나쁜 업보로 말미암은 금생(今生)에서의 질병, 실직, 재난, 고통 등을 해결함에 있어서 정화작용을 경험하여 결과적으로 치료, 즉 변화를 받게 되는 것으로 보기 때문이다.

4. 뉴에이지 운동에 대한 평가

뉴에이지 운동의 신조들을 중심으로 하여 성경의 가르침에 근거해서 평가하고자 한다.

첫째로, 뉴에이지 운동은 기독교의 시대가 끝나고 인간중심의 새로운 시대가 열리고 있다고 주장하지만 성경은 그리스도의 재림과 신천신지의 도래를 가르친다. 인간중심의 시대가 아니라 그리스도 중심의 시대가 만개된다. 그리고 이 시대는 별자리의 움직임에 의하여 좌우되는 것이 아니고 모든 일을 그 마음의 원대로 역사하시는 절대주권자이신 하나님의 계획에 따르는 것이다. 별들의 운행도 하나님의 뜻에 달려있는 것이다.

둘째로, 뉴에이지 운동은 만물이 하나이고 만물이 신이며 인간이 신이라고 주장함으로써 자연과 인간과 신과의 구별을 인정하지 않지만, 성경의 가르침에 의하면 여호와 하나님은 창조주로서 만물 위에 초월해 계시면서 또한 그의 영으로 만물 가운데 임재해 계시는 인격적 존재이시며, 인간은 하나님의 형상으로 창조된 까닭에 영적 존재이자, 남자와 여자로 창조된 까닭에 사회적 존재이며, 또한 만물을 다스리시도록 창조된 까닭에 권세적 존재이고, 만물은 하나님의 아름다운 피조물이다.

셋째로, 뉴에이지 운동은 인간의 잠재력의 계발을 통하여 신(神)을 실현할 수 있다고 주장하지만, 이 주장의 핵심에는 하나님이 빠지고 인간이 그 중심에 있다. 우리 그리스도인들의 경우에도 사람의 잠재력을 계발하도록 격려하고 도울 필요가 물론 있다. 그러나 그리스도인들의 경우는 성령께서 우리 속에 살아 계시고 우리에게 힘을 공급하며 우리로 하여금 죄를 깨닫게 하고 은사를 주어 그 은사를 활용하여 그리스도의 몸인 교회를 세우는 데 활용하도록 하는 것이다. 그러므로 우리는 우리 속에 거하고 계시는 성령께서 우리를 계발하시는 데 관심을 갖고 성령의 인도하심을 따라 자신을 계발해야한다.

넷째로, 뉴에이지 운동은 모든 종교들이 하나라고 주장하지만 성경은 오직 예수 그리스도만이 유일한 길이요 진리요 생명이시다라고 가르친다. 그리고 윤회나 환생을 성경은 인정하지 않고 죽은 자는 죽음과 동시에 천국이나 지옥으로 옮겨가며 그리스도의 재림 때 모든 사람의 몸이 부활하고 최후의 심판을 받는다고 가르친다.

5. 뉴에이지 운동에 대한 그리스도인의 대응

첫째로, 영매를 통해 귀신을 부르며, 최면술이나 점성술 등을 방편으로 사용하여 인간의 잠재능력을 계발해서 새 시대의 꿈을 실현하려고 하는 뉴에이지 운동은 반 성경적이요 사단적인 것이기 때문에 우리는 이러한 방편 사용을 멀리해야 합니다. 요가, 단전호흡, 마인드 컨트롤, 최면술, 입신 등을 멀리해야 하는 것이다.

둘째로, 우리 그리스도인들은 적극적으로는 성령과 말씀으로 자신을 변화시킬 뿐 아니라 하나님의 영광을 위하여 우리의 삶의 모든 영역에서 하나님의 뜻이 이루어져 그의 나라가 실현되도록 해야 한다. 즉 우리는 문화의 변혁자들로서 이 세상에서 영향력을 발휘해야 하는 것이다. 기독교의 복음이 사회변혁의 원동력임을 입증해야 한다.

제 19 장

하나님의 형상 노릇해야 사람이다

(창 1:26~31)

지금 세상 돌아가는 꼴이 엉망이다. 세속적인 정치, 경제, 문화 전반에 걸쳐 어두움과 어지러움이 너무나 심하다. 그러나 무엇보다도 교회가 교회답지 못하고 성도들이 성도다운 노릇을 제대로 하지 못하여 세상이 더욱 더 엉망이다. 하나님의 영광이 가리워지고 그의 이름이 더럽혀지며 사람들 간에 증오와 다툼이 심하고 서로를 철저하게 이용해 먹는가 하면 자연만물이 심각한 공해로 인하여 신음하며 탄식하고 있다. 이같이 세상되어가는 것이 엉망인 것은 사람이 하나님 형상 노릇을 하지 못하고 있기 때문이다. 그런데 우리 성도들은 하나님이 우리를 하나님의 형상으로 만드신 사실에 대해서 알고 있으나, 하나님의 형상이 구체적으로 어떤 것인지에 대하여는 잘 모르고 있다. 그런 까닭에 창세기 1:26~31을 중심으로 하나님의 형상이 무엇인가에 대하여 말하고자 한다.

1. 사람은 영적, 종교적 존재이다

하나님은 영이시다(요 4:24). 그러므로 하나님의 형상으로 창조된 인간도 영적 존재이다. 영이신 하나님을 닮은 까닭에 영적 존재이고, 또 하나님이 우리 안에 그의 거처를 정하여(요 14:17, 23) 성전 삼으신 까닭에(고전 6:19) 우리는 영적 존재이다. 우리 안에 하나님을 알 만한 지식이 있고(롬 1:19) 하나님의 음성을 듣는 귀가 있는(창 3:9) 까닭에 또한 영적 존재인 것이다.

칼빈의 말을 빌리면 우리 안에 신의식(sense of divinity), 곧 종교의 씨(seed of religion)가 있다. 그래서 우리는 영원을 사모하고(전 3:11) 하나님과 영적으로 교통하는 가운데 그를 섬기며 찬미해야 할 존재이다.

그래서 하나님은 믿음의 조상 아브라함에게 "너는 내 앞에서 행하여 완전하라"(창 17:1)고 말씀하셨고, 모세에게는 "너는 나 외에는 다른 신들을 네게 있게 말지니라"(출 20:3), "너는 마음을 다하고 성품을 다하고 힘을 다하여 네 하나님 여호와를 사랑하라"(신 6:5)고 말씀하셨는가 하면, 예레미야에게는 "내가 나의 법을 그들의 속에 두며 그 마음에 기록하여 나는 그들의 하나님이 되고 그들은 내 백성이 될 것이라"(렘 31:33)고 말씀하셨다. 우리는 에녹처럼 하나님과 동행해야 하고, 하나님을 위하여 열심을 품어야 한다.

하나님이 우리를 그의 형상, 곧 영적 존재로 만드신 까닭에 하나님이 우리의 창조주이시요, 우리의 주인, 곧 소유권자이시며 우리의 삶과 역사의 주관자이심을 믿고 그를 신뢰하며 사랑할 뿐 아니라 그를 경외하며 순종해야 하는 것이다.

그러나 우리는 그의 창조주되심과 통치권과 소유권을 인정하지 않고 탐욕에 사로잡혀 살고 있다. 이 땅의 주인이 하나님이신데도(레 25:23) 사람들은 땅을 투기의 대상으로 삼아 자기 것으로 독점한다. 땅이 황폐해지는바 이같은 죄는 바알종교를 이스라엘과 유다 백성들 가운데 구조적으로 제도화시켰던 오므리와 아합과 그의 부인이었던 이세벨과 딸 아달랴가 범한 무서운 탐욕의 죄이다. 바알종교의 특징인 탐욕에 사로잡히면 하나님을 사랑할 수 없다. 영적 존재로서의 하나님의 형상 노릇을 할 수가 없다.

요즈음 우리나라 사람들의 대다수가 부동산 투기에 과열된 것은 우리가 하나님의 형상 노릇을 포기한 단적인 증거이다. 또한 우리는 하나님을 사랑하는 열심이 급격하게 식고 있다.

2. 사람은 사회적 존재이다

"하나님이 가라사대 우리의 형상을 따라 우리의 모양대로 우리가 사람을 만들자"고 한 26절의 말씀과 "하나님이 자기 형상 곧 하나님의 형상대로 사람을 창조하시되 남자와 여자를 창조하시다"는 27절의 말씀에 의하면 하나님의 형상으로 창조된 인간은 사회적 존재이다.

하나님께서 자신을 가리켜 단수형이 아니라 복수형의 '우리'라고 말씀하신 것과 '만들자'고 하신 말씀은 삼위 하나님 간의 인격적인 사귐, 곧 사회적 관계가 있음을 의미한다. 성경 전체를 통해서 보더라도 하나님이 하시는 일들, 곧 작정, 창조, 섭리에서 성부와 성자와 성령 하나님의 사귐을 읽을 수 있다.

삼위 하나님이 자기의 형상으로 사람을 남자와 여자로 만드셨기에 사람도 남자와 여자 간에 사귐이 있는 사회적 존재이다. 창세기 2:18에 의하면 여자는 남자를 위하여 돕는 배필로 만들어졌다. 여기서 '배필'이라는 말은 남자와 잘 어울리는 짝이 여자임을 의미한다. 후크마라는 신학자는 "여자가 남자를 보완하고 그 부족을 채워 온전하게 하며 남자가 연약한 곳에 여자가 강하여 그의 결함을 보충하여 그의 필요를 채운다는 것을 의미한다. 그러므로 여자없이 온전하지 못하다고 할 수 있다. 이 말은 여자에게도 그대로 적용된다. 여자 역시 남자없이는 온전하지 못하다"고 했다.

우리는 다른 사람들과의 교제를 통해서만 참된 인간이 되며 사람 노릇, 곧 하나님의 형상 노릇을 할 수 있다. 그러기에 우리는 사회적 존재인 것이다. 우리는 서로 자기 몸처럼 사랑하고 덕을 세우며 남을 나보다 낫게 여겨 섬기며 사는 하나님의 형상, 곧 사회적 존재이다.

오직 다른 사람들과의 사귐을 통해서만 우리는 자라나며 성숙해진다. 다른 사람들과의 협력을 통해서만 우리의 잠재능력이 계발되고 서로를 부유케 할 수가 있는 것이다. 다른 사람들을 돕거나 그들의 아픔을 치유하며 그들의 짐을 대신지고 그들의 기쁨을 함께 나누며 서로 사랑하고 용납하는 것이 우리의 본래의 모습, 곧 하나님의 형상 노릇을 의미한다.

그래서 하나님은 우리에게 부모를 공경하고 살인하지 말며, 간음하거나 도적질하지 말라고 명하셨다. 즉 이웃을 네 몸과 같이 사랑하라고 말씀하셨다.

사람이 하나님의 형상, 곧 사회적 존재로서의 역할을 잘 할 때 이 땅에 전쟁, 살인, 착취, 학대 등 각종 악이 없어지며 이 땅은 황폐될 수가 없다. 그러나 하나님의 형상 노릇을 하지 못함으로 사람이 사람을 학대하고 착취하며 심지어 죽이거나 전쟁을 일으켜 대량살상하게 되었다. 이같은 악들이 사람들의 관계를 악화시켰고 그 심성이 포악해진 인간들은 땅을 황폐시키고 말았다. 영적 존재로서 인간이 하나님의 형상 노릇을 못할 때 뿐만 아니라, 사회적 존재로서 하나님의 형상 노릇을 못하게 될 때 결과적으로 우리의 환경은 황폐하게 된다.

3. 사람은 권위적, 책임적 존재이다

하나님께서는 사람을 남자와 여자로 창조하시고 그들에게 복을 주시되, 생육하고 번성하여 땅에 충만할 뿐 아니라 땅을 정복하고 다스리도록 권세를 부여해 주셨다. 다른 피조물에게는 하나님이 주시지 않고 자기의 형상으로 만드신 사람에게만 주신 복이요 특권이다. 땅과 그 안에 있는 모든 것들에 대한 통치권과 지배권이 사람에게 주어진 것이다. 하나님은 천지와 그 안에 있는 모든 만물을 창조하셨기에 전 창조사역을 통치하고 지배하시는 최고의 주권자이시다. 만유의 주권자요, 통치권자의 형상으로 창조된 까닭에 사람은 또한 권위적 존재이다. 땅에 대한 권세가 사람에게 주어진 것이다. 그래서 인간은 하나님의 전권대사요, 청지기로서 땅을 정복하고 다스려야 한다.

그런데 '정복하다'는 말은 땅에 있는 자원들을 개발하여 문화를 발전시키라는 것을 의미하고, '다스리라'는 말은 피조물을 신으로 섬기지 말고 하나님이 만드신 작품으로 알고 관리하라는 것을 의미한다. 여기서 우리가 주의할 것은 인간과 자연과의 바른 관계는 단순히 자연에 대한 인간의 지배가 아님을 알아야 한다. 창세기 2:15에서 하나님은 땅을 일구며, 즉 쟁기질하여 경작하며 잘 돌보아 보존하라고 사람에게 명하셨다. 사람은 자연을 온전히 섬김으로 지배해야 하는 것이다. 예수님이 우리 가운데 섬기는 자로 오셔서 우리를 다스리시는 것과도 비슷하다.

그러므로 자연에 대한 인간의 바른 관계란, 위로는 하나님을 경외하고 신뢰하며 순종하고 사랑하는 동시에 이웃과의 관계에 있어서는 서로 덕을 세우고 보완해 주며 각자의 은사를 따라 서로 용납하고 섬김으로 사랑하는 인간이 되어야 한다. 그와 동시에 자연의 아름다움을 통해 하나님을 찬양하고 그 자연을 선용하여 하나님의 은혜에 감사하며 이웃의 유익을 도모해야 한다는 것을 가르킨다. 이로 보건대 토양의 황폐, 삼림 자원의 파괴, 에너지 자원의 과소비, 각종의 환경오염 등을 예방하고 하나님의 영광을 나타내는 자연의 아름다움과 유용한 것들을 잘 관리하고 보존해야 할 책임이 우리 인간들에게 있다. 이것이 바로 하나님의 형상 노릇이다.

그러나 죄가 세상에 들어오고 그 죄가 시간이 흐를수록 더욱 포악해짐에 따라 자연계가 급속도로 황폐되고 있다. 땅이 죽어가고 있고 물이 썩어가고 있으며 공기가 심히 탁해지고 있다. 각종의 농약과 제초제를 과도하게 사용하고 폐비닐과 각종 일회용품을 아무렇게나 흘려보냄으로 땅이 죽어가고 있다. 각종의 산업폐기물과 생활하수, 세제 과다사용으로 인하여 물이 썩어가고 있다. 하천에 물고기가 살지 못하고 아이들이 여름에 물놀이를 할 엄두를 못낸다. 또한 차량의 배기가스, 공장에서 뿜어내는 연기 그리고 대기오염을 유발하는 각종의 유해물질을 무분별하게 사용함으로 공기가 심히 탁해져 가고 있다.

우리는 얼마 안가서 마실 물과 숨쉴 공기가 없고 먹을 만한 음식이 없어서 자멸하게 될 위기에 놓여 있다. 우리가 하나님의 형상 노릇을 제대로 하지 못한 까닭이다. 우리가 탐욕과 눈 앞의 편리만을 생각하고 무질서하고 무절제하게 살아온 까닭이다. 땅의 주인이 하나님임을 제대로 인정하지 않은 불신앙 때문이다.

4. 하나님은 우리가 하나님의 형상 노릇하기를 원하신다

하나님의 형상은 넓은 의미 또는 구조적 측면에서 보면 지성적, 도덕적, 의지적, 심미적, 감정적인 요소, 곧 이성, 양심, 의지, 미적 감각 등을 의미하지만, 좁은 의미인 기능적 측면에서 보면 하나님과의 바른 관계, 인간과의 바른 관계 그리고 자연과의 바른 관계 등 삼중적 관계를 의미한다. 그런데 이 삼중적 관계는 유기적이어서 어느 하나 중요하지 않은 것이 없다. 우리는 하나님을 사랑하고 이웃을 자기 몸처럼 사랑한다 하면서도 자연에 대하여는 무관심하다. 그것은 우리의 신앙이 기형적인 탓이다. 하나님과 이웃에 대한 사랑은 자연에 대한 사랑에서 열매를 맺으며 사실상 완성되는 것이기에, 자연에 대하여 청지기 노릇을 잘 하지 못하는 경우 하나님의 형상 노릇에 문제가 있는 것이다.

하나님을 진심으로 사랑하고 경외하면 할수록 사회정의, 경제정의, 가난하고 궁핍한 자의 필요를 채우는 일에 대하여 더욱 더 관심을 가짐은 물론 땅과 그 가운데 있는 모든 만물을 관리하고 보존하여 그 만물이 하나님의 선하심과 능력과 영광을 선포할 수 있도록 깊은 관심을 가져야 한다. 이러한 목적으로 하나님이 사람을 자기의 형상으로 창조하신 것이다.

하나님은 지금, 아직 늦기 전에, 우리에게 하나님의 형상 노릇하기를 간절히 원하고 계신다. 피조물들은 오염과 부패로 몸살을 앓고 고통하는 가운데 하나님의 형상 노릇하는 하나님의 자녀들이 나타나기를 간절히 기다리고 있다. 자연계가 우리의 진실한 사랑을 간절하게 호소하고 있다. 자연계의 이 처절한 호소에 우리가 귀를 막을 때 자연의 붕괴와 더불어 우리의 삶의 공간이 황폐되고, 결국 인류는 자멸할 수밖에 없다. 우리가 하나님의 형상 노릇을 제대로 할 것을 하나님과 이웃, 자연계가 간절히 원하고 있다. 이 간절한 기대와 호소에 지금, 더 늦기 전에 귀를 기울여야 하겠다.

제 20 장

하나님이 사람을 에덴에 두신 의미

(창 2:1~25)

서 론

창세기 1장은 하나님을 히브리어로 '엘로힘', 곧 능력있는 창조주로 소개하고 있으나, 2장은 하나님을 히브리어로 '여호와 엘로힘', 곧 신실하신 언약의 하나님으로 소개하고 있다. 이로 보건대 창조주 하나님은 언약의 하나님, 곧 신실하신 주님이시다. 다시 말해서 하나님은 천지를 창조하실 뿐 아니라 자기가 창조하신 피조물을 신실하게 언약을 따라 섭리하시는 것이다. 그는 천지의 창조주이시요 섭리주이시며, 능력의 주이시요 사랑과 진실의 주님, 언약의 주님이시다.

이 여호와 하나님께서는 자기의 형상으로 창조된 인간의 삼중적(三重的) 기능을 잘 수행할 수 있도록 다음과 같이 특별한 배려를 하셨다.

1. 안식하는 날을 주셨다

안식일은 하나님이 천지와 만물을 창조하시고 나서 안식하신

날이요, 그날은 특별히 하나님이 복을 주시고 거룩하게 하신 날이다. 출애굽기 31:12～17에 보면, 이날은 하나님과 인간, 곧 창조주와 피조물 사이에 표징이요, 영원한 언약이다. 이날에 하나님이 자기 백성을 거룩하게 하시어 자기 백성 가운데 거하시며 만나시고 말씀하시고 사귐을 나누신다. 즉 이날이 거룩함은 하나님이 자기 백성과 거룩한 영적 사귐을 가지시는 가운데 자기 백성에게 빛과 생명과 힘을 새롭게 부어주시어 하나님으로 즐거워하고 감사찬송 할 수 있게 하기 때문이다. 이날을 통해서 하나님은 자기가 창조주이심을 나타내어 자기의 피조물이 창조주를 알아보고 그 창조주 하나님을 의지하며 그 하나님 앞에서 살며 기동할 수 있게(참조, 행 17:28) 하시고, 이로써 창조주 하나님과 피조물인 인간 사이에 온전하고 영원한 언약관계가 계속될 수 있게 하신다. 즉 하나님과의 친밀한 부자(父子)관계, 연합의 관계, 사귐이 항상 있게 하시는 것이다.

예수님께서 인자는 안식일에 주인이라(눅 6:5)고 말씀하신 것은 그가 자기 백성들의 죄를 용서하시고(참조, 눅 5:24; 마 1:21) 그들 가운데 성전을 삼아(참조, 마 18:20; 요 14:23) 거하며 사귐을 나누심으로 자기 백성에게 화목과 참 평화를 주신다는 것을 의미한다.

그러므로 하나님이 자기와의 영적 사귐의 날인 안식일을 제정하신 것은 자기 백성이 하나님의 사랑과 인도, 도움과 복주심을 체험하고 마음으로 하나님을 감사하고 찬송하며 사랑하고 즐거워하게 함으로써 자기 백성이 거룩해지도록 하기 위함이었다. 그러므로 안식일은 '하나님의 날'이요, 인간이 마음대로 사용할 수 없으며 영적 사귐의 날이기에 육체의 쾌락이나 물질적 이익을 위하여 사용할 수가 없다(참조, 사 58:13, 14).

2. 사람을 영육 통일체로 지으셨다

하나님이 흙으로 빚어 만든 사람에게 호흡을 불어넣음으로 해서 사람은 살아있는 몸(a living being, 참조, 고전 15:44~49)이 되었다. 하나님의 형상으로 창조된 인간은 하나의 살아있는 유기체, 곧 영혼과 육체가 하나로 유기적으로 통일을 이루고 있는 몸이다. 하나님은 우리 인간 안에 거처를 정하심에 있어서 영혼 안에만 거하시는 것이 아니고, 우리 몸 안에 거하신다(참조, 고전 3:16, 17; 6:19). 그는 우리의 영혼만을 거룩하게 하시는 것이 아니고 우리의 몸을 거룩하게 하신다(참조, 고전 6:20). 우리의 영혼만이 그리스도의 지체가 아니고 우리의 몸이 그리스도의 지체이다(참조, 6:16).

그러기에 우리는 하나님을 사랑하고 그와 교제를 나눔에 있어서 뜻과 힘과 성품과 마음을 다해 온몸으로 해야하며(신 6:5), 입술로만이 아니라 삶을 통해 우리의 몸을 온전히 제물로 하나님께 드려야 하는 것이다(참조, 롬 12:2; 마 7:21~24).

3. 에덴에 동산을 만들어 주셨다

하늘과 땅을 창조하신 하나님은 인간을 위해 가장 좋은 처소를 마련해 주셨다. 이로써 하나님의 사랑과 보살핌을 피부로 느낄 수 있게 하셨다. 하나님의 손을 의존하지 않고서는 한순간도 살 수 없는 인간이기에, 하나님은 인간의 안전과 행복 및 아름다운 삶을 위해서 에덴에 좋은 동산, 넓고 비옥한 토지(참조, 창 13:10; 사 51:3)를 주셨다. 그러므로 우리를 위해 좋은 환경을 마련해 주신 하나님 아버지의 선하심과 돌보심의 사랑을 알고 그를 감사하며 신뢰할 수 있어야 한다.

따라서 우리에게 주어진 환경 속에서 하나님을 감사할 수 없다면 문제가 있는 것이다. 우리의 환경이 죄로 인하여 너무나 악해져 있든지, 다시 말해서 각종의 환경오염과 구조적인 악으로 인하여 부패하고 황폐해져 있든지, 아니면 우리의 나태함으로 인하여 개발되지 아니했든지, 아니면 환경이 좋은데도 우리가 감사하지 못하고 있는 까닭이다. 결국은 우리 자신에게 문제가 있어서 하나님이 만들어 주신 환경 속에서 우리가 감사하지 못하는 것이다. 그러나 우리에게 믿음이 있다고 하면 우리는 어떠한 환경에서든지 하나님으로 만족하고 감사하며 즐거워할 수가 있다(참조, 합 3:17~19; 빌 4:11~13). 그러므로 우리는 범사에 하나님께 감사하고 항상 기뻐할 수 있어야 한다(살전 5:16~18).

4. 땅을 경작하며 지키게 하셨다

흙으로 빚어진 인간은 흙(땅)과 친화력이 있어서 땅을 가꾸는 가운데서 삶의 행복을 느낄 수 있도록 하나님이 인간에게 땅을 경작하며 지키게 하셨다. 창세기 1:28의 '다스리라'는 말은 자연을 숭배의 대상으로 여기지 말고 자연 안에 잠재해 있는 일반은총을 개발하여 자연으로 하여금 생산케 하라는 뜻을 가지고 있는데 비하여 2:15의 '다스리라'는 말은 위의 경우와는 전혀 다른 단어로서, 땅을 쟁기질하여 부드럽게 함으로써 땅이 그 비옥함을 유지하여 생산력이 있게 하라는 뜻을 가지고 있다. 땅은 쟁기질하여 관리할 때 그것의 질이 보전되는 것이다.

비록 사람이 흙으로 빚어졌지만 그렇다고 해서 사람이 흙과 하나(身土不二)인 것은 아니다. 사람은 하나님의 형상을 지닌 존재이고, 땅은 하나님의 신성과 영광을 드러내고 있는 피조물에 지나지 않는다. 사람이 흙과 친화력이 있어서 흙을 가까이 하며, 흙(땅)에서 생산된 것을 먹고 마시는 것이 우리에게 유익이 되지만, 인간이 땅의 일부가 결코 아니다.

우리 인간은 노동을 통해서 땅을 경작함으로써 땅의 소산물로 하나님께 나아가(참조, 창 4:3; 레 2:2) 하나님을 감사하며 찬송하고 하나님과 깊은 교제를 나누도록 되어 있는 것이다.

5. 선악과를 따먹지 말라는 명령을 주셨다

 이스라엘 백성을 애굽에서 구출하여 내신 하나님이 그들에게 광야에서 십계명과 언약법 및 성막과 제사장 제도, 절기예배에 관한 법을 제정하여 그들이 하나님을 사랑하고 잘 섬길 수 있도록 하고, 좌로나 우로 치우치지 않게 하여 하나님과의 사귐이 풍성할 수 있도록 하신 것처럼 아담과 하와를 창조하신 하나님은 그들이 하나님과 바르게 사귀고 하나님을 다음으로부터 사랑하며 온전히 섬겨 생명을 풍성하게 누리게 하시려고 선악과를 따먹지 말라는 명령을 주셨다. 사실 선악과를 따먹지 말라는 명령은 가장 지키기 쉬운 간단한 명령이었다. 하나님은 지극히 가볍고 간단한 명령을 통해서 하나님을 깊이 사랑하고 사귐을 나눌 수 있도록 배려하신 것이다.
 디모데전서 1:5절에 비추어 보면, 하나님이 이 명령을 주신 목적은 청결한 마음과 선한 양심과 거짓없는 믿음에서 나오는 사랑을 가지고 하나님을 사랑하며 즐거워하는 데 있었다. 즉 하나님을 바르게 전심으로 사랑할 수 있게 하려고 이 명령을 주신 것이다.

6. 돕는 배필을 주셨다

 사람이 혼자 있는 것은 보기에 좋지 않다. 혼자 있으면 힘이 없고 약해져 넘어지기 쉬우며 따라서 사람 노릇을 할 수 없게 된다. 그러기에 전도서 기자는 이렇게 말한다. "두 사람이 한 사람보다 나음은 저희가 수고함으로 좋은 상을 얻을 것임이라 한 사람이면 패하겠거니와 두 사람이면 능히 당하나니 삼겹줄은 쉽게 끊어지지 아니하느니라"(전 4:9, 12).
 하나님은 아담이 약하고 부족한 부분이 있기 때문에 아담을 위하여 돕는 자로서 짝으로 여자를 주셨다(참조, 말 2:14). '돕는 자'라는 단어는 여자가 남자의 부족한 부분을 보완하여 힘이 되어 준다는 것을 의미하고, '배필'이라는 단어는 여자가 남자에게 가장 잘 어울리는 짝임을 의미한다. 이로 보건대 여자는 남자와 더불어 힘을 합하여 수고할 동역자인 것이다. 즉 남자는 여자와 더불어 짝을 이룰 때 효과적으로 하나님의 형상으로서의 기능을 발휘할 수가 있다. 이는 남자가 자기의 짝인 여자와의 사랑의 교제를 통해서 사랑을 배우고 서로 복종하는 질서의 삶을 통해 순종을 배움으로(참조, 엡 5:21~25) 하나님을 사랑하고 순종할 수 있기 때문이다. 남자는 아내와의 사귐을 통해서 아내를 선물(짝)로 주신 하나님을 감사찬송하며 아내와 함께 하나님을 사랑하고 섬겨 하나님의 나라를 건설하는 것이다. 그러기에 여호와를 경외하고 부지런하고 건강하며 살림을 잘하는 현숙한 여인은 진주보다 귀하다(잠 31:10).

결 론

하나님의 형상으로 창조된 인간은 피조된 인격체요, 영육의 통일체이며 영적 존재요, 사회적 존재요, 권위적 존재이다. 하나님을 전적으로 의존하여 하나님과의 깊은 영적 교제 가운데서 그의 능력과 은혜와 보살핌을 힘입어 살되 하나님의 말씀에 근거하여 하나님의 뜻을 분별하여 능동적으로 책임성있게 살아야 하고, 온몸으로 하는 하나님과의 교제를 통해 우리의 구체적인 삶 속에서 하나님을 사랑하고 감사하고 즐거워하는 것이 우리 인생의 으뜸가는 목적이다.

인간과 친화력이 있는 땅을 잘 경작하여 땅의 아름다운 소산을 통해서 그리고 하나님이 짝으로 주신 아내와의 사랑과 순종의 사귐을 통해서 하나님의 선하심과 진실하심을 체험하고 하나님을 사랑하며 순종하는 법을 배우는 데서 인간은 행복을 누리는 것이다. 이로써 의와 희락과 화평의 하나님 나라가 우리 가운데 이루어진다. 하나님이 인간을 자기의 형상으로 만들되 흙으로 빚으시고, 남자와 여자를 창조하여 에덴에 두어 살게 하신 의미가 바로 하나님 나라 건설에 있다. 그러므로 우리는 하나님의 사랑과 신실하심을 통해 경건의 능력을 얻어 온몸으로 하나님의 나라를 위해 살아야 하는 것이다.

제 21 장

이 세상은 왜 악해졌는가?

(창 3:1~24)

서 론

하나님은 인간을 인격체, 영육의 통일체 그리고 하나님의 형상으로 만드시어 하나님을 전적으로 의존하되 능동적으로 적극적으로 하나님의 뜻을 분별하여 온몸으로 하나님을 사랑하고 이웃과 사귐을 가지며 자연을 사랑하며 살게 하셨다. 그리고 하나님은 인간에게 안식일을 제정하여 주어 그날을 통해 우리를 거룩케 하신다. 하나님과의 깊은 영적 교통을 통하여 하나님을 감사찬송함으로 우리가 거룩하고 자유하기를 원하시며 좋은 환경과 땅을 경작하는 일과 계명을 지키는 일 그리고 부부간의 사귐과 피차 순종하는 일을 통해서 하나님의 선하심과 진실하심을 맛보다 그를 즐거워하게 하셨다.

하나님께서 자기의 능력과 은혜와 성실을 다하여 인간을 특별하게 배려하셨는데도 불구하고 어찌하여 이 세상은 악해지고 인간에게는 죽음의 절망과 공포가 임하게 되었는가? 무엇이 문제인가? 하나님이 통치하시는 나라에는, 즉 하나님의 은혜와 사랑과 권능이 지배하는 곳에는 악과 거짓이 발붙일 수 없을 듯한

데, 악이 장난하는 것은 무슨 일일까? 마태복음 13장 가운데 씨 뿌리는 자의 비유, 가라지 비유, 그물 비유 등은 한결같이 악의 존재를 인정하고 있는데, 그렇다면 하나님이 창조자요 주인이신 이 세상은 왜 악해졌는가?

1. 사단의 간교한 장난 때문이다

창세기 3:1에 나오는 뱀은 요한계시록 12:9에 나타나 있는 대로 사단의 도구이며, 따라서 뱀을 이용하여 일하는 사단이 악을 조성하는 장본인이다. 사단은 시험하는 자요(마 4:3; 고전 7:5), 거짓말장이이자 살인자이고(요 8:44), 위장한 천사이며(고후 11:14), 대적자요, 훼방자이다(벧전 5:8).

마태복음 13장에 나오는 천국 비유 가운데 씨뿌리는 자의 비유와 가라지 비유를 보면 사단은 하나님의 말씀의 좋은 씨를 가로채 가는가 하면 하나님의 좋은 알곡밭에 가라지를 몰래 뿌려놓아 하나님의 선한 사역을 훼방놓는다.

그러므로 우리는 일평생 사단을 대적하여(벧전 5:8, 9) 싸워야 한다(벧후 4:7). 사실 하나님은 아담과 하와가 타락하자 사단의 후손과 여자의 후손이 대대로 원수가 되게 하셨으며, 따라서 인류는 역사가 존재하는 한 사단과의 싸움을 피할 수가 없는 것이다(참조, 창 3:15).

2. 간교한 사단은 의심을 심는다

사단은 간교한 까닭에 창세기 2:16, 17에 기록되어 있는바 하나님의 명령을 교묘하게 왜곡시켜 하나님의 말씀 뿐 아니라 하나님 자신마저 의심하게 만든다. 하나님께서는 아담에게 동산의 각종 나무실과를 임의로 따먹되 선악과는 멀지 말라고 말씀하셨는데, 사단은 동산 모든 나무의 실과를 먹지 말라 하더냐고 하면서 물음, 곧 의문을 제기한다. 의심은 사람의 심장을 갉아먹는 생쥐와 같아서 무서운 해독을 품고 있는 것이다. 사단이 심어주는 의심은 겉으로 보기에는 하나님의 말씀을 별로 왜곡시켜 놓은 것 같지 아니하지만 즉 끝 부분만 살짝 다르게 보이지만 사실은 크게 그 내용을 바꾸어 놓았다. 사단의 하수인 노릇을 하는 이단들의 경우가 바로 이와 같다.

사단은 아브라함의 경우 하나님의 약속의 말씀을 의심하도록 유도했고(참조, 창 15:2), 예수님을 시험할 때도 하나님을 의심하게 하려 했다(마 4장).

3. 의심은 말씀을 재해석하게 한다

사단이 의심을 심어주자 하와는 사단의 말을 근거로 하여 하나님의 말씀을 판단한다. 즉 재해석한다. 인간이 자기의 이성으로 하나님의 말씀을 저울질한다. 그리고 나서 결론짓기를, "만지지도 말라" 하신 것으로 억지를 부리는가 하면 "죽을까 하노라 하셨느니라"고 축소해석을 하였다.

사단의 역사가 심했던 사사시대를 보면, "사람이 각각 그 소견에 옳은대로" 행하여(삿 21:25) 하나님의 예언이나 율법을 제멋대로 왜곡시킴으로써 그 시대가 철저하게 어둡고 부패하였다. 이와는 대조적으로 웨스트민스터 신앙고백은 가르치기를, "최고의 재판관은 성경에서 말씀하시는 성령이시다"(I장 x항)라고 말하고 있다.

4. 재해석은 하나님의 말씀의 권위를 거부하게 한다

하와가 사단에게 한 대답 가운데서 "만지지도 말라"와 "죽을까 하노라"는 말에는 하나님의 말씀의 신적 권위를 못마땅하게 여기고 있는 불만이 나타나 있다. 그런데 이처럼 말씀의 신적 권위를 부인하는 죄가 무서운 악인 것은 우리가 하나님의 말씀을 일단 멸시하게 되면 하나님께 대한 모든 경외심을 버리게 되기 때문이다.

　남쪽 유다왕국의 여호야김의 죄가 특별히 무겁고 컸던 것은 그가 예레미야에게 임한 하나님의 예언의 말씀을 능멸하여 말씀의 두루마리를 칼로 찢어 불에 태웠던 까닭이요(참조, 렘 36:22 ~23), 자유주의 신학에 문제점이 있는 것은 데카르트가 시도한 대로 하나님의 말씀의 권위를 인간의 이성으로 판단하여 그것의 객관적 진리성을 부인한 데 있다.

　이에 반하여 웨스트민스터 신앙고백(I. iv)은 가르치기를, "성경에는 권위가 있다. 그 권위 때문에 우리는 성경을 믿고 순종해야 한다"고 말한다. 사실 세상 가운데 하나님의 나라를 심는 비결은 성경의 권위를 회복하는 데 있다. 중세시대의 어두움을 타파한 종교개혁운동이 이를 잘 설명해 준다.

5. 말씀의 권위를 거부하는 것은 교만과 자기 주장을 동반한다

　사단이 여자에게 한 말, "너희가 결코 죽지 아니하리라 너희가 그것을 먹는 날에는 너희 눈이 밝아 하나님과 같이 되어 선악을 알 줄을 하나님이 아심이니라"(5절)는 말씀을 보면, 사단이 거짓말을 하고 있다. 하나님께서는 선악과를 먹는 날에는 "반드시 죽으리라"(2:17)고 말씀하셨으나, 사단은 결코 죽지 않을 것이라고 속인다. 그리고 선악과를 먹게 되면 눈이 밝아져 독자적인 세계를 구축하여 자기 주장을 할 수 있을 것이라고 아담과 하와를 부추긴다. 사단의 미혹을 받아 선악과 나무를 보자 하와의 생각은 정욕으로 크게 자극을 받게 되었다. 이처럼 사람이 하나님의 말씀의 권위를 거부하는 것은 교만 때문인바 자기의 독자적 세계를 구축하여 자기 멋대로 선악을 판단하며 하나님을 인정하는 대신에 자기를 내세운다. 이같은 사실은 신약에서 유대인들이 하나님의 말씀인 성경의 가르침 대신에 자기들이 나름대로 만든 전통을 주장하던 것에도 잘 나타나 있다(참조, 마 15:6).

6. 교만을 불순종을 낳는다

　육신의 정욕에 사로잡혀 교만해진 하와는 하나님의 진리의 명령을 거짓과 바꾸어 선악과를 따먹음으로 불순종하였다. 이로써 아담과 하와는 완전히 타락하게 된 것이다.
　교만이 불순종을 결과시킨다고 하는 예는 사울왕과 웃시야왕에게서도 찾아볼 수 있다. 사울왕은 하나님의 은혜로 이스라엘의 첫왕이 되었으나 나중에는 교만하여져 하나님의 명령에 불순종하였다. 그래서 하나님은 사울을 세워 왕 삼은 것을 후회하였으며(삼상 15:11), 하나님의 명령을 거역하는 것은 사신(邪神) 우상에게 절하는 것과도 같다고 하셨다(삼상 15:23). 그리고 웃시야왕의 경우는 하나님의 축복으로 솔로몬 이후 최대의 정치적·경제적 번영을 누리었는데, 이로 인하여 교만해져 월권하여 성전에서 분향을 하다가 문둥이가 되었다(대하 26:5~19).

7. 불순종은 악을 낳는다

　창세기 3:6~24에 나타나 있는바 불순종의 결과를 분석해 보면; 첫째로, 하나님을 전적으로 의지하고 그 앞에서 그를 힘입어 살아야 하는 피조물인 인간이 하나님을 의존하는 대신에 오히려 하나님 앞을 떠난다. 7절의 "눈이 밝아 벗은 줄을 알고"는 인간이 수치심을 알게 된 것을 의미하고, 8절의 "낯을 피하여 숨은지라"는 하나님과 인간 사이에 거리가 생겨났다는 것을 뜻한다(참조, 사 59:2). 그리고 8절의 '서늘할 때'는 '영의 때' 곧 하나님과 성령으로 아담이 교제하며 예배하는 때로 해석할 수 있는 바, 그 영교(靈交)의 시간에 아담은 하나님을 피하였다. 죄 곧 어두움은 의 곧 빛을 싫어하여 회피하는 법이다. 가인의 경우도 죄를 인하여 하나님을 앞을 떠나간다(창 4:16). 가룟 유다도 예수님 앞을 떠나갔다(요 13:30).

둘째로, 죄로 말미암아 하나님과의 관계에 문제가 생겨날 뿐만 아니라 인간과의 관계에도 문제가 생겨난다. 12절에 보면, 하나님이 돕는 배필로 주신 그 여자에게 남자가 책임을 전가시키며 그녀를 원망한다. 2:23에서는 '뼈 중의 뼈요 살 중의 살'이라고 극찬하던 그가 이제는 여자를 인하여 하나님을 원망하고 또 그 여자 자신을 원망한다. 그런가 하면 16절에서 '사모하다'라는 말은 강한 성적(性的) 욕구가 발동하여 여자가 남자의 권위를 부인하고 남자를 내주장하려 하여 남녀간의 창조질서가 무너진 것을 뜻한다. 여자가 남자를 주관하려 하면 '다스리다'는 말이 의미하는 대로 남자는 여자를 거칠게 다루게 되는 것이다. 이로써 서로 사랑하고 순종해야 하는 남자와 여자의 관계가 뒤틀리고 만다.

셋째로, 15절의 말씀대로 여자의 후손과 사단의 후손 간에 원수관계가 있게 되어 서로 싸우게 됨으로 이 세상에 고난과 질병과 재난 등이 있게 된다. 그래서 여자가 잉태하고 해산할 때 큰 고통이 있게 되며, 남자가 땅을 경작하며 일할 때에도 힘들어진다. 즐겁고 행복해야 할 출산과 노동이 힘들어지는 것은 죄로 인하여 하나님의 진노가 여자에게와 땅 위에 임한 까닭이다(창 3:16, 17). 땅에는 가시덤불과 엉겅퀴가 난다. 땅이 황폐해진다. 그리고 우리 인간은 흙으로 돌아간다. 육체가 죽음을 당한다. 영혼과 유기적으로 통일되어 한 몸을 이루어야 하고, 하나님의 거처가 되어야 할 몸이 파괴된다.

한마디로, 사단의 미혹으로 말미암아 죄가 이 세상에 들어옴으로 해서 피조물인 인간과 창조주이신 하나님과의 관계가 뒤틀리고, 서로 사랑하고 순종하며 짝을 이루어야 하는 남녀(또는 부부)관계가 뒤틀리며, 자연에 대한 인간의 관계도 악화되었을 뿐 아니라 인간과 자연 자체도 악화되었다. 그래서 하나님 대신 우상을 숭배하고 탐욕의 노예가 되는가 하면 성도덕이 파괴되어 동성연애가 자행되고 각종의 불의가 행하여져 세상은 강포와 패괴로 가득차게 되어(참조, 롬 1:21~32) 세상이 고통을 당한다

(참조, 딤후 3:1~5). 이로써 이 세상에서의 우리의 삶은 "일평생에 근심하여 수고하는 것이 슬픔 뿐"이다(전 2:23).

　사단이 사람을 미혹하여 타락하게 함으로써 죄와 사망이 이 세상에 들어와 모든 사람 위에 임하여 왕노릇하게 되었고(롬 5:12), 모든 피조물은 허무한 데 굴복하고 필연적으로 부패하게 되었다(롬 8:20~21).

제 22 장

영광을 구하는 삶

(고전 10:31)

　사람들은 하나님을 알고 있을 뿐만 아니라 하나님의 도우심이 없으면 결코 한 순간도 살 수 없음을 피부로 느끼면서도 하나님께 감사하거나 영광을 돌리지 않는다(롬 1:21). 이는 사람들의 마음이 미련하고 허망하고 어두워져 우둔한 까닭이다. 생각이 깊지 못한 까닭이다. 하나님의 은혜와 사랑을 마음에 새기지 아니한 까닭이다.
　감사한다는 말은 은혜를 마음에 새긴다는 말이요, 그것은 하나님께 영광을 돌리는 것을 의미한다. 그리스도인의 삶의 목표는 하난님께 영광을 돌리고 그를 즐거워하는 것이다. 즉 우리의 일상적인 삶의 현장에서 하나님의 영광을 드러내며 범사에 하나님께 감사하고 하나님으로 만족하여 그를 찬양하는 것이 우리의 마땅한 도리인 것이다.
　그러면 왜 바울은 고린도교회에게 "무엇을 하든지 다 하나님의 영광을 위하여 하라"고 했는가? 고린도교회의 형편을 살피면서 하나님의 영광을 구하는 삶이 구체적으로 어떤 것인가를 말하고자 한다.

1. 고린도교회의 형편

고린도교회는 성령의 은사가 풍부하였다. 특별히 방언과 통역의 은사가 빼어났다(12:4 이하, 14장). 그러나 교회 안에 분쟁이 있었다. 바울파, 아볼로파, 베드로파, 예수파 등 다양한 분쟁이 있었다(1:11). 그들은 아직도 육신적이어서 서로 시기질투하였다(3:3). 그리고 고린도교회는 능력이 별로 없는 대신에 말들을 잘했다(2:1).

그들은 술을 많이 마셔 취하는가 하면 토색하고 음행하였다(5:11, 6;10, 11). 고린도지방은 항구도시로서 성격들이 거칠고 사람들의 교양이 부족해서인지 도덕적으로 문란하였다. 그런가 하면 지극히 작은 일로도 그리스도인들 간에 세상 법정에 소송하는 일이 예사였다. 세상을 오히려 판단하고 세상에 대하여 옳고 그른 것을 가르쳐 주어야 할 위치에 있는 하나님의 백성들이 불의하기 짝이 없고 탐욕스런 세상 법관들에게 소송하는 것은 부끄러운 일이다. 차라리 불의를 당하며 속임을 받는 것이 낫다(6:1~7).

고린도교회에서는 부부간에 원만하지 못한 가정들이 많이 생겨났다. 믿지 아니하는 남편이나 아내와 계속해서 살 것인가 아니면 이혼할 것인가 하는 문제로 고민할 만큼 가정문제가 심각한 부부들이 많았던 것으로 보인다(7:13, 14).

그런데 고린도교회는 우상의 제물(8장)과 성찬의 떡(10장)을 먹는 문제로 인하여 교회가 시험에 들었다. 우상은 세상에 아무 것도 아니며(8:4) 음식인 제물은 우리를 하나님 앞에 세우지 못할 뿐 아니라 먹어도 그만, 안 먹어도 그만이지만 약한 형제들에게 거치는 것이 되면 안되기 때문에 바울은 조심하라고 말한다(8:9).

그리고 고린도교회는 주의 만찬을 먹는 일에 있어서도 덕스럽지 못했다. 부유한 사람들을 먼저 준비해 와 먹으므로 가난한 형제들이 시장하였겠다. 교회의 성도들이 함께 모여 서로 나누어 먹지를 않았던 것이다(11:20, 21).
　요약하자면, 고린도교회는 성령의 은사들이 풍부하고 교회가 뜨겁고 활발한 듯하지만 서로 잘난 체 하므로 분쟁이 생겨나고 또한 신앙이 성숙되지 아니하므로 도덕적으로 문제가 많았다. 특히 아주 일상적이고 사소하게 보이는 문제인 먹는 것과 마시는 일에 있어서 교회가 덕스럽지 못하였다. 아니 하나님의 영광을 가리우고 있었다.

2. 먹고 마시는 일의 중요성

　일반적으로 그리스도인들은 "무엇을 하든지" 다 하나님의 영광을 위하여 하라는 말씀을 잘 알고 있지만, 성경이 특별히 "먹든지 마시든지" 즉 먹고 마시는 일에 있어서 하나님의 영광을 위하여 하라고 말씀한 사실에 대해서는 유의하지 않는다. 그러나 그리스도인들은 어떤 큰 일에서보다 오히려 일상적이고 아주 사소하게 보이는 먹고 마시는 일에서 하나님의 영광을 구하여야 하는 것이다.
　먹고 마시는 일의 중요성은 노아시대와 모세시대의 사람들에게서 잘 나타나 있다. 노아시대는 하나님께서 땅을 저주하신 까닭에 그들의 삶이 힘들고 심히 어려웠다. 위로가 없었다. 사람들의 생각은 항상 악하고 행위는 패괴하여 땅에 강포가 충만하였다. 사람들은 시집가고 장가가며 먹고 마시기를 즐겼다. 그래서 하나님의 신이 그들과 함께 하지 않게 되고 하나님은 그들을 홍수로 심판하여 멸절시켰던 것이다.
　예수님의 말씀대로, 노아시대의 사람들은 노아가 방주에 들어가던 바로 그날까지도 먹고 마시고 취하여 아무것도 깨닫지를 못했다(마 24:38). 그들은 먹고 마시는 데서 인생의 낙을 누리고 위로를 받으려 한 나머지, 하나님과 동행하기를 거절했고 하나님의 위로를 기대하지 아니했다. 그래서 더욱 부패하고 파괴적이 되어 하나님의 심판을 당했던 것이다.

모세시대의 사람들도 먹는 것과 마시는 것으로 하나님을 시험하며 원망하다가 광야에서 멸망당했다(고전 10:5~9). 하나님께서는 아브라함과 맺은 언약을 따라 이스라엘 백성을 생각하시고 그들을 젖과 꿀이 흐르는 약속의 땅 가나안으로 인도하였다. 종 되었던 집인 애굽에서 그의 권능으로 이끌어 내셨고, 홍해를 건너게 하셨으며, 여러 차례에 걸쳐서 배고프면 먹을 것을 주셨고, 목마르면 마실 물을 주셨으며, 추우면 불기둥으로, 더우면 구름 기둥으로 저희를 보호하시면서 그들의 광야 길을 인도하셨다. 그럼에도 불구하고 광야의 길이 다소 힘들어지고 먹을 음식과 마실 물이 넉넉하지 않게 느껴지자 이스라엘 백성들은 하나님을 원망하였다. 그러다가 불뱀에게 물려 죽었던 것이다(민 21:4~9).

그런가 하면 이 백성들은 모세가 시내산에서 여호와의 증거판을 받는 동안에 금송아지를 만들어 놓고 먹고 마시며 그 앞에서 소리지르고 춤을 추었던 일이 있다(출 32:1~6). 하나님은 진노하여 그들을 칼로 쳐 죽인바 있다(출 32:28).

노아시대와 모세시대의 일들은 단순한 사건으로 끝나 버린 것이 아니고, 우리에게 역사적 교훈으로 하나님이 주셨다(고전 10:6). 사도 바울은 특별히 모세시대의 사건을 교훈으로 제시했고, 예수님은 노아시대의 사건을 교훈으로 제시했다. 이로 보건대 먹고 마시는 일은 예삿일이 아니고 신앙의 유무를 가늠하는 척도이다. 성령으로 믿음이 성숙되지 못하면 먹는 것과 마시는 일에서 하나님을 원망하며 시험하다가 그의 영광을 가리운다.

타락하고 부패한 자들은 무절제하게 먹고 마신다. 이사야 시대에 부동산 투기로 떼돈을 번 졸부들이 아침부터 밤 늦게까지 독주와 포도주를 마시며 무절제하게 살면서 가난한 자들을 착취한 일이 있다(사 5:11). 하나님의 영광을 가리움으로 하나님을 몹시 실망시켰던 것이다.

3. 하나님의 영광을 구하는 삶

그리스도인들의 생활 가운데서 무엇보다 중요한 것은 하나님의 영광과 이웃의 유익을 고려하여 먹는 것과 마시는 것을 절제하는 것이다. 아무 것이나 생각없이 먹고 마셔서는 안된다.

그러면 무엇을 먹어야 하는가? 우리가 살고 있는 땅에서 생산된 것을 우선적으로 먹어야 한다. 그러므로 인공조미료나 가공식품은 삼가해야 한다. 그것들은 땅에서 생산된 것이 아니므로 건강을 많이 해할 가능성이 높다. 그리고 외국에서 수입된 과일이나 식품을 삼가하는 것이 좋다. 수입된 바나나는 중금속 농약으로 심하게 오염되어 있고 영양가도 없으며 수입 쇠고기에도 각종의 방부제가 주입되어 있어서 우리의 건강을 해친다.

그러나 무엇보다도 수입된 과일이나 식품으로 인하여 우리의 이웃인 농어민들의 생활터전이 무너지고 있다. 우리의 가까운 이웃, 우리가 돌보지 않으면 안되는 이웃이 당하고 있다.

그러면 또 무엇을 마셔야 하는가? 우리가 살고 있는 땅에서 솟아나는 자연수를 마시거나 우리의 땅에서 생산된 각종의 차(보리차, 옥수수차, 결명자차, 녹차, 쑥차, 칡차, 들깨차, 인삼차, 매실차 등)를 마셔야 한다. 방부제가 많이 들어있는 가공 음료수와 특히, 우리의 치아와 위장을 상하게 하고 어린아이들의 비만증을 유발하는 데 기여하는 콜라와 사이다 종류를 삼가해야 한다. 커피를 마시는 대신 녹차를 마시는 것이 우리의 건강을 위하고 이웃을 위하는 일이다. 커피는 외국에서 주로 수입되지만 녹차는 우리의 땅에서 무진장으로 생산되고 있고, 커피는 우리의 몸에 별다른 유익을 주지 못하지만 녹차는 항암효과가 탁월하고 치아와 위장을 보호하며 머리를 맑게 하고 피로를 회복시키는 등 우리의 건강에도 아주 좋기 때문이다. 우리 자신을 위해서 뿐만 아니라 우리의 가까운 이웃인 농민들을 위해서도 좋다. 이것이 하나님의 영광을 구하는 구체적인 길이다.

그러면 어떻게 먹고 마셔야 하는가? 감사함으로 먹고 마시되

절제하며 먹고 마셔야 한다. 과음 과식을 삼가해야 한다. 우리의 먹걸이 문화는 지나치게 과소비적이다. 지나치게 많이 먹고 마시며 음식값도 터무니없이 비싸다. 정말로 큰일이다. 먹고 마시는 일에 무절제함으로 교회와 나라가 망할 것 같다. 오늘의 한국 교회는 성령으로 충만하고 하나님의 말씀을 사랑하는 것 같으나 먹고 마시는 일에 있어서 문제가 많다. 신앙적 윤리 차원에서 고려하지 않고 있어서 큰 문제이다.

결 론

말세에는 사람들이 먹고 마시기를 탐한다. 하나님과 그의 영광을 고려하지 않고 먹고 마시는 일에서 인생의 낙을 삼고 위로를 얻으려 한다. 신앙적으로 이웃의 유익도 고려하지 않고 먹고 마신다. 그러기에 하나님께 대한 감사도 있을 수가 없다. 이 땅에서 생산된 것을 감사함으로 먹고 마시자. 이것이 하나님의 영광을 구하는 삶이다. 이웃에게 덕을 세우는 일이다. 교회가 세상에 빛을 발하는 길이다.

제 23 장

왜 나라사랑을 잃어가는가?

　대부분의 사람들이 피부로 느끼고 있는 대로 이 나라는 정치.
사회적으로 편안할 날이 없다. 60년대는 4.19 의거와 5.16 혁
명의 여파로 인하여, 70년대는 10월 유신과 그것에 반대하는 거
친 시위로 인하여, 80년대는 5.18 광주시민항쟁과 계속되는 반
정부투쟁으로 인하여 이 나라는 지금까지 30여년 동안이나 조용
할 날이 없이 살아오고 있다.
　최근에는 강경대 군 치사사건과 몇 명의 대학생들의 분신자살
사건 등으로 인하여 가뜩이나 온 나라가 뒤끓고 있다. 나라가
시끄럽다 보니 사람들은 정치에 대하여 혐오감을 느끼는가 하
면, 나라를 사랑하는 마음도 잃어가고 있는 듯이 보인다.
　나라사랑에 대한 퇴조현상은 정치권 뿐만 아니라 일반 국민들
사이에서도 현저하게 나타나고 있는데, 그 원인은 사회적 환경
과 가치관의 변화에서 찾을 수도 있지만 교회의 비복음적 신앙
형태에서도 그 원인을 찾을 수 있다.
　나라를 사랑하는 마음의 퇴조원인은 교회와도 밀접한 연관이
있다. 따라서 나라사랑의 퇴조원인을 교회와 관련하여 살펴볼
필요가 있으며, 나아가서는 교회에 대해서도 책임을 물어야 할

것이다.

1. 비윤리적 현실상황과 나라사랑의 퇴조현상

나라(國家)가 성립하는 데는 세 가지의 기본적인 요소, 즉 백성과 주권과 영토가 있어야 한다. 이같은 세 가지 요소를 중심하여 나라를 사랑하지 않는 현상이 어떻게 나타나고 있는가를 살펴보자.

우리나라는 역대의 정권들이 자기들의 불안정한 자리를 인위적으로 견고케 하려고 노력했던 까닭에 정치를 거의 강압적으로 하여왔다. 군사혁명에 의하여 정권을 잡은 경우에는 정부의 정통성을 힘으로 세워 보려고 노력하지 않을 수 없었고 이로써 강압적인 정치가 불가피하게 된 것이다. 요즈음 흔히 들을 수 있는 '공안정치'(公安政治)가 그같은 강압적 정치를 단적으로 표현하고 있다 할 수 있다. 뿐만 아니라 각종의 대학생 시위와 노동자들의 단체행동은 강압적인 정치에 대한 반발행동으로 설명할 수 있을 것이다.

강압적인 정치에 못지 않게 악덕 기업주들의 기만적인 거래행위는 국민들에 대한 간교한 착취라고 생각한다. 이 나라의 대기업들이 창의적이고 모험적인 기업활동을 통하여 국가경제를 괄목할 만하게 성장시킨 공로가 있기는 하지만, 탐욕에 눈이 어두워진 악덕 기업주들은 부동산 투기와 사치성 소비재 수입 그리고 농수산물 사재기 등을 일삼음으로써 이제는 국민경제를 뿌리부터 뒤흔들어 놓고 있는 실정이다.

강압적인 정치와 악덕 기업주들의 비도덕적인 상행위와 더불어, 이 나라 국민들을 서글프게 하고 있는 것으로 인신매매와 낙태 및 청소년 학대 풍조 등을 꼽을 수 있다. 15세 전후의 어린 소녀들을 유흥가에 팔아먹는 파렴치한 죄악과 매년 백만 건 이상의 낙태를 자행하고 있는 무서운 살인행위 등은 우리 자신을 자해하는 악이다.

이 뿐만 아니라 중고등학생들에 대한 잘못된 수업제도—자율학습과 보충수업 및 심화반 지도—는 우리의 자녀들을 병들게 하고 있다. 새벽부터 늦은 밤까지 매일 15시간 이상을 좁은 공간의 교실과 딱딱한 의자에 앉아서 밥을 먹어가며 공부에 시달려 지칠 대로 지치고, 그래서 끓어오르는 분노를 애써 삭이느라 발버둥치는 우리의 자녀들에게서 어떻게 나라사랑하는 마음의 여유를 기대할 수 있을 것인가?

이렇듯 강압적인 정치와 비도덕적인 기업활동 그리고 각종의 사회악 및 지극히 열악한 교육제도 등으로 인하여 이 나라의 국민들은 통치권을 불신하고 있다. 통치권자인 대통령과 정부를 비롯하여 정치지도자들과 기업인들 그리고 선생님(또는 어른)들에 대한 존경심은 하루가 다르게 추락하고 있다.

권위에 대한 존경심이 사라져 버림으로써, 위 아래를 알아보지 못하는 비윤리적인 사회악이 난무하게 되었고 인륜이 급속도로 파괴되어 가고 있다. 이같은 비윤리적 현실상황에서 어떻게 나라사랑을 찾을 수 있을 것인가.

낙동강 페놀 유출사건으로 그 실체를 극명하게 드러낸 자연에 대한 파괴행위는 나라를 사랑하지 않는 또 다른 실례이다. 각종의 산업폐수 뿐만 아니라 합성세제 과다사용으로 인한 하천오염 그리고 일회용품(예: 비닐봉지, 나무젓가락, 음료수 깡통, 일회용 기저귀 등)의 무분별한 소비로 말미암은 쓰레기 증가와 처치곤란의 산업쓰레기의 누적 등으로 인하여 이 나라의 땅은 점차 황폐화되어가고 있다.

환경오염 못지않게 악한 것으로는 땅을 투기의 대상으로 삼는 행위와 자기가 살고 있는 땅에서 생산된 토산물을 먹고 마시기를 싫어하는 행위를 꼽을 수 있다. 땅투기꾼들은 땅을 사랑하지 않는다. 토산물을 애용하지 않는 사람들 역시 이 나라에 대한 관심이 없는 것이다.

이 땅에서 생산된 과일과 차(茶) 대신에 밖으로부터 수입된 과일과 커피 등을 선호하는 사람들에게서 애국애족이란 더 큰 의미의 나라사랑을 과연 기대할 수 있을까? 우리의 나라사랑은 작고 구체적인 삶에서부터 나타나야 하는 것이다.

2. 왜 나라사랑을 잃어가는가?

　나라사랑의 퇴조현상을 훑어보며 우리가 왜 나라사랑하는 마음을 잃어가고 있는지를 살펴보았다. 나라사랑의 퇴조원인은 정치적 사회적 환경의 변화와 가치관의 변화 및 왜곡된 교육제도 등에서 그 원인을 찾아 볼 수 있다.
　먼저 정치적 사회적 환경의 변화요인을 살펴보자. 6.25 전쟁이 가져온 참상과 리승만 자유당 정권의 부패로 인하여 50년대의 우리 역사는 민주주의가 제대로 싹트지 못하고 경제적으로는 가난을 면하지 못하였다. 그 때 4.19 학생의거가 일어나 자유당 정권을 무너뜨렸으나 정치적 안정이 제대로 이루어지지 않아 5.16 군사혁명에 빌미를 제공하게 되었다.
　60년대의 군사정부는 근대화운동을 내세워 경제건설을 이룩하는 데 성공하였다. 이같은 경제부흥은 80년대까지 이어져 왔다. 그러나 비정통적인 혁명정부는 정권의 정통성을 경제부흥을 통하여 확립하려고 하였던 까닭에 수출 제일주의정책과 저임금정책과 급속한 산업화정책 등에 치중해야만 했다.
　이에 정치권력과 기업가들이 서로 결탁하는 현상을 낳았는가 하면, 빈부의 격차가 심화되고 지역간의 불균형 성장이 초래되었다. 이같은 계층간, 지역간의 불균형은 시간이 흐를수록 더욱 심화되었고, 이로써 계층간, 지역간의 갈등이 점점 증폭되면서 나라사랑하는 마음은 자연히 퇴조되고 말았다.
　60년대부터 일기 시작한 '잘살아 보자'는 운동은 이 땅에 경제기적을 가져왔으나, 경제적 여유가 생기면서 지난 날의 성취동기가 변질되어 탐욕을 잉태함으로써 부동산투기와 증권투기 등을 불러일으켰다. 사람들 간에 극단적인 이기주의가 싹튼 것이다. 뿐만 아니라 근면과 검소를 자랑하던 우리의 문화와 생활

방식이 변질되어 우리 사회에 과소비풍조가 만연하고 이로써 사치와 향락을 즐기는 것을 좋아하게 됨으로써 사회가 크게 병들고 말았다.

사람들은 경제적 소유의 많고 적음을 척도로 삼아 인생의 가치를 재려 하는가 하면, 경제적 부의 축적에서 인생의 의미와 목적을 찾으려 하게 된 것이다. 그러나 탐욕은 속성상 착취와 폭력을 수반하게 되었고, 자연히 우리 사회에는 상호우애하는 인간관계가 상실되었으며 나아가서는 민족공동체에 대한 관심도 식어져 버리고 말았다. 이에 따라 나라사랑의 기반이 흔들리고 만 것이다.

우리의 윤리교육은 '충효사상'(忠孝思想)을 유별나게 강조해 왔다. 이순신 장군을 역사적인 모범적 실례로 제시하기도 했다. 그러나 나라에 대한 충성과 부모에 대한 효도와 순종을 윤리규범으로 제시하는 충효교육은 순수하게 가르쳐지기보다는 정권유지 차원에서 왜곡되어 왔다. 그래서 대학 고과과정에서 국민윤리 과목이 선택과목으로 격하되고 그 내용도 크게 손상되기에 이르렀다.

역사를 통해서 살펴보면 선정(善政)을 베푼 통치자들은 덕(德)으로 나라를 다스리고, 스스로 모범을 보이되 백성들을 위하여 헌신적인 사랑을 쏟아부었다. 뿐만 아니라 대부분의 부모들도 먼저 자녀들에게 사랑을 베풀며 자기의 모든 것을 내어준다.

이같이 윗사람들이 아랫사람들에게 자기의 모든 것을 쏟아부어줌으로써 참된 충효가 가능케 되는 데도 불구하고, 부덕한 통치권자나 부모는 자기의 도리는 다하지도 아니하고 오히려 강압적인 순종과 충성만을 요구해 왔던 것이다. 권위주의가 등장했지만 순종과 권위는 상실되고 결과적으로 상하질서가 뒤틀려 나라사랑하는 마음도 소멸되고 만 것이다.

3. 나라사랑의 퇴조와 한국교회의 문제점

오늘의 세대가 나라사랑하는 마음을 잃어가는 비극적인 현실과 관련하여 교회가 안고 있는 문제점을 두 가지로 요약하자면, 이원론적인 신앙형태와 개인주의적인 축복관을 꼽을 수 있다.

한국교회는 영적이고 내세적이며 천상적인 것에 대하여는 선하게 생각하고 육체적이고 현세적이며 지상적인 것에 대하여는 악하게 생각함으로써 성경의 교리들을 통전적으로 균형있게 이해하기보다는 이분법적으로 편협하게 곡해하는 경향이 있어 왔다.

이로써 이 땅 위에서 땀흘려 행하는 육체노동이나 기능직을 천하게 여기고, 예수 그리스도의 초림과 그의 복음사역을 통하여 이미 이 땅에서 시작된 하나님 나라가 우리의 모든 삶의 영역에서 확장되어야 한다는 사실을 소홀히 하며, 하나님의 율법을 삶의 규범으로 삼아 성실하게 이 땅 위에서 살지 못하고 우리의 현실적인 삶에 불충실하는 결과를 낳았다.

대신에 심령천국을 강조하여 우리의 마음만 편안하면 다 되는 줄로 착각하고, 내세주의로 기울어져 이 땅을 내세천국으로 가는 길목에 있는 간이역 정도로 생각하고 이 땅 위에서는 우리의 현실적 삶을 허무한 것으로 여겨 온 것이다.

그래서 신앙과 행위를 이원화시켜 버리는가 하면, 신앙을 원천으로 하여 순종이 나오고 그 신앙이 사랑으로 일한다는 사실을 간과하고 세상과 세속을 혼동하여 이 세상을 도피하려 하며, 이 땅에서의 사회적 책임을 깊이 느끼지 못하고서 살아간다. 이같은 내세지상주의는 우리로 하여금 형식적인 삶을 살게 할 가능성이 많고, 나라사랑하는 마음을 가질 수 있는 동기를 부여하기에 또한 미흡할 수밖에 없다.

한국교회의 신앙형태가 내세주의적 색채를 지니고 있는가 하면 그것과는 어울리지 않게 개인주의적인 축복에 대한 대단한 관심이 있다. 근대화 운동과 더불어 불기 시작했던 "잘살아 보세"라는 바람이 교회 깊숙이 몰아쳐 온 것이다. 그래서 부동산투기를 통해서든지 아니면 다른 세속적인 방법을 통해서든지 간에, 돈을 벌게 되면 그것을 하나님의 복으로 간주하고 그 복을 받은 자는 하나님이 지극히 사랑하시는 자요, 은혜와 진리를 아는 믿음있는 자로 여겨지기도 한다.

바알 종교적인 이기주의적 복을 좋게 여기는 자는 자기를 부인하거나 절제하지 못하고, 사치와 향락과 과소비를 하나님보다 더 사랑하게 되고 만다. 또한 나라를 사랑하기보다는 자기를 먼저 더 사랑하게 되는 것이다.

4. 나라사랑의 위기극복을 위해

국가의 3요소와 관련하여 교회의 책임을 생각해 보자면 다음과 같다.

첫째로, 하나님의 나라가 이 땅의 국민들 가운데 온전히 건설될 수 있도록 해야 한다. 하나님의 말씀이 풍성하고 힘있게 선포되고, 그 말씀들을 우리의 일상생활에 구체적으로 적용하는 훈련을 해야 한다.

다시 말해서 복음에 합당한 삶, 곧 자기를 부인하고 십자가를 지는 훈련을 쌓아야 한다. 그리고 이 말씀의 선포와 말씀의 생활화는 이웃섬김과 이웃과의 사귐으로 연결되어야 한다. 하나님의 말씀에 근거한 섬김과 사귐의 활성화가 곧 나라사랑의 밑거름이 되는 것이다.

둘째로, 세속정부와 통치권자 및 정치지도자들과 기업가들이 선한 정치와 건전한 기업경영을 할 수 있도록 기도해 주고, 그들이 권위주의에 빠지지 않도록 우리들이 참정권을 잘 활용해야 한다. 투표를 통한 정권교체와 건전한 소비자운동을 통한 기업윤리 확립에 적극적으로 참여해야 할 것이다. 그것 역시 나라사랑의 실천이기 때문이다.

셋째로, 우리는 우리의 땅을 사랑하고 잘 보호해야 한다. 땅을 투기의 대상으로 삼지 말고, 각종 폐수와 쓰레기로 황폐시키지 말며, 땅이 생명으로 충만할 수 있도록 관리해야 한다.

　우리의 농어촌이 건강한 삶의 터전으로 남아있을 수 있도록 노력하고, 도시들이 환경오염으로부터 보호될 수 있도록 교회는 가르치고 책임있는 행동을 하도록 선도해야 한다. 또한 우리의 땅이 사치와 향락문화로 인하여 병들지 않도록 교회가 근검절약을 실천하여 모범을 보여야 할 것이다.

　이 나라 역사의 흥망성쇠가 교회의 역할에 달려있다고 해도 지나친 말이 아님을 우리는 명심할 필요가 있다. 일상생활에서부터 나라를 위하는 마음가짐을 하나씩 추스릴 때, 우리는 하루가 다르게 추락하고 있는 나라사랑을 바로잡을 수 있을 것이다. 오늘의 이 시점은 분명 '나라사랑의 위기'이다.

CHRISTIAN LITERATURE CRUSADE

기독교문서선교회는 청교도적 복음주의신학과 신앙을 선포하는 국제적, 초교파적, 비영리 문서선교기관입니다.

기독교문서선교회는 한국교회를 위한 교육, 전도, 교화에 힘쓰고 있습니다.

만일 당신이 예수 그리스도와 그리스도인의 생활에 대하여 알기를 원하시면 지체말고 서신연락을 주십시오. 주 안에서 기쁜 마음으로 도움을 드리겠습니다.

서울 서초구 방배동 983~2
Tel. 586-8761~3

기독교 문서 선교회

칼빈과 개혁신학

1992년 11월 10일 초판 발행
2017년 05월 20일 3판 발행

지 은 이 | 나용화

디 자 인 | 신봉규
펴 낸 곳 | 사)기독교문서선교회
등 록 | 제16-25호(1980. 1. 18)
주 소 | 서울시 서초구 방배로 68
전 화 | 02) 586-8761-3(본사) 031) 942-8761(영업부)
팩 스 | 02) 523-0131(본사) 031) 942-8763(영업부)
홈페이지 | www.clcbook.com
이 메 일 | clckor@gmail.com
온 라 인 | 기업은행 073-000308-04-020, 국민은행 043-01-0379-646
예금주: 사)기독교문서선교회

ISBN 978-89-341-0419-3 (93230)

* 낙장・파본은 교환해 드립니다.